8° Z 27585

Londres-Paris
1779

Bailly, Jean-Sylvain

Lettres sur l'Atlantide de Platon et sur l'ancienne histoire de l'Asie, pour servir de suite aux lettres sur l'origine des

janvier

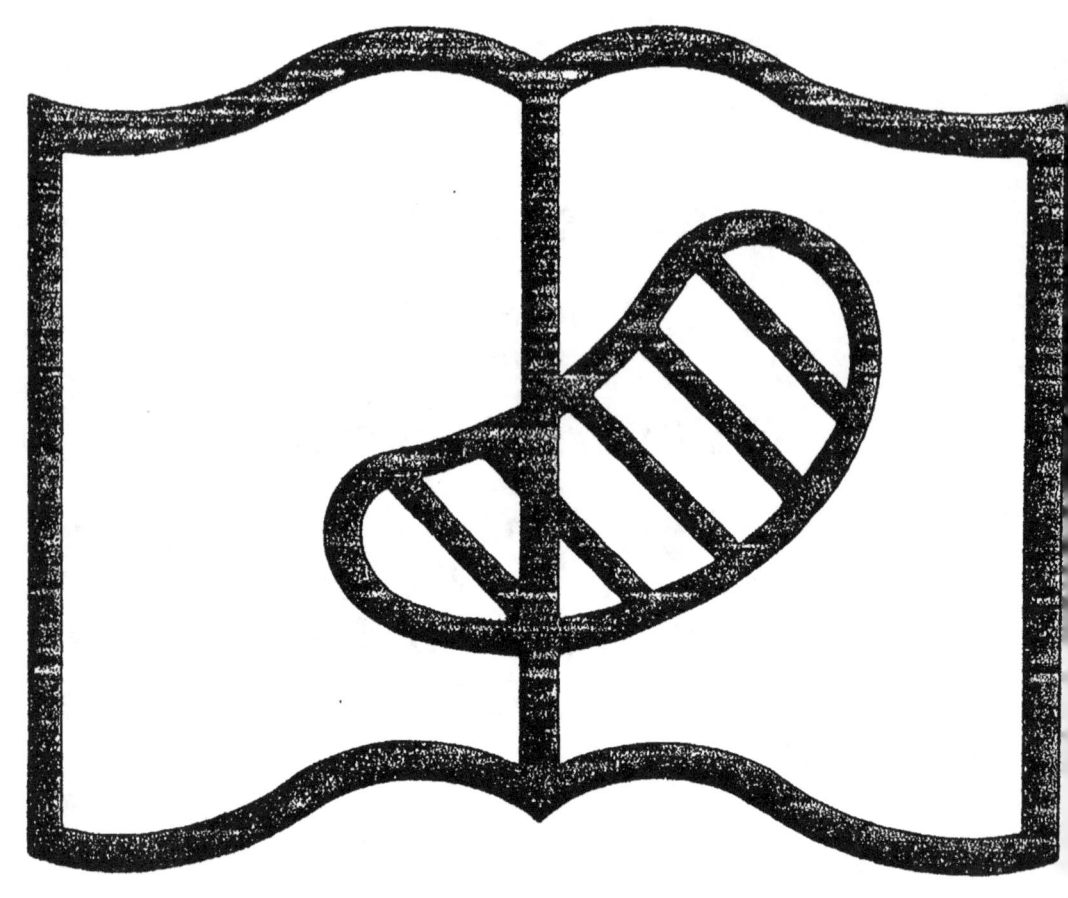

Symbole applicable
pour tout, ou partie
des documents microfilmés

Original illisible

NF Z 43-120-10

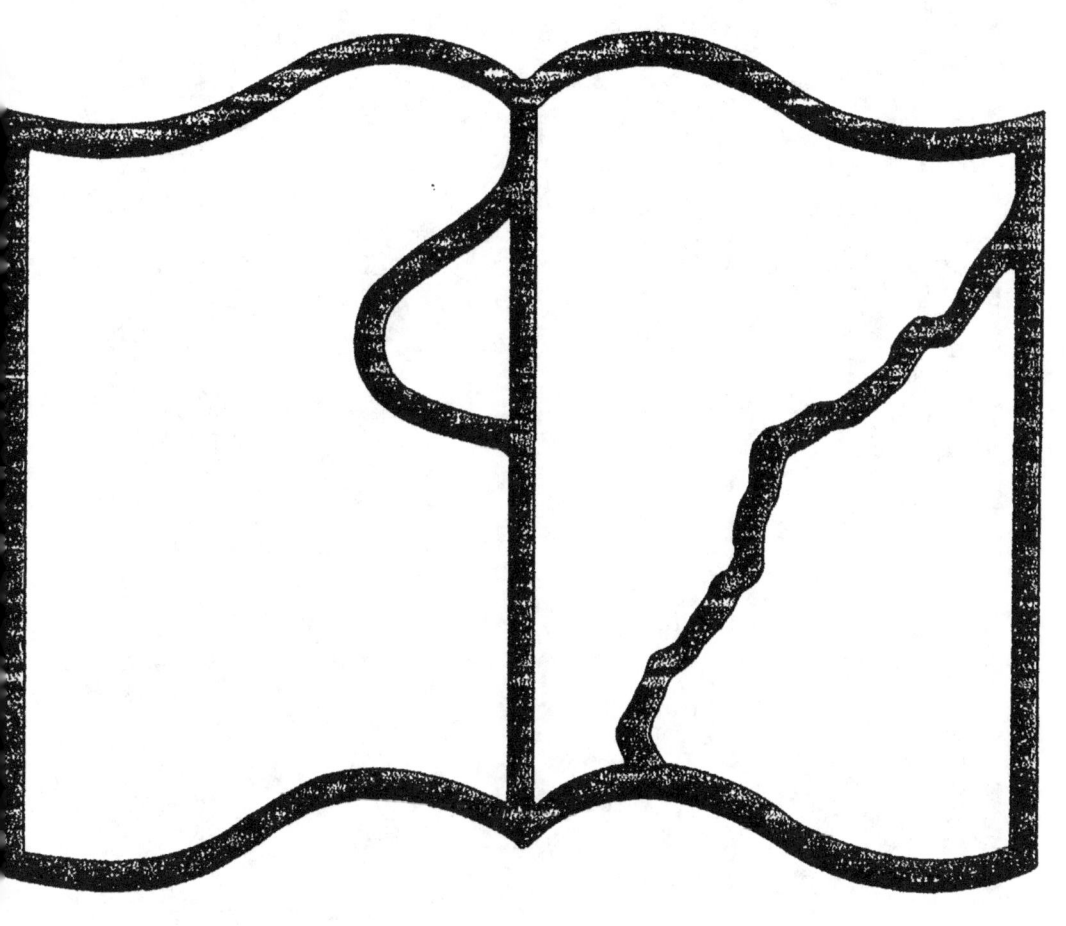

Symbole applicable
pour tout, ou partie
des documents microfilmés

Texte détérioré — reliure défectueuse

NF Z 43-120-11

Z 2284.
A 2a

LETTRES
SUR
L'ATLANTIDE DE PLATON
ET SUR L'ANCIENNE
HISTOIRE DE L'ASIE.

Pour servir de suite aux Lettres sur l'origine des Sciences, adressées à M. de VOLTAIRE Par M. BAILLY.

Prix, 3 livres 12 sols broché.

A LONDRES,
Chez M. ELMESLY.

ET A PARIS,
Chez les Freres DEBURE, Quai des Augustins.

M. DCC. LXXIX.

AVERTISSEMENT.

Ces Lettres ont été écrites avant la mort du grand homme que nous venons de perdre; elles ne lui avaient point encore été communiquées. Destinées à développer, à apprécier une opinion qui a une grande vraisemblance, & qui peut-être, sous l'apparence du paradoxe, renferme un grand fond de vérité, elles n'avaient point l'objet de convaincre M. de Voltaire; ce n'est pas à 85 ans qu'on change ses opinions, pour des opinions opposées. Il a toujours été persuadé que les Brames, qui nous ont enseigné tant de choses, étaient les auteurs de la philosophie & des sciences; l'Auteur pense qu'ils n'ont été que dépositaires. La mort de M. de Voltaire

AVERTISSEMENT.

n'a pas dû faire changer la forme de discussion emploïée dans les premières Lettres ; l'auteur a encore l'honneur de parler à M. de Voltaire. On n'est suspect de flatterie qu'en louant les vivans. Il s'applaudit de rendre un hommage désintéressé à la cendre de ce grand homme.

LETTRES
SUR
L'ATLANTIDE DE PLATON
ET SUR L'ANCIENNE
HISTOIRE DE L'ASIE.

QUATRIEME LETTRE
DE M. DE VOLTAIRE A M. BAILLY.
A Ferney, 27 Février 1777.

Tradidit mundum disputationi eorum.

JE ne dispute point contre vous, je ne cherche qu'à m'instruire. Je suis un vieil aveugle qui vous demande le che-

A

min. Personne n'est plus capable que vous de rectifier mes idées sur les Bracmanes.

Je suis étonné qu'aucun de nos Français n'ait eu la curiosité d'apprendre à Bénarès l'ancienne langue sacrée, comme ont fait M. Holwell & M. d'Ow.

1°. Le livre du Shastah, écrit il y a près de 5000 ans, n'est pas assez sublime pour nous laisser croire que les auteurs avaient du génie & de la science (*a*).

(*a*) Le livre du Shastah est rempli de fables, il est vrai, mais il commence par cette grande vérité que Dieu est incompréhensible, que l'homme ne doit point sonder son essence ; l'homme, qui a fait Dieu à son image, a été long-tems avant d'en venir là. Cette vérité, lorsqu'elle n'a pas été révélée, n'a pu être que l'ouvrage de la philosophie & le résultat d'une métaphysique profonde (Premieres Lettres à M. de Voltaire, p. 75). On retrouve dans les trois Dieux des Indiens les trois actes de la puissance divine qui a produit le monde, qui le conserve, & qui doit le détruire. Si ces grandes vues sont suivies de fables, c'est qu'elles ont été ajoutées par les Indiens. Le peuple créateur de ces

2°. Eſt-il bien vrai que les Brames d'aujourd'hui n'ont ni ſcience, ni génie? (*a*)

3°. S'ils ont dégénéré ſous la tyrannie des deſcendans de Tamerlan, n'eſt-ce pas l'effet naturel de ce que nous voïons dans Rome & dans la Grèce? (*b*)

4°. Zoroaſtre & Pythagore auraient-ils fait un voïage ſi long pour les aller

---

fables n'a point créé ces vérités. C'eſt ce qui prouve que les Indiens n'ont ni ſcience, ni génie, & ce qui répond à la ſeconde objection.

(*a*) Voïez encore la page 88 des premières Lettres à M. de Voltaire.

(*b*) Je ne dis point que les Indiens aïent dégénéré ſous la tyrannie de Tamerlan, je parle d'une époque bien antérieure. Je dis que le tems a ajouté ſon influence à celle des révolutions. Je ſai que Rome & la Grèce ont beau avoir dégénéré; les monumens reſtent; on retrouve des traces de l'eſprit & du génie des mêmes nations dans le même climat; mais lorſque les peuples marchent ſur le globe, lorſqu'ils ſont tranſplantés, lorſqu'un nouveau climat leur enleve le génie, il ne leur reſte plus rien. Les monumens ſont au païs de leur origine, ou même ſont détruits par les ſiecles; le ciel & la terre ont changé leur eſprit, & c'eſt ainſi que les nations dégénerent.

consulter, s'ils n'avaient pas eu la réputation d'être les plus éclairés des hommes ? (*a*)

5°. Leurs trois vice-Dieux, ou sous-Dieux, *Brama, Vitsnou* & *Routren*, le Formateur, le Restaurateur, l'Exterminateur, ne sont-ils pas l'origine des trois Parques ?

Clotho colum retinet, Lachesis net, Atropos occat.

La guerre de Moïsasor & des Anges rebelles contre l'Eternel, n'est-elle pas évidemment le modele de la guerre de Briarée & des autres Géans contre Jupiter ? (*b*)

───────────────

(*a*) Si Zoroastre a consulté les Brames, c'est sans doute le Zoroastre moderne. L'hommage de ce législateur & celui du philosophe Pythagore, sont une preuve que les Brames avaient la réputation d'être éclairés ; mais les lumieres sont relatives. On peut avoir beaucoup perdu, & rester riche en comparaison d'un homme qui n'a rien.

(*b*) Il est très-possible que les trois Dieux des Indiens soient l'origine des Parques de la Mythologie. La guerre de Moïsasor peut avoir été le modele de la guerre de Briarée & des autres Géans contre Jupiter. Je pense

6°. N'est-il donc pas à croire que ces inventeurs avaient aussi inventé l'Astronomie dans leur beau climat, puisqu'ils avaient bien plus besoin de cette astronomie pour régler leurs travaux & leurs fêtes, qu'ils n'avaient besoin de fables pour gouverner les hommes? (*a*)

7°. Si c'était une nation étrangère qui eût enseigné l'Inde, ne resterait-il pas à Bénarès quelques traces de cet

---

comme M. de Voltaire, que la philosophie & les fables nous sont venues de l'Orient & des Indes. Nous différons en ce qu'il croit que tout y a été inventé; je regarde la philosophie comme étrangère à ce païs, & les fables comme natives.

(*a*) Le besoin des choses fait la nécessité de les inventer; mais ce qui est nécessaire n'est pas toujours possible. On a plus besoin de l'Astronomie pour régler les travaux, que de fables pour gouverner les hommes; mais les fables toujours posées sur un fond vrai, sont l'ouvrage de l'imagination. Les vérités des sciences sont le produit des travaux, du tems & du génie. L'imagination se joue avant le regne de la raison; l'homme adulte occupé des sciences, ne revient point aux jeux de son bas âge. C'est précisément parce que les Indiens ont inventé ces fables, qu'ils n'ont point inventé & perfectionné l'Astronomie.

ancien événement ? MM. Holwell & d'Ow n'en ont point parlé (*a*).

8°. Je conçois qu'il est possible qu'un ancien peuple ait instruit les Indiens. Mais n'est-il pas permis d'en douter, quand on n'a nulle nouvelle de cet ancien peuple ? (*b*)

(*a*) Dans les païs où l'on n'imprime pas, bien des faits se perdent & s'effacent. On écrit ce qui est important, tout le reste s'oublie. Une nation étrangère peut avoir enseigné l'Inde, sans qu'il reste de traces de cet ancien événement ; la vanité nationale est intéressée à les supprimer. Combien d'hommes jouissent des bienfaits qu'ils ont reçus, sans parler de leurs bienfaiteurs ! D'ailleurs MM. Holwell & d'Ow ont séjourné dans l'Inde, s'y sont instruits ; mais ils ont pu ignorer bien des choses. Un étranger pourrait passer des années à Paris, sans connaître tout ce qui est dans nos archives. Malgré ces raisons, qui seraient suffisantes pour expliquer le silence des Indiens sur cet ancien enseignement, je crois que l'on n'a pas besoin d'aller dans l'Inde pour en trouver des traces. (Voïez la première des Lettres suivantes.)

(*b*) Il est permis de douter de cette Instruction, lorsqu'on n'a aucunes *nouvelles* de cet ancien peuple perdu. Le doute est toujours permis dans les sciences, c'est la pierre de touche de la vérité. Cependant le doute doit avoir des bornes ; toutes les vérités ne peuvent pas être

Voilà, Monsieur, à-peu-près le précis des doutes que j'ai eu sur la philosophie des Bracmanes, & que j'ai soumis à votre décision. Je vous avoue que je n'avais jamais lu le syftême de M. de Mairan sur la chaleur interne de la terre, comparée avec celle que produit le soleil en été. J'étais seule-

---

démontrées comme les vérités mathématiques. Le genre humain aurait trop à perdre, s'il se réduisait à cette classe unique. Les témoignages balancés, les probabilités pesées, les fables rapprochées & éclairées les unes par les autres, forment par leur réunion une lumiere forte qui peut conduire à l'évidence. Et lorsque la philosophie avec ces secours arrive à des résultats fondés sur la nature des choses & des hommes, on a des raisons de croire & non pas de douter. On n'a pas besoin de savoir le nom d'un peuple pour reconnaître son existence & ses travaux. L'Asie est encore pleine des *nouvelles* de ce peuple : les conformités des peuples connus sont ces *nouvelles ;* les institutions savantes, très-antiques & placées aux premiers commencemens des nations orientales, sont les *nouvelles* d'un peuple auteur de ces institutions. Les grands édifices sont l'ouvrage, non de la race qui s'éleve, mais de la race qui finit. Un palais n'est point bâti par des enfans.

ment très-persuadé qu'il y a par-tout du feu

Ignis ubique latet, naturam amplectitur omnem.

Les artichaux & les asperges que nous avons mangés cette année au mois de Janvier, au milieu des glaces & des neiges, & qui ont été produits sans qu'un seul raïon du soleil s'en soit mêlé, & sans aucun feu artificiel, me prouvaient assez que la terre possède une chaleur intrinsèque très-forte. Ce que vous en dites dans votre neuvième Lettre m'a beaucoup plus instruit que mon potager.

Vos deux livres, Monsieur, sont des trésors de la plus profonde érudition, & des conjectures les plus ingénieuses, ornées d'un style véritablement éloquent, qui est toujours convenable au sujet.

Je vous remercie sur-tout de votre dernier volume. On me croira digne de vous avoir eu pour maître, puisque c'est à moi que vous adressez des Lettres où tout le monde peut s'instruire.

Agréez la reconnaissance & la respectueuse estime de votre très-humble & très obéissant serviteur,

Le vieux malade de Ferney, V.
Puer centum annorum.

ONZIEME LETTRE
DE M. BAILLY A M. DE VOLTAIRE.

Expofition du fujet de ces nouvelles Lettres, & premier exemple d'un peuple perdu.

A Paris, ce 16 Janvier 1778.

Permettez-moi, Monsieur, de renouer avec vous une correspondance qui m'honore. J'aime à vous faire hommage de mes idées. Quelque prévenu que vous soïez en faveur des Bracmanes, je vous fais encore juge entre ces sages si justement admirés & le peuple plus savant, mais inconnu, que vous ne voulez pas admettre. J'avoue qu'il est difficile de s'intéresser aux gens qu'on ne connaît point. Nous sommes toujours pris par les sens. Vous avez conversé avec les sages qui ont instruit Pythagore, vous les avez vus par les yeux de ce philosophe, vous avez lu leurs livres ; en admirant leur fagesse, vous avez conçu de la vénération & de l'amour pour ceux qui la pratiquaient ; vous devez avoir de la répugnance à les dépouiller pour des instituteurs, perdus dans la nuit de l'antiquité, oubliés par l'ingratitude des hommes, & dont le tems a effacé les noms & presque le souvenir. On se fait une société, on choisit des amis en lisant l'histoire. L'homme a tellement besoin de vivre avec ses semblables, de s'affectionner pour eux, qu'une existence détruite ne détruit point cet intérêt : la retraite & le silence du cabinet n'empêchent point les passions de s'allumer par les récits, il s'entoure des personnages dont on lui retrace les noms & les faits ; il vit avec eux, & il éprouve leur séduction. En aimant Bélisaire, on hait ses ennemis; les grands talens & les graces de César lui font encore des partisans. Solitaire, le livre à la main, je m'agite pour le succès de ses entreprises exécutées depuis dix-huit siecles ; j'oublie qu'il voulait renverser la République, dominer sa patrie, & je gémis de l'assassinat qui l'a délivrée.

Il est donc tout simple, Monsieur, que vous aïez aimé les anciens Brames. Vos affections sont pour la sagesse & pour le savoir. Mais vos Brames sont bien jeunes en comparaison de leurs antiques instituteurs. Cette antiquité rend plus respectables les vieux amis que je me suis choisis. L'amitié, en même tems qu'elle est une inclination du cœur, est un sentiment de respect, & ce respect augmente pour la vieillesse. Je me représente ces premiers philosophes avec un extérieur grave, la tête couverte de cheveux blancs, cultivant des mœurs pures, menant une vie simple dans des siecles d'or, où les lumières n'avaient été portées que sur des objets utiles, sur les besoins moraux & physiques des hommes, & où la perversité n'en avait point corrompu l'usage, en dénaturant les bienfaits de l'esprit.

Lorsque j'ai étudié l'histoire de l'astronomie, j'ai vu que les tems qui ont précédé Hipparque & Ptolémée nous offraient de grandes vérités, mais isolées, & qui dominaient sur l'ignorance générale, comme ces arbres laissés debout sur le terrein des forêts abattues. On y reconnaît la main du tems & les traces de sa faux destructive : en marchant il frappe sans choix, & il épargne avec indifférence. J'ai dû recueillir ce qui lui était échappé ; j'ai vu que ces restes appartenaient à une masse de connaissances détruite & dispersée en débris. Cette masse récomposée fait concevoir la plus haute opinion de l'état primitif des sciences. J'en ai donné les preuves dans l'histoire de l'Astronomie ancienne, je les ai multipliées dans l'histoire de l'Astronomie moderne que je vais publier incessamment. J'ai vu que ces sciences n'étaient point l'ouvrage des peuples existans, des peuples connus de l'Asie, & que malgré l'ancienneté des Indiens, il fallait rapporter ces belles inventions à un peuple antérieur & plus industrieux (*a*).

Mais vous me dites; *si c'était une nation étrangère qui eût enseigné l'Inde, ne resterait-il pas à Bénarès quelques traces de cet ancien événement? M. Holwell n'en parle cependant pas.* Vous ajoutez: *s'il est possible qu'un ancien peuple ait instruit les Indiens, n'est-il pas permis d'en douter, lorsqu'on n'a nulle nouvelle de cet ancien peuple.* Voilà donc ce qu'il est nécessaire de faire pour compléter les preuves offertes au public, & à vous, Monsieur, il faut vous donner des nouvelles de cet ancien peuple perdu. Je pourrais vous répondre par l'autorité d'un grand philosophe, cette autorité, c'est la vôtre. *Il est possible*, dites-vous (*b*), *que long-*

_____

(*a*) Hist. de l'Astr. anc. p. 16 & suiv.
(*b*) Essai sur l'Histoire générale par M. de Voltaire, Avant-propos, p. 9.

tems avant les empires de la Chine & des Indes, il y ait eu des nations instruites, polies & puissantes, que des déluges de barbares auront ensuite replongées dans le premier état d'ignorance & de grossièreté qu'on appelle l'état de pure nature. Mais il n'est plus question de possibilités ; à cette pensée philosophique & générale, vous avez fait succéder une pensée plus approfondie. Je ne vous parle plus de ces conformités, qui demandent une parenté entre les peuples, ni de ces allégories si bien expliquées par M. de Gébelin, qui donnent à toutes les œuvres de l'antiquité le même esprit & la même physionomie. Nous ne considérons point cette identité d'usages, d'institutions, ces grandes découvertes qui doivent marcher ensemble chez le même peuple, ou du moins chez des peuples freres, découvertes qui laissent une longue influence après elles, & qui annoncent un siecle original, dont vingt siecles suivans ne font que les copies. Cette influence a été bien saisie par M. de Buffon. Les poëmes d'Homère ont long-tems fourni les sujets de nos tragédies ; ce choix montre quel est après 3000 ans le pouvoir d'un grand génie sur les esprits, & combien son imagination maîtrise encore l'imagination des poëtes (*a*). Jusqu'au grand siecle de Louis XIV, dont vous êtes le dernier chef-d'œuvre, nous avons copié même dans les sciences les beaux siecles de la Grece & de Rome. L'Asie plus constante, aujourd'hui privée de génie & de l'esprit d'invention, conserve sa physionomie antique, & elle imite encore le beau siecle oublié, dont j'ai voulu renouveler la mémoire.

Je me propose de ne vous donner ici que des preuves historiques. Nous allons parcourir l'Asie, & même toute l'étendue du monde ancien. J'espere, Mon-

_____

(*a*) Réponse de M. de Buffon au remerciement de M. le Maréchal de Duras à l'Académie Françoise.

sieur,

sieur, que vous ne vous rendrez pas difficile sur la nature de ces preuves. Je ne puis rien vous montrer qu'à travers un voile ; il n'est pas en mon pouvoir de déplacer la masse du tems ; les annales de ce peuple n'existent plus ; les anciens titres sont perdus. C'est un malheur commun aux nobles & antiques familles. Le témoignage des historiens a été effacé, le fil de la tradition s'est rompu dans les déserts que la guerre a formés, & dans les siecles d'ignorance qui sont les déserts du tems. Mais il reste une notion confuse, quelques faits gravés dans la mémoire, & dont la durée annonce l'importance & la vérité. Un long souvenir, le souvenir des hommes est bien quelque chose : je fais grand cas de ces traditions antiques conservées cherement par une suite de générations. Ce sont ces traditions historiques que nous allons consulter ; nous reconnaîtrons facilement les additions d'une imagination mensongère ;

nous rejeterons ce qui sera contraire à la vraisemblance & à la nature : le reste sera la vérité, & nous y croirons, afin que cinquante siecles, qui ont déposé pour elle, ne réclament pas & ne s'élevent point contre nous.

Sans doute il est possible qu'une nation étrangère ait apporté des enseignemens sans qu'il en reste aucunes traces, sur-tout chez un peuple qui n'écrit point. Les maîtres meurent, les disciples sont ingrats : l'oubli des bienfaits est dans l'histoire de tous les païs & de tous les hommes. Ce qui arrive dans les siecles d'ignorance est précisément semblable à ce qui se fait dans les ténebres ; tout s'y passe sans témoins, & quand la lumière se montre, ceux qui sont éclairés, n'ont aucune idée de ce qui a précédé cette clarté nouvelle. Mais je ferais tort à ma cause, en disant qu'il ne reste dans l'Inde aucune trace de ce grand événement. Ces traces sont trop bien marquées pour les méconnaître. Il nous reste un beau monument & des instituteurs étrangers, & de la philosophie transplantée, & de l'instruction reçue dans l'Inde sans aucuns progrès ultérieurs. C'est le hanscrit, c'est cette langue savante, & abandonnée de ceux qui la parlaient à un peuple qui ne l'entend plus. Les savans passent leur vie à l'étudier dans des dictionnaires, & ils ne la possedent point, parce que d'une part les ouvrages conservés sont en petit nombre, écrits sur des matières abstraites, & que de l'autre, les savans sont encore assez ignorans. Quelle preuve plus forte peut-on donner à un philosophe comme vous, Monsieur ? Une langue morte suppose un peuple détruit; c'est une vérité incontestable. Ainsi, sans compter les monumens de l'astronomie, sans parler de l'esprit universel des institutions antiques, qui toutes réclament un peuple antérieur, le hanscrit est un monument de son existence, & la trace conservée de son passage dans l'Inde.

Vous me demanderez comment ce peuple n'a gardé aucune place dans la mémoire des hommes, comment son nom est tout-à-fait oublié ? Je pourrais vous renvoïer à ce vieillard impitoïable, qui dévore ses enfans, au Tems dont tous les pas sont destructeurs. Je pourrais vous dire de l'interroger pour qu'il vous ouvre ses abîmes, qui, comme ceux de la mer, renferment tant de tréfors.

Mais l'histoire du passé n'est pas toute engloutie dans ces abîmes ; nous sommes assez riches en faits, pour n'avoir pas besoin de nous envelopper dans une pareille incertitude. Après vous avoir montré les monumens de l'existence de ce peuple, vous demandez qu'on vous en donne des nouvelles, il faut faire paraître & entendre les témoins ; nous allons les interroger. Platon est le premier. Il avait consulté les sages de l'Egypte ; ce sont eux qui instruisent les Grecs par sa bouche. « Vous ne savez » pas, disent-ils, quelle était dans

» votre païs la plus belle & la meil-
» leure génération d'hommes qui ait
» jamais exifté ; il n'en eft échappé
» qu'une faible femence dont vous êtes
» les defcendans. Nos écrits rapportent
» comment votre République a réfifté
» aux efforts d'une grande puiffance,
» qui fortie de la mer Atlantique, avait
» injuftement envahi toute l'Europe &
» l'Afie (*a*) ».

Voilà donc une ancienne race des hommes prefque entierement détruite ; car Platon ne diffimule pas aux Grecs qu'ils n'en étaient qu'un faible refte. Mais, Monfieur, nous devons prendre garde aux expreffions des écrivains philofophes. Dans leurs récits, dans leurs tableaux, chaque trait de craïon, chaque nuance de couleur eft une idée. Lorfque Platon parle de la plus belle & de la meilleure génération qui ait jamais exifté, il veut peindre par la plus

---

(*a*) Platon dans fon Timée.

belle, une génération éclairée & inftruite ; quand il la défigne pour la meilleure, il entend qu'elle avait des mœurs & des loix refpectées. Si nous ne confidérions que le phyfique de ces expreffions, le beau ferait la nature réguliere & fleurie, le meilleur la nature forte & puiffante : mais nous écoutons un poëte philofophe ; le beau, c'eft l'inftruction, le meilleur, c'eft la vertu. Platon parlait donc d'un peuple antérieur, favant, policé, mais détruit & oublié, aux Athéniens, à ce peuple fpirituel, léger, aimable, femblable en tout à nos Français, que j'ai ofé entretenir comme lui du même peuple.

Mais ce n'eft pas tout. Platon ne nous cite pas un feul peuple. A celui dont nous venons de parler, à celui qui a réfifté, il oppofe une nation fortie de la mer Atlantique, qui par des guerres & par des injuftices a envahi l'Europe & l'Afie. C'eft l'hiftoire d'un tems inconnu ; on y retrouve les mêmes traits que dans l'histoire moderne, les œuvres toujours semblables des hommes forts & faibles, une attaque injuste, une défense légitime, heureuse pour un coin du monde, & sur tout le reste un envahissement qui est l'ouvrage de la force. Cette irruption des Atlantes est un grand événement ; on n'envahit point l'Europe & l'Asie sans opérer une révolution sur le globe. Les conquérans ont des pieds de fer, ils brisent en marchant, & la poussière qui s'éleve à leur passage couvre tout ce qu'ils laissent en arrière ; tout finit & tout recommence avec eux. Ne souhaitons jamais de révolution ; plaignons nos peres de celles qu'ils ont éprouvées. Le bien dans la nature physique & morale ne descend du ciel sur nous que lentement, peu-à-peu, j'ai presque dit goutte à goutte ; mais tout ce qui est subit, instantané, tout ce qui est révolution est une source de maux. Les déluges d'eaux, de feux & d'hommes ne s'étendent sur la terre

B iv

que pour la ravager. Ce font donc les maux de cette révolution, qui font la nuit des tems plus anciens. La conquête, qui a tout bouleversé, a mis la barrière d'un immense désert entre les peuples dont Platon nous parle, & les peuples connus qui ont place dans l'histoire. On a daté de l'époque des nouveaux établissemens, tout le reste est effacé.

Mais ce qui a précédé cette époque est très intéressant. Nous appercevons des peuples perdus, comme celui que je vous ai fait connaître. Si les sciences nous ont prouvé la nécessité d'un peuple détruit, l'histoire nous en offre des exemples. Le peuple Atlantique, le peuple qui lui a résisté sont perdus pour le tems, on ne sait dans quels siecles on doit les placer; ils sont perdus pour le lieu, car l'Atlantide même a disparu. On dit que les abîmes de la mer l'ont engloutie, comme pour nous dérober le berceau de ces peuples.

Mais en même tems que Platon nous apprend leur exiſtence, il nous montre une grande invaſion qui motive la perte des arts, des ſciences & des lumières. Cet événement mérite toute notre attention, il renferme peut-être les éclairciſſemens que vous demandez. Puiſque nous voulons remonter au-delà des tems de barbarie, & ſaiſir le moment d'une deſtruction, atteſtée par tant de débris trouvés dans l'ancien monde, nous ne devons pas négliger cette excellente génération, qui n'a laiſſé qu'une faible ſemence, & ce peuple conquérant qui a tout envahi. Je vous demande la permiſſion de remettre ſous vos yeux le récit de Platon, de comparer les faits qu'il rapporte aux hiſtoires & aux traditions des peuples. La vérité ſe fait connaître par le concours des témoignages. Je n'ai pas la préſomption, Monſieur, de vous rien apprendre en hiſtoire & en philoſophie ; mais ne dois-je pas vous rappeler toutes les choſes dont j'ai deſſein de vous faire un tableau. Il ne serait pas complet, il n'y aurait plus d'ensemble, si j'en supprimais quelques parties. Je vais plaider devant vous, je citerai des autorités respectables, mais connues, & en cherchant la lumière, je ne vous adresserai que les conclusions pour les juger.

Je suis avec respect, &c.

DOUZIEME LETTRE
A M. DE VOLTAIRE.

Récit de l'île Atlantide : ce n'est pas une fiction.

A Paris, ce 28 Février 1778.

Vous savez, Monsieur, que l'histoire de l'île Atlantide est racontée dans deux dialogues, dont l'un est intitulé *Timée* & l'autre *Critias*. Platon qui en est l'auteur commence par nous donner la tradition des faits ; Platon, encore enfant, écoutait son aïeul Critias, âgé de quatre-vingt-dix ans. Celui-ci dans sa jeunesse avait été instruit également par Solon, ami de son pere Dropidas, Solon, le législateur d'Athènes, & l'un des sept sages de la Grece. On ne peut donc indiquer une source plus vénérable, une tradition mieux suivie & plus digne de confiance. C'est ainsi que le philosophe nous a transmis les instructions des Prêtres d'Egypte.

Un de ces prêtres, formé par la sagesse des anciens, instruit par les mémoires, ou par les colonnes savantes dont ils étaient dépositaires, racontait à Solon comment les Athéniens avaient jadis résisté à une grande puissance sortie de la mer Atlantique, & s'étaient distingués par de grandes actions qu'un long tems avait fait tomber dans l'oubli. Vous n'avez pas plus envie que moi, Monsieur, de croire à ces anciens exploits des Athéniens; au tems d'Homere & du sac d'Ilion, ils étaient encore assez barbares; les siecles héroïques qui ont précédé ne sont que des siecles de grossiereté & de brigandage. Il est hors de toute vraisemblance que dans des tems plus reculés les Athéniens encore moins policés, moins unis, & dès-là moins puissans, aient été capables de pareils efforts. Cette grande & glorieuse résistance aurait eu d'ailleurs une mémoire durable. Il faut penser que Platon se conformait ici à quelque tra-

dition honorable, qui faisait descendre les Athéniens d'un peuple célebre, comme Virgile fait descendre les Romains d'Enée & de Troie, & comme on a tenté chez nous-mêmes de nous trouver une origine Asiatique, dans cette même ville illustrée, malgré sa chûte, par sa longue défense contre toutes les forces de la Grece. Platon voulait se concilier l'attention de ce peuple avide de gloire. Il avait besoin sur-tout de le flatter pour adoucir une vérité dure. « Oh! Solon, Solon, disait le
» sage Egyptien; vous autres Grecs,
» vous êtes toujours enfans; si âgés
» que vous soïez, aucun de vous n'a
» l'instruction & l'expérience de son
» âge. Vous êtes tous des novices dans
» la connaissance de l'antiquité, vous
» ignorez ce qui s'est passé jadis, soit
» ici, soit chez vous-mêmes. L'histoire
» de 8000 ans est écrite dans nos livres
» sacrés; mais je puis remonter plus
» haut, & vous dire ce qu'ont fait nos

» peres pendant 9000 ans, c'est-à-dire,
» leurs institutions, leurs loix & leurs
» actions les plus éclatantes ».

Ne nous arrêtons point, Monsieur, à ces 8 & 9000 ans, qui n'étaient sans doute pas des années solaires. Mais ce qu'il est important d'observer, pour entendre ce passage, c'est l'effet de la translation des peuples ; elle s'opérait de deux manières : par les irruptions & par la conquête, ou par un changement de demeure ; soit que la nécessité forçât d'envoïer des colonies, soit que la nation entière changeât pour être mieux. L'irruption, la conquête était un feu dévorant : un peuple qui venait s'établir sur cent nations détruites, des hommes toujours armés du glaive, n'apportaient ni livres, ni mémoires. Aussi se souciaient-ils peu de la connaissance du passé ; ils étaient plus occupés de ce qu'ils allaient devenir que de ce qu'ils avaient été. Ce n'est qu'en s'adoucissant sur un sol plus riche & plus fertile, qu'ils ont conçu l'idée de conserver la mémoire des faits & des siecles. Chaque pere a raconté sa vie à ses enfans, & de ses récits successifs a été formée la vie de la nation entière, ou l'histoire de sa durée. Mais lorsqu'une nation en corps, ou seulement par des colonies, a changé d'habitation, elle a tout transporté avec elle dans ce voïage paisible; ses institutions, ses connaissances, le souvenir des grands faits passés & la mémoire de ses ancêtres. L'histoire de son premier état a toujours précédé l'histoire du second. A la longue les traditions se sont altérées par leur vieillesse, le tems a tout confondu, & les deux histoires n'en ont plus fait qu'une. Voilà comment des faits vrais en eux-mêmes, deviennent faux relativement aux lieux où on suppose qu'ils sont arrivés. Cette observation peut répandre un grand jour sur l'obscurité de l'histoire. Accoutumons-nous à penser que les tems héroïques de la Grece, ces tems dont elle se glorifie ne lui appartiennent pas, & font la première histoire du peuple qui est venu l'habiter. Nous retrouverons peut-être les climats où tant de noms célebres ont paru. Nous en avons un exemple démonstratif dans l'histoire qui nous occupe maintenant. Le prêtre Egyptien déclare qu'il parle d'après des mémoires conservés à Saïs dans la basse Egypte; ces faits de 8 à 9000 ans sont donnés comme les faits du païs même; & cependant il commence son récit par l'histoire de l'île Atlantide, qui n'était sûrement pas en Egypte. Cette association des faits étrangers & des faits propres à l'Egypte, est donc une preuve positive de ce que je viens d'établir; & en même tems c'est un aveu formel que les Egyptiens tiraient leur origine de cette île, dont Platon nous a conservé la mémoire, & qu'il a rendue célebre (a).

―――――――――――

(a) Dialogue de Timée.

Platon,

Platon, ou plutôt le prêtre Egyptien continue son récit : « Nos mémoires,
» dit-il, rapportent comment votre Ré-
» publique a résisté aux efforts d'une
» grande puissance, qui, sortie de la mer
» Atlantique, avait injustement envahi
» toute l'Europe & l'Asie. Cette mer
» était alors guéable ; sur les bords était
» une île vis-à-vis de l'embouchure,
» que dans votre langue vous nommez
» colonnes d'Hercule : & cette île avait
» plus d'étendue que la Libye & l'Asie
» ensemble ». Toute cette géographie, Monsieur, peut fournir beaucoup d'observations, mais ce n'est pas ici le lieu de les faire ; écoutons Platon sans l'interrompre. « Dans cette île Atlantide,
» il y avait des Rois dont la puissance
» était très-grande ; elle s'étendait sur
» toute cette île, sur plusieurs autres
» & sur des parties du continent. Ils
» régnaient en outre d'une part sur tous
» les païs depuis la Libye jusqu'en
» Egypte : & de l'autre, savoir du côté

» de l'Europe jusqu'à Tyrrhénia. L'or‑
» gueil de leurs forces réunies a tenté
» de soumettre votre païs, le nôtre &
» toutes les provinces situées en deçà
» des colonnes d'Hercule, où a com‑
» mencé leur irruption. C'est alors que
» votre République s'est montrée supé‑
» rieure à tous les mortels par la force
» & par la vertu. Elle commandait à
» ceux de vos peuples qui ne l'avaient
» pas abandonnée ; son génie & ses
» connaissances dans l'art militaire, la
» secoururent dans ce danger pressant ;
» elle triompha de ses ennemis, & elle
» érigea des trophées de sa victoire,
» après avoir garanti de la servitude
» ceux qui en étaient menacés, & nous
» avoir rendu à tous le salut & la li‑
» berté. Mais lorsque dans les derniers
» tems il arriva des tremblemens du
» globe & des inondations, tous vos
» guerriers ont été engloutis par la
» terre, dans l'espace d'un jour & d'une
» nuit ; l'île Atlantide a disparu dans

» la mer. C'est pourquoi la mer qui se
» trouve là, n'est ni navigable, ni re-
» connue par personne, puisqu'il s'y
» est formé peu-à-peu un limon prove-
» nant de cette île submergée (*a*) ».

Platon reprend le même sujet, avec plus de détail, dans le dialogue intitulé Critias. Il remonte même assez haut, & jusqu'au moment où il suppose que les Dieux se sont partagés la terre pour la cultiver & pour l'embellir. L'île Atlantide fut le lot de Neptune; il y trouva sur une petite montagne un seul homme, nommé Evenor, avec sa femme Leucippe. Ils avaient été formés de la terre, comme les anciens le supposaient toujours de ceux dont ils ne connaissaient point l'origine. Clito était la fille unique de ce couple solitaire; Neptune en devint amoureux, & l'épousa. Sa postérité fut nombreuse; il eut cinq couples d'enfans mâles & jumeaux.

_____

(*a*) Platon, dialogue de Timée.

Alors il divisa son domaine en dix parties pour apanager ses fils. L'aîné s'appelait Atlas, & donna depuis son nom à l'île entière; il eut en partage le centre de l'île & la petite montagne où avaient habité ses aïeux: & nous pouvons conjecturer, Monsieur, sans aucune supposition forcée, que la montagne reçut son nom aussi bien que l'île, & fut nommée le mont Atlas.

La postérité d'Atlas régna long-tems avec gloire. Le roïaume était toujours transmis à l'aîné de la famille; & les enfans de cette race ont conservé le sceptre pendant beaucoup de générations. Jamais Prince n'a eu, ni n'aura de richesses semblables à celles de ces Rois. L'île fournissait avec abondance les choses nécessaires à la vie. Elle était riche en métaux, soit solides, soit fusibles (*a*). Elle produisait sur-tout l'ori-

---

(*a*) Tous les métaux sont fusibles. Il faut croire que par le nom de métal fusible, Platon a voulu désigner le vif-argent.

chalque, métal que l'on ne connaiſſait, du tems de Platon même, que par le nom; mais qui dans les mines de cette Iſle était très-abondant, & ce qu'il y avait de plus précieux après l'or. Les forêts fourniſſaient toutes ſortes de bois de conſtruction. La terre nourriſſait beaucoup d'animaux, tant domeſtiques que ſauvages; il y avait même un grand nombre d'éléphans. Je vous abrege, Monſieur, les avantages de cette île que Platon appelle fertile, belle, ſainte & merveilleuſe; ainſi que le détail de la magnificence de ſes Rois. Nous avons déjà remarqué que les choſes paſſées & déjà anciennes s'embelliſſent par le ſouvenir, & s'aggrandiſſent par la tradition. Je ne vous parlerai donc point du palais des Rois, ni du temple de Neptune recouvert d'or, dont les voûtes étoient d'ivoire ciſelé & le pavé d'argent & d'orichalque. Là étaient des ſtatues d'or; celle du Dieu, monté ſur un char tiré par ſix chevaux aîlés, entourés de cent Néréides assises sur des dauphins, s'élevait jusqu'au faîte. A l'entour étaient placées les statues de tous les Rois, qui avaient succédé à Atlas & à ses freres. Les prêtres d'Egypte, soigneux de conserver les usages antiques, montrerent également à Hérodote les statues de 341 Rois, qui avaient régné sur eux. Je ne vous parlerai point non plus des ponts, des aqueducs, des bains, des gymnases, des hyppodromes que le luxe & l'industrie de ces peuples avaient bâtis pour la commodité & l'usage de la vie. Il suffit d'indiquer ces édifices & ces constructions publiques pour vous annoncer une nation puissante & civilisée. Nous passons à la description de l'île même. Sa figure était un quarré oblong ; sa longueur d'une extrémité à l'autre était de 3000 stades, & sa largeur de 2000. Son territoire s'étendait vers le sud, & du côté du nord il était bordé par des montagnes. Platon ajoute que ces montagnes surpassaient en quantité, en grandeur & en beauté toutes celles qui étaient connues de son tems. Elles étaient couvertes de villages & de riches habitations. Elles abondaient en forêts, en rivières, en lacs, en prairies. La surface de la terre avait été disposée ainsi par la nature, & travaillée par beaucoup de générations pendant une longue suite de tems. Si nous voulons jeter un coup d'œil sur l'administration & sur les mœurs, Platon vous dira que chacun des dix chefs régnait dans son district & dans ses villes, sur ses sujets & selon ses loix. Cette société d'empires, assez semblable au gouvernement des Amphyctions dans la Grece, était établie en conséquence d'un ordre précis de Neptune, exprimé dans une loi respectée, & gravée sur une colonne qui était dans son temple. C'est dans ce temple que les dix chefs s'assemblaient alternativement tous les cinq ou six ans, aïant les mêmes égards pour le nombre pair & impair. Ils délibéraient des affaires publiques ; ils s'informaient si quelqu'un avait transgressé la loi, & ils le jugeaient en conséquence. Mais avant que de prononcer, ils se donnaient mutuellement la foi de la manière la plus solemnelle. Seuls devant le Dieu, ils immolaient un taureau, ils remplissaient un vase de son sang, & après en avoir versé une goutte sur chacun d'eux, ils en jetaient une partie dans le feu, en jurant qu'ils jugeraient selon la loi écrite sur la colonne, & qu'ils puniraient le premier qui la transgresserait. Ils finissaient par boire de ce sang, en faisant chacun des imprécations sur soi-même, & sur sa famille, & ils se retiraient après avoir soutenu la faiblesse humaine par le respect des sermens. Aussi ces peuples furent-ils long-tems religieux & sages ; ils obéirent aux loix, ils n'eurent que des pensées vraies & élevées, & ils étaient toujours préparés contre les événemens de la fortune. Méprisant tout, excepté la vertu, ils regardaient les choses de la vie comme frivoles, les richesses comme un fardeau: l'abondance des délices ne troublait point leur raison. Ils avaient été assez prudens, assez heureux pour connaître que la sobriété, l'union réciproque, la vertu, fondent la véritable jouissance, augmentent les richesses, au lieu que l'empressement qu'on a pour elles, le prix qu'on y attache semblent les diminuer, les flétrir par l'usage ; les admirateurs de ces choses périssables, périssent comme elles. Telle est la peinture de ce peuple que Platon s'est plu à nous tracer, & qui est sans doute exagérée & embellie par le coloris de son éloquence. Mais après l'orateur, le moraliste se montre au dénouement de l'histoire. Ces mœurs douces & pures, cette heureuse habitude des Atlantes ne fut pas de longue durée. Malgré la barrière qu'avait posée la sagesse des anciens, l'homme est né pour s'égarer, pour tomber, l'homme prévalut. Les Atlantes crurent devenir plus heureux en accumulant des richesses injustes ; ils crurent devenir plus grands en devenant plus puissans ; la soif du luxe & du pouvoir les porta à dépouiller les peuples, à conquérir les provinces voisines, & ils se répandirent sur la terre, par le desir du repos & du bonheur, (que l'homme trouve bien plus sûrement dans le champ qu'il cultive en paix, & sur le bord du foïer de ses peres. Alors Jupiter, gardien des mœurs & vengeur des loix, Jupiter qui voit tout, vit la dépravation de ces peuples, & résolut de les punir. Il convoqua l'assemblée des Dieux, dans les demeures célestes placées au milieu de l'univers, & d'où le Pere des Dieux & des hommes contemple les générations (a). Ici finit le texte de Platon ; le reste manque. Mais on voit que le philosophe, voulant faire tourner l'histoire au profit des hommes,

---

(a) Platon, dialogue de Critias.

allait raconter la submersion de l'île Atlantide, la destruction de ses habitans, & la présenter comme un châtiment. La justice divine a détruit le repaire d'où tant de déprédateurs & de conquérans avides s'étaient échappés pour le malheur du monde. Ils ont paru comme les fléaux de la terre, & les fléaux du ciel ont abîmé l'île qui les a vomis.

On peut dire, Monsieur, que Platon étoit poëte dans sa prose divine. Les poëmes ne sont souvent que des Romans : la poësie se nourrit de fictions. Vous allez m'objecter que ce peuple, ses mœurs, ses exploits & ses conquêtes, sont les fruits de l'imagination brillante & morale de Platon. Cette objection a déjà été faite, il faut y répondre. La plupart des poëmes donnés comme historiques, ont réellement des sujets tirés de l'histoire : si l'Eneïde de Virgile est une invention flatteuse pour illustrer le berceau des Romains ; si quelques sceptiques ont osé douter de la réalité du siege de Troie, & de la vérité du sujet de l'Iliade; j'en appelle au poëme des Français, à la Henriade, où l'histoire est conservée au milieu des embellissemens de la fiction. Otez ces embellissemens, vous retrouverez la vérité nue ; sa parure est l'ouvrage des poëtes. Homere, vous, Monsieur, qui tous deux avez si bien connu les hommes, vous l'habillez, non pour la décence, mais pour la faire paraître avec un éclat qui attire & captive les regards ; c'est la beauté, à qui vous donnez la ceinture de Vénus. Sans doute Platon a voulu plaire dans son récit des Atlantes; il a fait plus, il a voulu instruire. Plus moraliste encore que poëte, il nous a peint avec complaisance leurs mœurs pures, leur corruption & leur châtiment. Mais il est évident que la morale n'est ici qu'un accessoire. C'est un historien, qui trace une grande catastrophe, & qui en tire une grande leçon. Il parle de la vertu des Atlantes, mais en finissant ; c'est pour montrer la hauteur de leur chûte, & pour motiver la punition céleste. Si la morale était l'objet principal, il aurait peint avec plus de détail les mœurs pures dont il proposait l'imitation, il ne se serait point amusé à décrire si longuement la grandeur, la situation de l'Isle, ses productions, ses richesses, la magnificence des palais & des temples. Tout doit être proportionné dans un petit dessein : ces descriptions sont longues pour un récit assez court. Platon entendait trop bien l'ordonnance pittoresque pour placer son sujet dans un coin du tableau, & n'aggrandir que les parties accessoires. Non-seulement Platon n'a pas inventé le fond des choses, mais les détails ne sont point non plus son ouvrage. Il y a laissé le cachet de la vérité, il y aurait mis le sien, si ç'eût été un mensonge. Platon raconte que les dix chefs s'assemblaient alternativement tous les cinq ou six ans dans le temple de Neptune, aïant les mêmes égards pour le nombre pair & impair. Si Platon avait créé ce peuple, ou du moins le tableau de ses idées & de ses mœurs pour le montrer en exemple, Platon, qui a bâti le monde avec les cinq corps réguliers de la Géométrie, Platon, qui dans ses méditations métaphysiques, a fondé sur le nombre trois la perfection divine & la génération humaine, n'eût pas manqué de donner à son peuple créé ses propres idées, & n'aurait point, en attribuant aux Atlantes cette indifférence pour les nombres mystérieux, fondé l'antiquité toujours à genoux devant le nombre impair. Les écrivains ont comme les peintres des idées parasites, qui tiennent à leur manière, & décélent leurs compositions. Vous connaissez le Bassan; le chien manque ici, le tableau n'est pas du Bassan.

Le récit de Platon, comme vous voïez, Monsieur, a tous les caractères de la vérité. Ce n'est point une fiction pour amuser & instruire ses lecteurs. La preuve que Platon a raconté & non imaginé, c'est qu'Homere venu six siecles avant lui, Homere versé dans la connaissance de la Géographie & des mœurs étrangères, a dans l'Odyssée parlé des Atlantes, de leur île (*a*). La tradition était donc plus ancienne que le Chantre d'Ulysse ; il a fondé sur elle quelques fictions de son poëme, parce qu'il est facile d'embellir des faits peu connus, & parce que cette tradition était lointaine & pour les tems & pour les lieux. Le nom d'Atlas ou du peuple Atlante retentit chez tous les écrivains de l'antiquité (*b*) : le poëte & le philosophe n'ont point inventé ces noms ; & comme les noms suppo-

---

(*a*) Odyssée, trad. de Madame Dacier, tom. I, pag. 5. tome II, p. 7. Remarques, tom. I, p. 65, tom. II, p. 45 & 47.

(*b*) Diodore de Sicile, Strabon, Pline, Solon, Euripide, &c.

sent les choses, l'ancienne existence du peuple est démontrée. On ne dira point que ces écrivains sont les copistes du philosophe, puisqu'ils nous donnent des détails, qui ne se trouvent point dans ses dialogues. Il y avait donc un fond d'histoire ou de tradition ; il y avait donc des sources originales où ces écrivains ont puisé comme Platon. Diodore de Sicile & l'antique Sanchoniaton nous ont conservé les généalogies & les faits des héros Atlantides ; je vais vous citer quelques morceaux de leurs narrations. J'ai besoin de m'appuïer de leurs témoignages, unis à celui de Platon. Rappelez-vous, Monsieur, qu'il est question d'une ancienne race des hommes, de l'envahissement de la terre, d'une grande révolution, qui a tout détruit & tout changé. Je dois multiplier les preuves pour mettre la vérité dans un plus grand jour ; je dois réunir les détails, qui montrent les circonstances de cet événement mémorable. Platon
nous

noüs a décrit l'île Atlantide ; Diodore de Sicile va nous parler des hommes qui l'ont habitée ; des hommes qui en font fortis. L'hiftoire des tems les plus éloignés n'eft pas entierement perdue ; elle exifte, mais rompue, mais divifée dans les divers auteurs. Si nous avons le courage de chercher & de rejoindre ces lambeaux, l'hiftoire du paffé renaîtra peut-être dans nos mains.

Je fuis avec refpect, &c.

TREIZIEME LETTRE
A M. DE VOLTAIRE.

Confirmation de l'existence du peuple Atlantique; antiquité & puissance de ce peuple.

A Paris, ce 2 Mars 1778.

« Les Atlantes, dit Diodore de Si-
» cile, habitent une contrée maritime
» & très-fertile. Ils different de tous
» leurs voisins par leur piété envers les
» Dieux, & par leur hospitalité. Ils
» prétendent que c'est chez eux que les
» Dieux ont pris naissance; & le plus
» fameux de tous les Poëtes de la Grece
» paraît être de cet avis, lorsqu'il fait
» dire à Junon,

» Je vais voir sur les bords du terrestre séjour
» L'Océan & Thétis dont nous tenons le jour (a) ».

C'est de cette manière, Monsieur, que l'historien introduit les Atlantes sur la scène. Ne trouvez-vous pas sin-

---

(a) Homere, Iliade. Liv. XIV, v. 311.

gulier d'indiquer le lieu de leur demeure, en difant feulement qu'il était au bord de la mer. Voilà des peuples bien caractérifés ! Faudra-t-il que nous faffions le tour de chaque continent pour les trouver ? Au refte, fon récit s'accorde avec celui de Platon. C'eft chez l'un & chez l'autre une contrée maritime & très-fertile ; ce font des habitans recommandables par leur piété. Je paffe à des détails, qui ne fe trouvent point dans Platon. Le premier Roi de l'Atlantide fut Uranus. Il retira les hommes de la vie fauvage, & les raffembla dans des villes ; fon empire s'étendait prefque par toute la terre, mais fur-tout du côté de l'Occident & du Septentrion. Il enfeigna les arts, fans doute les plus fimples, & ce qui eft plus fort, mais pourtant pofitif, fuivant Diodore, il avait des connaiffances aftronomiques. Il fe diftingua par fes prédictions ; il prévoïait l'avenir où font les craintes & les efpérances des hommes,

D ij

mais qui est fermé pour eux : on le crut d'une nature supérieure, on lui décerna les honneurs divins. Il lisait dans les astres, on donna son nom à la partie élevée de l'Univers, où la main de Dieu les a semés, & lui-même fut appelé le Roi éternel de toutes choses. Voilà le premier homme déifié, voilà la source de l'idolâtrie. Les vertus des hommes, le bien qu'ils veulent faire peut donc avoir des effets funestes, puisque le pur sentiment des bienfaits, la reconnaissance engendra cette fois un abus de la piété. J'ai déjà remarqué que ce culte primitif a eu des dérivés. Les Chinois qui révèrent le *Tien*, ou le Ciel, les Siamois qui adorent *le Ciel éternel*, sous le nom de Sommona-Kodom, semblent avoir été instruits par les Atlantes, & n'être que les adorateurs d'Uranus, placé dans le ciel avec son nom.

Uranus en s'occupant de soins célestes, ne négligea point les choses d'ici-bas. Il fut très-fécond ; il eut quarante-cinq enfans de plusieurs femmes; Titée seule lui en donna dix-huit, nommés de son nom Titans. Elle laissa son nom à la terre qu'elle avoit honorée de ses vertus. Parmi les enfans d'Uranus furent Hyperion, Atlas & Saturne. Ses filles aînées furent Basilée & Rhée, nommée aussi Pandore. Hyperion, en succédant à son pere, épousa sa sœur Basilée: leur bonté, le bonheur des peuples sous leur empire, tout ce qui offusque les méchans, indisposa les Titans freres d'Hyperion. Ils résolurent de le tuer avec son fils Hélius; ils égorgèrent le pere, & noyèrent le fils dans l'Eridan. Lorsque la nouvelle en vint au palais, Selené sœur d'Hélius, se précipita & se donna la mort. Basilée leur mere, avec une tendresse incrédule, chercha du moins le corps de son fils le long du fleuve, la lassitude l'endormit. Hélius lui apparut en songe; il lui apprit que le feu sacré, conservé dans le ciel, porterait désormais son nom,

& s'appelerait Hélius ou le Soleil; que l'astre de la nuit, nommé d'abord Mené, s'appelerait, comme sa sœur, Selené ou la Lune. La mere affligée eut chaque jour la douceur de voir paraître son fils après l'aurore, & de le regretter avec sa fille pendant la nuit. Je n'ai pas besoin d'observer que ce récit, soit histoire ou fable, renferme l'histoire ou la fable reçue en Egypte d'Osiris, qui périt dans les embûches de Typhon, & d'Isis cherchant les restes de son fils Horus & de son époux le long du Nil. C'est une preuve non équivoque de la parenté des deux peuples, & de la descendance des Egyptiens; car les Atlantes sont enveloppés de plus d'obscurités; les Egyptiens sont bien connus. Ce qui est détaillé est récent: & l'obscurité est le sceau du vieux tems toujours couvert d'un voile.

Après la mort d'Hypérion, les enfans d'Uranus partagèrent le roïaume. Les deux plus renommés furent Atlas &

Saturne. Les lieux maritimes étant échus par le fort à Atlas, ce Prince donna son nom à ses sujets & à la plus haute montagne de son païs. Il eut un fils vertueux & regrettable, Hespérus qui fut, selon la fable, enlevé par les vents sur cette montagne. On ne le revit plus, & les peuples touchés de sa mort l'ont placé dans la plus brillante des planetes ; le fils d'Atlas, est Vénus ou l'Etoile du soir. Ses filles nommées Maïa, Electre, Taygete, Astérope, Mérope, Alcyone & Cæleno, sont connues toutes sept sous le nom d'Atlantides : elles ont été aimées par les Dieux. Maïa l'aînée, eut de Jupiter, un fils appelé Mercure, qui fut l'inventeur de plusieurs arts. Les autres Atlantides eurent aussi des fils illustres. Les uns sont l'origine de plusieurs nations, les autres bâtirent des villes. C'est pourquoi non-seulement quelques peuples barbares, mais même des peuples Grecs, font descendre leurs anciens héros des Atlantides. Ces Princesses, ou comme on les appelait alors, ces Nymphes (a) furent après leur mort placées dans le ciel, où elles sont restées sous le nom des sept Pléïades. Atlas n'est point dans la voûte céleste, c'est elle au contraire qui est posée sur ses épaules. On a donné son nom à l'axe de la terre & du ciel, au pivot qui fait tourner le monde. Le chef de la nation a dû occuper le centre, le point inébranlable, qui semble donner le mouvement à la machine. Dès que les hommes ont reconnu vers le pôle une étoile immobile, au milieu de toutes les autres rangées autour d'elle, pour l'envelopper dans leur marche circulaire, ils l'ont représentée sous l'emblême d'un pasteur qui garde son troupeau, sous la figure d'un père, d'un Roi qui veille sur ses enfans ou sur ses sujets : c'était

───────────────

(a) Nymphes était le nom que portaient toutes les femmes dans le pais des Atlantides. Diodore, traduction de Terasson, tom. I, p. 455.

donc la place d'Atlas dont la famille habite le ciel. Fut-il jamais, Monsieur, une idée plus heureuse & plus naturelle, une idée plus consolante dans les pertes que fait la nature affligée ! Nous sommes jetés entre des générations passées, que nous n'avons point vues, & des générations futures dont nous préparons l'existence, mais que nous ne verrons pas. Nos ancêtres, ces objets éteints, nommés dans des récits toujours froids, ont peu de prise sur nos affections & même sur notre souvenir. On a écrit leurs noms dans le ciel, on les expose aux regards, à la vénération de leurs descendans. Ils y sont vivans, puisqu'ils se meuvent : la mémoire de leur vie est attachée à leurs noms ; rassemblés, ils se présentent en foule, pour donner des leçons & des exemples : & une longue famille de plusieurs siecles est toute entière vivante & parlante.

Saturne, fils d'Uranus & frere d'Atlas, fut, dit-on, Roi de Sicile, d'Afrique & d'Italie. Mais souvenons-nous, Monsieur, que ces faits sont plus anciens que l'habitation de la Sicile & de l'Italie. Les hommes, en se transportant de place en place sur la terre, ont fait voyager avec eux leurs idées, les fables de leur enfance, l'histoire de leurs ancêtres; & tout ce cortege s'est naturalisé comme eux dans les lieux où ils ont fixé leur demeure. Ce que je crois plus vrai, précisément parce que cela est vague comme l'obscurité, c'est que Saturne établit son empire dans l'Occident. Il fit bâtir sur les montagnes des forteresses pour affermir son autorité; de-là vient que du tems de Diodore, on appelait Saturniens tous les lieux élevés. Saturne que nous prenons pour le tems, fut, dit-on, avare & méchant. Peut-être est-ce nous qui l'avons fait ainsi, par les allégories dont nous avons enveloppé son existence. Le tems est vieux, c'est une raison pour être avare; le tems détruit tout, il consume ce qu'il produit, il dévore notre jeunesse, notre vie ; c'est bien assez pour avoir paru méchant. Ce qui m'en fait douter, c'est qu'il épousa sa sœur Rhée, qui fut assez heureuse pour voir naître sous son regne Astrée ou la Justice. Les femmes n'ont eu que rarement l'empire; elles l'auraient encore moins dans un tems grossier, où n'existait pas l'agrément d'une société polie par leur influence. Comment la justice serait-elle née sous le regne d'un Roi méchant ? Comment y aurait on placé ces siecles d'ignorance, mais de bonheur, *ces tems fortunés de Saturne & de Rhée*, cet âge d'or qui ne reparaît plus, & que nous regrettons. Si nous retrouvons jamais la patrie des Atlantes, nous connaîtrons donc la terre où nos ancêtres ont été si heureux ! Ou du moins, si, comme nous l'avons établi, le souvenir d'une félicité perdue n'est que le souvenir de la jeunesse, si, comme on peut le croire, l'homme est toujours semblable à lui-même, avec une somme égale de bonheur, posée sur des objets différens dans ses différens âges, nous saurons quels climats ont vu la jeunesse de l'espece humaine. L'histoire continuant à calomnier Saturne, lui donne un fils qui valut mieux que lui. Ce fut le grand Jupiter; il était doux & affable; ses peuples l'aimèrent, & lui donnèrent le nom de pere, *Jo-pater*. Son pere lui céda le roïaume, ou peut-être les peuples qui haïssaient Saturne, le forcèrent-ils à descendre du trône. Mais les regrets sont au pied de ce trône; Saturne aidé des Titans voulut en chasser son fils: Jupiter le vainquit en bataille rangée, & demeura le maître de l'univers. Alors il ne s'occupa plus qu'à rendre ses sujets heureux, à punir les méchans & les impies. On juge bien que ces soins, tant de vertus, & sur-tout des succès éclatans, devaient le conduire au ciel. L'apothéose en effet ne lui manqua pas; on le plaça dans la planete de Jupiter, qui porte encore son nom ; on lui donna le nom de *zeus*, qui signifie *vivant*. Jamais apothéose n'eut plus d'étendue & plus de durée. Roi pendant sa vie, il fut après sa mort le Dieu de toute la terre ; Placé à l'origine des hommes, tous les souvenirs ont commencé par lui: il a voïagé avec les nations, il a eu partout un culte & des autels, il a rempli la terre & les siecles de son nom. Mais les honneurs, les choses humaines ne sont pas éternelles ; de tant de domaines, il ne lui reste aujourd'hui que sa planete.

Ailleurs Diodore lie cette histoire des Atlantes à l'ancienne histoire de l'Egypte, en faisant régner la première race des Dieux dans ce beau païs, si anciennement habité (*a*). C'est d'abord Hélius ou le Soleil, Saturne, Rhée, Jupiter, Junon, Mercure ; enfin Osiris & Isis, enfans de Saturne ou de Jupiter, aux-

_____

(*a*) Diodore de Sicile, t. I, liv. I, p. 28.

quels les Egyptiens appliquaient toute l'histoire d'Hypérion & de sa femme Basilée. C'est donc chez les Atlantes que repose la base de la théologie Grecque ; c'est là, comme les Grecs le disaient eux-mêmes, que les Dieux ont pris naissance ; c'est en même tems la source de la mythologie Egyptienne. Par-tout où nous retrouverons le nom de ces premiers Dieux, nous reconnaîtrons le sang d'Atlas & les titres de sa famille. Ce culte des hommes déifiés, des hommes placés dans les astres, puis des astres mêmes, puis enfin des idoles qui ont représenté, ou les hommes, ou les astres, aux peuples, qui voulaient des Dieux présens & des images sensibles, a donc sa source antique chez un peuple ignoré & perdu. Ce peuple est divisé en beaucoup d'autres peuples ; cet arbre, né dans la jeunesse du monde, l'a couvert de ses rameaux. Diodore nous dit que les fils d'Atlas furent les chefs de bien des peuples, que les Grecs, comme ceux qu'ils appelaient Barbares, se faisaient honneur d'en descendre. Ce que nous disons des Grecs, il faut le dire des Egyptiens qui le reconnaissent eux-mêmes par la filiation de leurs Dieux. Ce peuple des Atlantes les a donc précédés ; il est le pere de tous les autres, pere pour la vie & pour l'existence, comme pour les institutions, pour les fables & pour les histoires. Voïez comme tout commence avec lui ; ce sont les arts, l'écriture, inventés par Mercure. Ce sont des villes bâties, l'astronomie commencée, la divination établie sous Uranus : la justice, c'est-à-dire, les loix promulguées sous ses enfans Saturne & Rhée : c'est enfin le culte de l'idolâtrie établi par Jupiter, naissant des bienfaits & de la reconnaissance, infectant un coin du monde pour se répandre sur toute la terre dans son entier, dans sa forme primitive, avec les noms & les histoires conservées. Tous les Dieux qui sont nés depuis sont de cette race première ; ils y tiennent, ou par une descendance connue, ou par des traits de famille : ce sont là des marques certaines d'antiquité. L'esprit humain a eu son chaos comme le monde matériel. On voit ici ce chaos qui se débrouille à la voix de l'Être suprême ; c'est la séparation de la lumière & des ténèbres : on voit l'homme s'agiter dans le limon qui couvre son origine. La lumière paraît avec les arts amenés par Mercure, avec l'astronomie enseignée par Uranus ; mais l'ignorance, présente & encore presque entière, dénature ces bienfaits, en y joignant l'art & l'erreur funeste des prédictions. La justice naît aux beaux jours des siecles d'or, les loix s'établissent ; mais les hommes féroces s'y opposent, ils veulent rompre ces barrières nouvelles : Jupiter est obligé de combattre les Titans, fiers enfans de la terre, c'est-à-dire, les Géans, ces hommes dont l'origine est si antique, que la terre seule feule a pu les produire. Les Géans, pris à la lettre, n'ont pu être enfantés que par une nature vigoureuse, ou considérés figurément, ne font que des hommes forts, puiffans & fans frein; & quand on les place au milieu des mœurs pures & fimples, qui tiennent peut-être à une ignorance qu'on ne retrouve plus après l'avoir perdue, on reconnaît évidemment l'enfance du monde & les premiers commencemens des peuples, où dans l'abfence des loix & du refpect humain, on était tout ce que la nature nous faifait être: les méchans fans honte & fans crainte, fe difperfant pour piller, ou s'uniffant pour être plus forts; les bons tranquilles & fimples, tyrannifés d'abord par eux, s'uniffant enfuite, mais pour fe défendre. Ce tableau me plaît, j'aime à voir que les bons ont prévalu; la fociété, les loix font leur ouvrage. La méchanceté quoique plus active, quoiqu'accompagnée de la force & de la rufe, n'a pu

E

l'emporter sur le nombre des bons, sur la masse entière de la race humaine.

Pourquoi ne reconnaîtrions-nous pas, Monsieur, l'antiquité de ce peuple Atlantique, puisque les Égyptiens la reconnaissent eux-mêmes, en commençant leur histoire par la sienne ; puisque les Grecs, jaloux, orgueilleux, portés à se parer de tout ce qui était étranger, dans un de ces momens où la vérité comprimée reprend comme un ressort ses droits & sa force, ont confessé par la bouche de Diodore de Sicile, que les Dieux qu'ils adoraient, ces Dieux plus anciens qu'eux, étaient les Dieux ou les Héros des Atlantes. Diodore de Sicile n'avait point inventé ces choses si contraires à la vanité greque ; cent écrivains l'auraient démenti. Il existait donc une tradition où elles avaient été puisées. Mais qui aurait forgé cette tradition dans les tems où l'Egypte était révérée, où la Grece était florissante, & ne cédait qu'à l'Egypte, qui fut sa mere ? Le peuple Atlantique dont l'exiſtence n'eſt plus douteuſe avait diſparu. Les morts ſont bientôt oubliés; on n'attend rien d'eux, il eſt rare qu'on prenne leur défenſe; encore moins trouveraient-ils un auteur de fictions qui voulût les illuſtrer par des menſonges hiſtoriques; il ne leur reſte que la triſte vérité dans toute ſa ſéchereſſe: il faut donc convenir que les voix qui s'élevent pour eux ſont celles de la juſtice. Si quelques hiſtoriens vous diſent, cette théogonie appartient aux Egyptiens, aux Grecs, ce culte eſt né dans telle ville, ces prétendus Dieux ont vécu dans tel païs; un d'entr'eux parlera pour les Atlantes, & dira, cette théogonie eſt à eux; ce culte, ces Dieux, ces Héros ſont les leurs, celui-là ſeul eſt l'organe de la vérité; les autres ſont des flatteurs, des hommes ou trompés, ou trompeurs.

Un nouveau garant de cette haute antiquité, c'eſt Sanchoniaton, notre troiſième témoin. Vous ſavez, Monſieur, qu'après Moïfe, c'eft le plus ancien de nos hiftoriens ; il a certainement vécu avant le fiege de Troie ; & fi, comme on l'a cru, il a paru du tems de Sémiramis, il doit avoir précédé l'ère chrétienne de vingt ou vingt-deux fiecles. C'était un Phénicien, homme favant & de grande expérience ; curieux de connaître les faits paffés, il chercha & confulta les livres de Thot, le pere de l'hiftoire & le premier qui ait laiffé des mémoires. Ces mémoires étaient confervés dans les temples ; on les communiquait difficilement, mais ils contenaient des traditions paternelles. C'eft avec cette autorité que Sanchoniaton a écrit l'hiftoire de Phénicie ; il la commence avec le monde, il décrit les premières races des hommes. Parmi ces hommes qui font les peres de tous les autres, il cite Taaut ou Mercure, Hélius, Uranus, Chronos ou Saturne : Atlas fes fils, Perfephoné ou Proferpine, Athena ou Minerve, Jupiter,

Hercule., &c. Je ne vous dirai pas, Monsieur, que les récits de Diodore & de Sanchoniaton soient absolument les mêmes, ils different par quelques circonstances: mais c'est ce qui doit arriver à une histoire rapportée par différens peuples. Avez-vous jamais ouï conter la même nouvelle publique de la même manière ? Les images, les sensations sont portées à notre ame par des canaux qui nous sont propres, ce sont nos organes ; elles s'y modifient nécessairement & diversement dans les différens individus. Tous les hommes ne voïent, ni n'entendent de même : l'imagination inégalement répartie vient encore y mettre du sien ; que de causes de variété pour les choses présentes ! Combien doit être changé le passé qui nous arrive par tant de têtes & d'organes différens ! Mais aussi la conformité des témoignages sortis de cette confusion a la plus grande force, & la vérité de l'histoire se fait connoître, se dé-

E iij

montre par des noms semblables, & par le même fond de circonstances. Nous avons retrouvé dans Sanchoniaton presque tous les noms des Dieux & des Chefs des Atlantes; Uranus donnant son nom au Ciel, épousant sa sœur, qui fut depuis la Terre; un des fils d'Uranus tué par l'autre; Mercure inventant les Lettres & l'écriture. Il est vrai que l'auteur ne nomme point les Atlantes, mais il ne le devait, il ne le pouvait peut-être pas. Il écrivait sur des mémoires Phéniciens; les Phéniciens avaient tout transporté dans leur païs. Selon eux, les premiers hommes habitaient aux environs de Tyr & de Byblos; la scène de toutes choses se passe en Phénicie: comme les Egyptiens l'ont établie chez eux le long du Nil, vers, Memphis, qui n'a été fondée que long-tems après: comme les Grecs encore plus modernes, ont fait naître ou vivre ces Héros dans leur petit coin de terre. Sanchoniaton rend donc témoignage à l'authenticité de l'histoire des Atlantes ; mais en même tems son récit porte encore les marques de leur antiquité.

L'histoire de Phénicie commence par la Cosmogonie, par la naissance du monde. Sanchoniaton décrit ce développement de la matière éternelle. Il n'existait d'abord, dit-il, que le *souffle & l'esprit d'un air ténébreux, un chaos plein de confusion & sans clarté.* Cet esprit amoureux du chaos produisit l'amour, puis le limon d'où sont sortis tous les êtres. Ce n'est pas qu'il n'y eût alors des animaux, ils étaient appelés contemplateurs du ciel ; ils étaient nés semblables au monde, & de la manière dont les œufs éclosent. Ces animaux n'étaient sans doute autre chose que les astres, doués d'intelligence ; car tout-à-coup la matière étant devenue lumineuse, le soleil & tous les astres parurent. L'air jeta une splendeur de feu, la terre & la mer s'enflammèrent ; de-là les vents, les nuages & les pluies. Le mélange & le combat de toutes ces choses produisirent les éclairs & les tonnerres. A ce bruit les animaux mâles & femelles, éveillés comme d'un profond sommeil, épouvantés même par ce bruit terrible, commencèrent à se mouvoir dans les eaux, & à marcher sur la terre. De la nuit & du vent naquirent le premier homme mortel & la première femme, les auteurs du genre humain. Quoique toute cette philosophie soit un pur matérialisme, on peut croire que si la nuit & le vent ne sont pas des noms propres, les Phéniciens ont voulu faire entendre par la nuit l'obscurité de la création ; & par le vent, le souffle immortel qui anime la matière. Voilà ce que contenaient ces livres sacrés de Tyr & de Biblos.

C'est une étrange manie de prétendre raconter comment s'est formé le monde que nous habitons, le monde qui existait, lorsque nous n'existions pas encore. L'homme n'était pas présent, lorsque Dieu disposa & consomma son ouvrage : il n'a point vu ces ténèbres, qui ne sont que le terme de ses connaissances ; il n'a point vu le combat des élémens, mêlés & travaillés l'un par l'autre ; il n'a point entendu le sifflement des airs, les orages de la nature, obéissant à la voix suprême. Il ne sait ni le moment, où les astres ont marché, ni celui où la lumière est venue embellir le monde ; ses connaissances commencent à peine avec sa vie : saurait-il s'il est né tout entier comme il est ; saurait-il quand, comment, & où il a commencé d'exister, si le seul témoin de tant de merveilles, si leur auteur ne le lui avoit révélé ? Il est extravagant de raconter ce qu'on ne sait pas, & d'expliquer ce qu'on ne peut comprendre. Mais cette démence est un grand caractère d'antiquité, lorsqu'elle est liée à l'histoire, lorsqu'elle lui sert de base. L'audace & la présomption ont une certaine mesure. Quand on se vante, on outrepasse la vérité, mais on respecte la vraisemblance. Les Romains n'ont point commencé ainsi l'histoire d'une ville destinée à maîtriser l'Univers; les Grecs, tout menteurs, tout hardis qu'ils étaient, n'ont pas osé se porter jusqu'à l'origine, & s'asseoir sur le berceau du monde. Cette manie n'a pu éclorre que chez les nations réellement anciennes, & qui étaient proches parentes des premiers hommes. Pour les peuples qui ont oublié Dieu, le commencement du monde est le commencement connu de la race humaine. Au-delà sont les ténèbres d'un abîme impénétrable : les Phéniciens ont tenté de se figurer, de vous peindre cet abîme ; mais immédiatement sur ses bords, sur le sommet du tems & de l'existence, ils ont placé leurs ancêtres qu'ils regardoient comme les premiers hommes ; & ces ancêtres sont ceux des Atlantes. Par-là cette nation si fière & si jalouse de son antiquité, vous a déclaré qu'elle était issue des Atlantes, que ces peuples étaient plus anciens qu'elle, & qu'ils touchaient à l'origine des choses, ou du moins à cette origine présumée, que le tems n'a pas encore tout-à-fait couvert de son voile.

Je sens qu'il est fâcheux de dépouiller les Phéniciens, les Egyptiens & les Grecs, qui, par la voie de l'enseignement, par une réputation usurpée, ont passé pour les plus anciens, & les plus créateurs des peuples de l'Univers. Mais, Monsieur, l'espece humaine a déjà bien des siecles d'existence, elle est assez âgée pour être raisonnable, pour revenir sur les idées de son enfance; en grandissant, nos jugemens doivent passer comme nous à la puberté : nous devons prononcer en hommes. J'ai eu un précepteur, je le croïais plein de science & de génie ; mais lorsque mes idées se sont étendues, j'ai vu qu'il avait appris lui-même tout ce qu'il m'avait enseigné. Les Grecs, les Phéniciens, les Egyptiens ont été nos précepteurs, il est vrai, mais croïons qu'ils ont appris comme nous. Voilà donc trois grandes nations qui sont de la race d'Atlas. On a raison de dire que ses descendans ont été les Chefs de bien des peuples. Je suis vraiment fâché qu'on n'ait pas encore retrouvé l'île, ou du moins la place de l'île célebre d'où sont sortis tant de fondateurs. Là fut la premiere source du langage, de l'écriture, des arts & des sciences ; ces sciences y furent, sinon perfectionnées, du moins commencées. La Mythologie, une vaste idolâtrie y est née.

Je prévois que vous allez m'arrêter : vous me direz, Monsieur, que ces histoires d'Atlas, d'Hercule & de Saturne n'ont aucune réalité. Jadis on n'y voïait que des fables religieuses ; M. de Gébelin plus ingénieux & plus éclairé, n'y trouve que des allégories. Hercule, c'est le soleil, Saturne, c'est le labourage ; ce ne sont que d'anciennes instructions confiées à la mémoire des hommes sous la forme de l'allégorie. Je serais porté à croire, je l'avoue, que cette allégorie repose sur quelque base historique ; mais j'admets tout ce que ces recherches ont d'ingénieux, je veux que tous les résultats soient des vérités ; les conclusions que je viens de tirer restent inébranlables. L'existence d'un peuple, qui a précédé & produit les Phéniciens, les Egyptiens & les Grecs, n'en est pas moins démontrée. C'est une étrange métamorphose que celle de ces instructions, qui sont devenues des histoires ; les peuples, les historiens de l'antiquité s'y sont trompés. On ne peut nier qu'ils ont regardé ces personnages allégoriques comme des personnages réels ; ils citent les lieux où Saturne a régné, où Hercule a passé. Le peuple, inventeur de ces allégories, n'est point l'auteur de ces méprises. Nous ne prendrons jamais notre calendrier pour un être réel, nous ne ferons jamais du labourage un vieil-

lard, qui perpétue fa race pour la dévorer. C'eſt lorſque les langues, les
peuples ont changé ſur la terre, que
l'ignorance a enfanté ces erreurs, en
recevant des inſtructions qu'elle ne pouvait comprendre ; on conçoit tout ce
qui doit arriver, lorſque des gens grof-
ſiers prennent à la lettre le langage fi-
guré des gens inſtruits. Je vois donc un
peuple, qui avait dreſſé ces inſtructions,
qui les avait rédigées ſous cette forme
pour ſon uſage, & des peuples qui ne
les ont reçues que pour s'y tromper. Je
vois d'un côté la ſcience des choſes de
la nature, une imagination vive & animée, qui donne au récit & aux préceptes une forme vivante : de l'autre,
j'apperçois des ignorans, qui ne con-
naiſſent ni la langue, ni les phénomènes de la nature, ni les embelliſſemens
de l'imagination ; aſſez ſtupides dans
leurs commencemens, pour ne voir
dans ces préceptes que des hiſtoires,
aſſez hardis, aſſez menteurs pour ſe les

attribuer, & pour en parer leur origine. Nous avons beau faire, nous retrouvons partout les traces de l'ignorance, qui fuccede à la lumière. Quelques inftitutions des fciences font confervées, mais méconnues. Les fyftêmes phyfiques donnent naiffance à des religions, les phénomènes des climats produifent les fables, les allégories deviennent des hiftoires. Nous connaiffons bien les auteurs de ces méprifes : ce ne font pas feulement les Phéniciens, les Egyptiens & les Grecs ; c'eft le peuple où font leurs ancêtres communs. Tous les trois ont la même erreur, parce qu'elle eft née à leur fource. Mais le peuple qui a dénaturé tant de chofes, le peuple qui apporta ces vérités transformées, eft plus ancien que ces nations.

Quand même le mot Atlas & tous fes dérivés feraient allégoriques, ce peuple eft celui que je nomme Atlantique, ce peuple eft celui qui eft forti de l'île de Platon. Il eft utile de l'étudier, de suivre ses pas, & de chercher son origine; il nous conduira peut-être aux auteurs de ces allégories. Mais en ne jugeant que les faits, qui sont actuellement sous nos yeux, ce peuple est intéressant par une longue influence. Que de générations ont reçu son esprit, ont adoré ses Dieux! Tant d'institutions, tant de souvenirs laissés après lui, font penser que son regne n'a pas été d'un moment, qu'il a eu le tems de prendre une consistance importante. Nous reconnaissons le peuple nombreux, riche, puissant, conquérant que nous a peint Platon. Des peuplades isolées & pauvres d'habitans, des familles dispersées avant de former un corps de nation, n'auraient point assez de force pour donner à leur mémoire & à leurs institutions, cette étendue & cette durée. Mais il ne suffit pas d'un corps de nation, il faut que ce corps soit robuste, il faut que sa vie soit longue. Tant de peuples, comme tant d'individus, meurent sans avoir rien fait

fait parmi nous, fans avoir amaffé les matériaux d'une mémoire durable; l'utilité feule nous vaut le fouvenir; l'oubli eft le partage de l'inaction & de l'oifiveté. Je commence à croire que ce peuple ne peut être tout-à-fait oublié fur la terre : j'efpere qu'il n'eft pas impoffible de trouver le lieu de fon île enfevelie fous les eaux. Ces fondateurs doivent avoir laiffé des veftiges de leurs pas, c'eft la trace de leurs inftitutions communiquées. Il n'eft plus queftion d'un petit nombre de témoignages, comme ceux de Platon, de Diodore & de Sanchoniaton, ces inftitutions font un peuple de témoins. Nous partirons, Monfieur, quand vous voudrez, pour chercher l'île Atlantide ; nous allons errer fur le globe, comme Cybele cherchant Proferpine ; il faut feulement confulter les modernes fur la route que nous devons tenir. Je ne fuis pas le premier qui ait tenté cette recherche ; quelques-uns fe font égarés

F

avant moi. Si je ne réuſſis pas, ils m'auront épargné du moins pluſieurs manières de m'égarer ; mais, je réuſſirai, car vous êtes dans ma penſée, & votre génie marche devant moi.

Je ſuis avec reſpect, &c.

QUATORZIEME LETTRE
A M. DE VOLTAIRE.

Premiere recherche du Peuple perdu.

A Paris, ce 18 Mars 1778.

QUAND on a voulu chercher le peuple Atlantique, il a été naturel, Monsieur, d'étudier & de suivre Platon ; mais tous ceux qui le suivirent n'ont pas été des philosophes. Sans prétendre à cet honneur, j'écoute Platon, je vous parle, je tâcherai de me rendre digne de l'un & de l'autre.

Platon a dit que ce peuple habitait une île, près d'un continent, & vis-à-vis de l'embouchure où sont les colonnes d'Hercule. Il n'aurait pu mieux s'exprimer, s'il eût voulu tromper la postérité ; ou plutôt les circonstances, des nouvelles institutions ont rendu sa description équivoque & trompeuse. On demanda où étaient sur la terre les colonnes d'Hercule, on chercha les termes de fa courfe utile & glorieufe, on les trouva près de Cadiz, au détroit de Gibraltar. Là font deux montagnes célèbres dans l'antiquité, Calpé & Abila; elles n'en faifaient qu'une jadis, Hercule les fépara de fes mains pour ouvrir aux eaux de la Méditerrannée un paffage dans l'Océan. Outre ces colonnes de la nature, on voïait dans le temple d'Hercule à Cadiz deux colonnes confacrées à ce demi-Dieu. Le détroit de Gibraltar repréfentait l'embouchure dont parle Platon; ces monumens guidèrent les modernes, on chercha l'île Atlantide au-delà du détroit & dans l'Océan. On impofa le nom d'Atlantique à cette mer immenfe qui recelait, ou qui avait baigné jadis l'île Atlantide. Cette île n'était pas fi petite, qu'elle ne pût être retrouvée facilement, fi elle exiftait encore. Platon nous apprend qu'elle avoit 3000 ftades de longueur & 2000 de largeur; c'eft-à-dire, qu'elle avait une étendue d'environ 150 lieues fur 100, & prefque égale à celle de la France : mais en même tems il dit que cette île avait été engloutie dans la mer; il ne reftait donc que l'efpérance d'en trouver les débris. On crut les appercevoir dans les petites îles des Canaries, qui font vis-à-vis le continent de l'Afrique, peu éloignées du détroit de Gibraltar, & qui ne laiffent voir que les montagnes d'une terre, dont les plaines font aujourd'hui recouvertes par la mer. Cette idée était ingénieufe : cependant, Monfieur, toutes les îles font des parties élevées fur le fond de de la mer, ce font les montagnes de ces abîmes. On aurait pu dire la même chofe de tous les petits Archipels femés fur le globe ; cette idée n'était appuïée que fur les colonnes placées au détroit, & qui femblaient montrer de loin l'ancienne place de l'île Atlantide. On eût cependant mieux aimé retrouver l'île entière : Colomb en fournit l'oc-

F iij

casion, lorsqu'il découvrit l'Amérique. Ce grand continent placé en face de celui de l'Europe & de l'Afrique, un peu loin à la vérité, ce païs fertile & riche en métaux, rappela les descriptions du philosophe ; on y retrouva les richesses & la magnificence de son île, & le nouveau monde fut son Atlantide. Je ne sai si on n'y plaça pas également l'Ophir de Salomon, parce que ce Roi sage y envoïait chercher de l'or, dont on a rencontré des sources intarissables en Amérique. Ces idées, Monsieur, étaient du siecle des érudits, & non du siecle de la philosophie ; examinons les hypothèses à l'aide de ses lumières.

Il faut que nous passions en Amérique, non pour la voir telle qu'elle est, les Européens l'ont dénaturée ; leur industrie a déjà changé & embelli cette terre nouvelle, comme leur cruauté l'a dépeuplée. Vous, Monsieur, qui avez été poëte avec tant de philosophie, votre imagination féconde & vraie vous montre également bien les choses, ou comme elles sont, ou comme elles ont été. Il faut rendre au nouveau monde sa face antique ; il faut le voir comme au tems de Colomb.

C'était un sol fertile, mais inculte, une terre neuve & vierge. Un sol inculte ne peut porter que de nouveaux habitans, une terre vierge n'a connu l'homme que depuis peu. La nature avait hérissé cette terre de forêts, de lianes, qui remplissant les intervalles des arbres, faisaient du tout un massif presque impénétrable. Les plaines étaient remplies d'herbes hautes, formant encore de petites forêts, & tout cela n'était peuplé que de reptiles & d'insectes monstrueux, engraissés & grossis de la substance de la terre, qui n'avait qu'eux à nourrir. Ce n'est pas ainsi qu'elle est fertile, quand l'homme s'unit à elle pour la féconder de son industrie. Toutes les autres especes se retirent ou périssent ; l'homme consommateur ne partage que malgré lui. Sous fa main, la nature ne produit plus qu'utilement ; la face de la terre fe dépeuple d'herbes parafites : au lieu de ces apparences de luxe, la culture établit celles de l'ordre & de l'économie ; l'ordre naît du befoin de vivre, l'économie annonce une grande population. Auffi cette grande population n'exiftait nulle part en Amérique ; on n'y trouva que deux peuples policés & affez nombreux, les Mexicains & les Péruviens, qui habitaient les bords de l'Océan oriental & pacifique. Mais ces peuples étaient trop jeunes, trop récens pour concevoir l'envie de quitter leur patrie ; ils n'étaient pas affez nombreux pour emploïer la reffource des colonies. D'ailleurs le refte du continent prefque défert, leur eût laiffé la liberté de s'étendre. Ce n'eft donc ni du Mexique ni du Pérou, que font fortis les Atlantides ; ce n'eft pas non plus des autres parties du continent, peuplées d'efpace en efpace par quelques hordes, par quelques familles réunies, sous le nom de peuple, dont toute l'industrie se bornait à la chasse, à la pêche & aux premiers besoins.

L'Amérique a tant de beaux climats! On ne quitte point un païs fertile pour le laisser désert, sur-tout quand il faut monter sur des vaisseaux, & s'entourer de dangers. Mais des vaisseaux, les Américains en avaient-ils au tems de Colomb & de Cortez ? Je n'ai lu nulle part que la marine du Mexique & du Pérou fût florissante. Sur les autres côtes on ne trouve que des pyrogues destinées à la pêche, & qui suffisent à peine pour passer d'une île dans une autre : ce n'est point avec de tels secours qu'on entreprend le voïage d'Amérique en Europe. Ces pyrogues sont le premier état de la marine ; mais il y a bien loin de ces commencemens à sa perfection.

Voulez-vous que je vous dise, Monsieur, qu'avec ces petits bateaux pour la pêche & ces promenades à la vue des côtes, sur une mer unie & tranquille, je ne conçois pas encore la naissance des navigations éloignées. Je vois que sur terre on s'est éloigné de plus en plus de son asyle, parce que la crainte diminue en raison de ce que l'espérance augmente, parce que les dangers ne sont pas plus grands dans une marche plus longue. L'homme est sûr de la solidité de la terre qui le porte, mais il n'en est pas de même sur mer; il n'y a point de comparaison entre la mer tranquille & la mer agitée. Elle a des abîmes dans son sein, on sait qu'elle les ouvre tout à coup : on voit du rivage le spectacle des tempêtes; on voit la surface s'élever en montagnes, & se creuser en précipices. Quelle apparence que l'homme, sans des raisons pressantes, ait pu confier sa vie à une barque frêle & légere, pour devenir le jouet de ces flots puissans. Spectateur des dangers & des caprices de cet élément, il n'a pas dû même éprouver un orage; il voïait toujours la terre, la rame l'y ramenait au premier signe d'inconstance. Et d'ailleurs, Monsieur, pourquoi s'éloigner des côtes où étaient ses biens, ses espérances ? Contre quels biens, contre quelles promesses aurait-il échangé ses possessions & sa vie ? Nous ne donnons, nous ne faisons rien pour rien. Qui avait dit à l'homme qu'en traversant cet élément, il trouverait au-delà des dédommagemens qui valussent ces sacrifices. L'homme quoique craintif, a des momens de témérité ; il est imprudent, il sacrifie beaucoup pour des espérances légères ; mais encore faut-il qu'il espere quelque chose. Le Groenland est un païs dur & affreux, ses habitans nagent comme des poissons ; leur canot est renversé par une vague, ils le retournent, & s'y replacent pour continuer la pêche. Cependant on ne voit point qu'ils se hasardent à tenter des voïages, pour s'éloigner d'une terre qui ne leur donne rien. C'est que la naissance & l'habitude y ont concentré toutes leurs espérances, toutes leurs idées de bonheur; & l'on veut que l'homme habitant d'un beau païs, d'un grand continent, qui ouvre un champ vaste à la curiosité & au desir de changer de lieu, ait été se livrer à des mers inconnues & terribles. Je ne trouve dans notre nature qu'une origine vraisemblable de cette hardiesse. Nous aimons la liberté, tout ce qui nous borne & nous arrête nous semble insupportable. Je concevrai qu'on a pu braver la mer, quand elle a été un obstacle; mais elle ne peut l'être, que lorsqu'elle se présente de toutes parts, & lorsqu'en mugissant, elle semble dire à l'habitant des îles, je brise sur tes côtes pour t'y rendre esclave. Ce sont les Insulaires qui ont dû tenter la navigation proprement dite. Cette entreprise est celle de l'homme enfermé, prisonnier dans une île où sa curiosité est bientôt satisfaite, & ses desirs trop resserrés. Vous savez, Monsieur, ce que le désespoir fait faire pour sortir de prison : joignez au pouvoir de l'ennui & de la gêne, l'augmentation de la population, un nombre d'hommes excédant les subsistances, & vous aurez encore la force du besoin qui commande, & qui balançant une mort par une autre, fait accepter le danger avec l'espérance. Ce sont donc les Insulaires qui sont venus apprendre aux habitans du continent, qu'on pouvait braver la mer & la traverser pour chercher des habitations nouvelles. Il a donc fallu chez ces Insulaires l'industrie, les arts pour construire des navires, & le besoin pour en prescrire l'usage. Les habitans du continent n'ont profité de cette leçon & de cet exemple, que lorsqu'ils se sont approprié les arts, lorsque l'industrie les a animés, & lorsque le luxe leur a créé des besoins factices, non moins pressans que les véritables, mais nécessaires pour motiver ces entreprises téméraires. Alors on a vu faire à la cupidité, ce qui avait été tenté par le désespoir.

Si des flottes ont amené jadis des conquérans en Europe & en Asie, ces conquérans n'étaient point sortis de l'Amérique ; elle avait trop peu d'habitans dans ses régions immenses, les Américains étaient sans industrie ; aussi, n'ont-ils jamais abordé sur nos rivages avec des vaisseaux. Ils ont été assez étonnés de voir les nôtres, quand nous leur avons rendu une visite, dont ils se seroient bien passés ; c'est nous qui leur avons montré *l'appareil, inouï pour ces mortels nouveaux, de nos châteaux ailés qui volaient sur les eaux* (a). Il faut donc renoncer à trouver l'Atlantide en Amérique, & avec d'autant plus de raison, que Platon nous dépeint cette île comme assez proche du continent. Cette circonstance, qui exclut le nouveau monde, nous ramene aux Canaries : ces îles sont peu éloignées du

_____

(a) Vers d'Alzire.

détroit de Gibraltar & des colonnes d'Hercule, ou des montagnes qui resserrent le passage. A la rigueur, des pyrogues, des radeaux & l'industrie d'un peuple barbare pouvaient suffire pour passer en Afrique. Je ne cherche point à affaiblir les opinions que j'attaque, & je ne passerai point sous silence un fait qui semble concourir à placer l'île Atlantide dans les Canaries. L'ancienne Egypte est remplie de la mémoire des Atlantes & des noms de leurs chefs. Si ces peuples sont sortis des Canaries, on doit retrouver dans ces îles quelques usages semblables à ceux de l'Egypte; c'est en effet ce qu'on observe à Ténérife. Un peuple nommé les Guanches y habite encore; il a des souterreins qui lui servent de tombeaux. Ces souterreins sont fermés, leur entrée est un secret confié à une succession de vieillards, qui se le transmettent. Les morts y sont conservés sous la forme de momies, depuis un tems dont la durée est inconnue (a). Les Guanches ont un secret pour les embaumer, comme les Egyptiens, avec cette différence que ceux-ci enveloppoient leurs momies de bandelettes chargées de caractères, qui faisaient sans doute l'histoire des morts, & que les Guanches les ont laissé nues en les cousant dans des peaux; & n'ont pas tracé leur histoire, parce que peut-être ils n'écrivaient pas. M. le Chevalier de Borda a récemment apporté deux de ces momies, l'une d'homme, l'autre de femme, toutes deux bien conservées & tirées de l'île de Ténérife; elles sont dans le cabinet du Roi.

On ne peut nier que cette conformité avec l'Egypte ne soit remarquable; mais comme elle est unique, nous ne voïons pas qu'on en puisse rien conclure. Cet usage est au nombre de ceux qui peuvent être universels, parce que leur source est dans le cœur humain. L'amour

_____

(a) Hist. génér. des voïag. in-12 t. VI, p. 252.

filial, le respect des ancêtres, appartiennent à la nature simple & pure, qui réside entre la nature brute & la nature corrompue. Cet usage pourrait donc se retrouver par-tout où les sentimens d'humanité & d'amour ont été développés par la société, où une instruction commencée a permis d'inventer les opérations chymiques des embaumemens. Les Chinois, qui n'ont point l'art des parfums, conservent seulement les images de leurs ancêtres; les Egyptiens comme les Guanches conservaient les corps mêmes. Si c'était une affaire d'imitation, il faudrait que cet usage parti des Canaries eût presque fait le tour du monde pour arriver à la Chine. Je respecte infiniment la tranquillité des anciens, sur-tout des hommes méridionaux; je sai que la chaleur les rend paresseux. Je n'aime point à leur faire faire ces longs voïages; & si vous le voulez bien, Monsieur, nous laisserons les Guanches, les Egyptiens, les Chinois tranquilles, isolés chacun chez eux, & se souciant peu les uns des autres : & vous qui avez si bien peint les hommes de tous les climats, vous me direz que sur toute la surface du globe on peut respecter ses ancêtres, aimer les auteurs de ses jours, & sans imitation en donner des marques semblables. Nos momies ne seront donc point une preuve que les Atlantes sont sortis des Canaries. Il semble que si la mer eût englouti l'Atlantide, en laissant ses montagnes à découvert, les eaux qui les séparent ne devraient pas être profondes. Les terres récemment couvertes sont des mers nouvelles qui ont peu de fond. Je n'ai point vu les journaux des sondes de ces parages ; mais il ne m'est point revenu qu'on y rencontre plus d'écueils & plus de bas fonds qu'ailleurs. Il faut donc convenir qu'on n'y place l'Atlantide qu'à cause du voisinage des colonnes d'Hercule ; mais on n'y trouve aucun monument, aucune tradition qui se rapprochent du récit de Platon, de Diodore de Sicile, & des autres auteurs Grecs qui ont parlé des Atlantes. Au contraire, ces auteurs en multipliant les traditions, les placent toujours dans des païs différens & très-éloignés des Canaries. Accordons cependant que ces îles ont pu être le berceau de ce peuple conquérant, & cherchons la route qu'il a suivie, lors de son irruption fameuse. Il est naturel de croire que ses vaisseaux l'ont conduit en Afrique; une chaîne de montagnes conserve encore le nom d'Atlas, chef & pere de ce peuple : mais cette route pour traverser l'Afrique n'est nullement commode. Pardonnez-moi, si je vous mène par des sables encore brûlans, & qui l'ont été bien davantage, si la terre s'est en effet refroidie : les Atlantes ont dû être plus embarrassés que nous, ils formoient une armée destinée à conquérir une grande partie du monde; & je ne conçois pas trop comment ils ont pu vivre dans un défert de 1000 lieues de longueur, où l'on ne trouve ni eau, ni fubfiftance. Si l'on m'objecte que je parle d'un païs inconnu, je répondrai qu'il eft inconnu, parce qu'il eft inhabitable : les anciens en avaient cette idée ; à peine ont-ils fuppofé quelques habitans, qui y vivaient pour maudire le foleil. Sortons de ces fables où nous fommes entre deux feux, entre le foleil qui frappe perpendiculairement, & la terre qui réfléchit de même ; le peuple Atlante n'a point paffé par-là ; il aura pris le bord de la mer rafraîchi par le voifinage des eaux. Il a donc traverfé les roïaumes de Maroc, de Fez, d'Alger, de Tunis & de Tripoli, qui ne font aujourd'hui que des repaires de brigans. Il faut avouer que les Atlantes, qui ont laiffé tant d'inftitutions, qui ont fondé tant de villes fur leur paffage, n'ont rien fait pour cette longue partie de leur route. Ils n'y ont laiffé ni leurs Dieux, ni le nom de leurs Chefs ; les Phéniciens qui ont fondé Carthage, les Romains qui l'ont aſſujettie, nous en auraient dit quelque choſe. Cette indifférence des Atlantes n'eſt pas naturelle; ce n'eſt pas ainſi que les hommes ſe gouvernent, quand ils vont à la découverte des païs nouveaux : ils entrent en jouiſſance, dès qu'ils le peuvent; ils fondent des habitations, dès que le païs leur offre des avantages. La côte de Barbarie ne méritait pas cette indifférence : elle eſt abondante en grains & en fruits excellens; elle a des métaux & de l'or; elle nourrit différentes eſpeces d'animaux, & ſur-tout des chevaux dont la vigueur ne s'éteint qu'à la mort : ce qui était une grande reſſource pour des peuples qui avaient tant d'envie de courir le monde. Cette côte eſt encore recommandable par le nombre de ſes ports. Abondance & richeſſes dans le païs, facilité du commerce par la mer, tout devait y fixer les Atlantes, ou du moins les engager à y laiſſer des colonies ; car il n'eſt pas ſage de négliger ce qu'on tient pour ce qu'on eſpere. Après avoir ſuivi toute la côte, après avoir fait ce long trajet, ſans avoir entendu dire un mot des Atlantes, nous arrivons enfin aux bouches du Nil & à Memphis ; cette ville, ainſi que celle de Saïs dans le Delta, étaient pleines de leurs monumens & de leur mémoire. Mais les Egyptiens n'ont pas toujours habité cette partie inférieure de l'Egypte, ils nous apprennent eux-mêmes qu'elle était jadis couverte par la mer; ils nous diſent qu'ils ſont deſcendus de la partie haute de l'Egypte, qu'ils ont d'abord habité cette ville de Thebes renommée par ſes cent portes : & quand nous entendrons les Ethiopiens, ils nous diront qu'ils ſont les ancêtres du peuple Egyptien. Si les Atlantes, comme on n'en peut douter, ont précédé ce dernier peuple, il faut donc que nous les faſſions arriver en Ethiopie, ou tout au moins dans la haute Egypte ; alors,

Monsieur, plaçons-nous à Thebes, le Nil descend vers la mer, & fuit devant nous ; considérons vers la gauche la route immense & difficile, que les Atlantes ont dû faire pour parvenir des Canaries jusqu'à Thebes, les difficultés qui ont dû leur faire rebrousser chemin. La haute Egypte étoit défendue au midi par la mer, au couchant par des déserts impraticables. L'Egypte seroit restée inconnue aux Atlantes ; cette mer, ces déserts les auraient arrêtés, & ils seraient retournés bien vîte vers la belle côte qu'ils avaient négligée. Si nous portons au contraire nos regards vers la droite, nous appercevrons l'Asie, qui n'a point de déserts brûlans comme l'Afrique, qui est animée d'une nombreuse population, témoin vivant de sa haute antiquité, & qui sur-tout est pleine de la mémoire & des institutions des Atlantes. Ces peuples ou leurs descendans sont venus en Egypte, je ne vois pas qu'il y ait lieu d'en douter ; ce fut le terme de leurs voïages & de leur conquête. Mais le reste de l'Afrique garde un profond silence à leur égard ; & puisque l'Asie retentit du nom des Atlantes, si nous cherchons leur route, il ne faut pas, ce semble, en demander davantage, ils sont venus par l'Asie. Cette conclusion est naturelle & même démontrée. Une seule considération pourrait nous arrêter en Afrique ; c'est celle du Mont Atlas, qui porte leur nom & de la Libye, où Platon dit qu'ils avaient porté leurs conquêtes. Mais j'ignore dans quel tems le nom d'Atlas a été imposé à ces montagnes ; c'est peut-être la suite de l'idée, qui place l'Atlantide dans les Canaries : & comme il leur aurait fallu traverser l'Afrique pour arriver en Egypte, comme Atlas a régné sur des contrées maritimes & occidentales, les Géographes lui ont fait un roïaume dans ces déserts, & ils ont donné son nom à la chaîne de montagnes qui le partage. Ces montagnes sont encore honorées du nom de la lune, quoique Diane n'y ait pas plus régné qu'Atlas. Quant à la Libye, nous en pourrons trouver une ou plusieurs en Asie (*a*); rien n'est plus commun sur la terre que ces noms semblables, transportés dans les différens lieux par les peuples dans leurs migrations. François I a fait bâtir Madrid dans le bois de Boulogne; les Anglois ont porté le nom de l'Angleterre & de ses villes dans l'Amérique septentrionale ; nous y avons renouvelé Orléans, Chartres, Toulouse : cela n'ôte rien à l'existence de nos villes d'Europe ; & leurs émules en Amérique causeront peut-être quelque jour bien de la confusion dans l'histoire. La Libye d'Afrique, au moïen de ces exemples, peut avoir été nommée du nom d'une province plus ancienne

---

(*a*) Maxime de Tyr dit que les Libyens habitaient le païs des Hespérides, *in differt.* XXXVIII, c. 225. On verra dans la vingt-unieme Lettre que le jardin des Hespérides n'était pas en Afrique.

dans l'Asie. Les vraisemblances & les probabilités philosophiques doivent donc nous déterminer à chercher les Atlantes en Asie. Nous allons à la voix des témoignages, ce sont eux qui dirigent notre route ; & puisqu'ils nous appellent en Asie, il faut bien que je vous y conduise.

Je suis avec respect, &c.

QUINZIEME LETTRE
A M. DE VOLTAIRE.

Suite de la recherche des Atlantes.

A Paris, ce 21 Mars 1778.

Nous voilà donc revenus en Afie, Monfieur, c'eft le berceau du monde, le centre de l'antiquité; & c'eft là que nous aurions d'abord cherché les Atlantes, s'il n'avait pas été néceffaire de rappeler quelques modernes qui s'étaient égarés vers l'extrémité occidentale de l'Afrique, & qui même avaient traverfé la mer avec Colomb, pour pouffer leurs recherches jufqu'en Amérique. Il faut effacer les idées anciennes avant d'en propofer de nouvelles. Si l'on a nommé Atlantique la mer où font les Canaries, d'où l'on a voulu faire fortir les Atlantes, cette dénomination eft moderne; l'Afie nous offre auffi une mer Atlantique, revêtue de ce nom depuis un tems qui remonte à Hérodote, il y a près de 2200 ans. Cet historien dit que la mer Atlantique, gissante au-delà des colonnes d'Hercule, n'est autre chose que la mer rouge. Strabon & Diodore de Sicile ont placé l'Arabie sur les bords de cette mer, à laquelle les enfans d'Atlas ont donné leur nom (a). M. Baer, correspondant de notre Académie des Sciences, est un de ceux qui se sont occupés de déchiffrer l'énigme que Platon nous a laissée. Je le cite avec reconnaissance. Il a trouvé les colonnes d'Hercule, non loin de la mer rouge ; c'est dans le temple d'Hercule à Tyr. La statue de ce Dieu est toujours accompagnée de deux colonnes, dont l'une était consacrée au feu ; l'autre aux nuées & aux vents. Elles portaient tantôt le nom de *colonnes*, tantôt celui de

---

(a) Hérodote, liv. I.
Strabon, liv. XVI.
Diodore de Sicile, liv. III, §. 20, t. I, p. 403.
M. Baer, essai sur l'Atlantique, p. 41.

bornes, de *frontières* (a). Nommer ces colonnes, c'était indiquer un temple d'Hercule ; ces colonnes annonçaient encore des bornes ; elles étaient les limites & les repos de la course de ce fameux voïageur ; les temples d'Hercule sont ses stations. Je n'examine point, si Hercule est un chef réel, déifié après sa mort, ou si c'est un emblême de la nature ; mais je vois un peuple qui se transporte de païs en païs avec son Dieu, qui le pose à chaque lieu où il arrive, où il demeure, & qui dressant un temple pour y prier, y déploïe les signes de son culte, & y inscrit le terme actuel de ses voïages. Ne pourrait-on pas découvrir, Monsieur, l'esprit de la consécration de ces colonnes ? Elles étaient un monument de reconnaissance, une marque de la joie naturelle au terme d'un voïage. Les peuples n'ont voïagé

(a) Hérodote, liv. I.
M. Baer, *ibid.* p. 47.

en corps, que pour trouver de plus beaux païs, un sol fertile, regardé par un soleil favorable ; il est donc tout simple que l'une des colonnes fût consacrée au feu céleste, ou au soleil. Mais pourquoi l'autre était-elle dédiée aux nuées & aux vents ? Ce serait à tort qu'on aurait recours à l'agriculture pour expliquer cette dédicace. Ces remarques des nuées contraires, ou des vents nuisibles, appartiennent à une demeure continuée dans un lieu fixe. Un peuple arrivant n'est pas agriculteur ; & le nom de ces colonnes indique qu'elles ont été placées au *terme* du voïage, au moment de l'arrivée. J'y vois un indice que les Atlantes étaient navigateurs, qu'originairement ils étaient venus par mer, & qu'en consacrant ces colonnes à la reconnaissance, ils en avaient dédié une au Soleil qu'ils cherchaient, & l'autre au Vent qui le leur fit trouver, en dirigeant leur course sur la mer. Cette explication me paraît aussi bien fondée, aussi naturelle que philosophique. Elle se rapporte avec la conjecture que je vous ai proposée sur l'origine de la navigation. Les Atlantes sont un des plus anciens peuples, la mythologie, le culte des Egyptiens & des Grecs sont ses institutions, peut-être en a-t-il encore fondé bien d'autres. Il est donc très-possible qu'il soit le premier auteur de la navigation ; & cet art que nous avons tant perfectionné est sorti d'une île, comme je l'ai annoncé.

Le long de la mer, où l'on trouve les villes commerçantes de Tyr & de Sidon, sont la Phénicie & la Judée. M. Baer pense que cette dernière province est l'Atlantide de Platon. Il trouve des rapports entre les noms des douze fils de Jacob, & des freres d'Atlas. Ces ressemblances supposées vraies, ne seraient pas extraordinaires. La Bible renferme la tradition la plus suivie, & la mieux conservée ; c'est la source la plus pure de l'histoire. Mais malgré ces rapports, ingénieusement exposés par M. Baer, nous ne pouvons nous arrêter dans la Palestine : ce n'est point là le terme de nos recherches. Nous demandons l'île Atlantide ; ce païs entre l'Euphrate & la mer n'est point une île, & le récit de Platon ne nous paraît laisser aucune équivoque là-dessus.

Mais que les Atlantes aïent passé dans ce païs, qu'ils y aïent laissé des institutions, c'est ce qu'il n'est pas possible de révoquer en doute. Les Scythes devenus trop nombreux par une population excessive, descendirent de leurs montagnes, dit Strabon (a), & se jetèrent sur le roïaume de Pont, sur la Cappadoce ; & *Acmon*, un de leurs chefs, bâtit sur les bords du Thermodon une ville nommée de son nom *Acmonie*. Il entra ensuite dans la Phrygie, il y bâtit une seconde Acmonie (b). Or,

---

(a) Strabon, *Geog.* liv. II.
(b) Stephanus, au mot *Acmonia*.
Mythologie de Bannier, t. II, p. 21.

Monsieur,

Monsieur, cet Acmon était pere d'Uranus, qui épousa Titée sa sœur, comme nous l'avons appris par le récit de Diodore (a). Cet Acmon était donc un des chefs des Atlantes, il les amena dans la Phrygie, & ces villes d'Acmonie sont leur ouvrage. Vous voïez, Monsieur, si j'ai eu raison de vous dire que les Atlantes sont la tige commune des Phéniciens & des Egyptiens. J'observe en même tems que ces faits sont d'une haute antiquité, puisque par des calculs assez probables, nous faisons remonter l'existence de la ville de Tyr & celle de Thebes en Egypte jusqu'à 2700 ans avant notre ère (b). Acmon, chef des Atlantes, venu avec les Scythes, & descendu comme eux du Caucase, semble nous indiquer de chercher le peuple Atlantique vers ces montagnes. Mais nous n'avons pas encore

---

(a) Voïez ci-dessus, p. 53.
(b) Hist. de l'Astron. anc. p. 153 & 161.

H

épuisé les témoignages de la Phénicie. Adonis y était adoré : né du commerce incestueux de Myrrha & de son pere Cinyre, Adonis fut beau comme le fruit de l'amour. Vénus le vit, & en devint éperdûment amoureuse ; elle quitta les bosquets d'Amathonte pour les forêts du Liban, & suivit son jeune amant à la chasse. Diane, à la prière de Mars jaloux, fit blesser & tuer le Prince par un sanglier. Il ne resta à Vénus qu'une fleur née du sang d'Adonis; c'est l'anémone. Adonis descendu aux enfers, & destiné à enflammer les Déesses, inspira les mêmes sentimens à Proserpine ; & lorsque Vénus demanda à Jupiter son pere, le retour de son amant, le maître des Dieux ne dut pas être peu embarrassé entre ces deux femmes, dont l'une voulait ravoir ce que l'autre voulait garder. Leurs droits étaient les mêmes, ce sont ceux de l'amour ; c'était le cas du partage. Adonis revit chaque année la lumière pendant six mois en jouissant de Vénus, & fut les six autres mois dans les bras de sa maîtresse nocturne. On institua une fête en son honneur, on prenait chaque année son deuil, on le pleurait ; & puis la joie renaissait au moment où la vie lui était rendue. Les mêmes fêtes se célébraient en Egypte pendant quarante jours pour Osiris perdu & retrouvé. On ne peut nier la ressemblance de ces usages des deux peuples. Le soleil & la lune étaient adorés en Phénicie sous les noms d'Adonis & d'Astarté, comme ils l'étaient en Egypte sous les noms d'Osiris & d'Isis. Il ne faut point s'étonner de la différence de ces histoires ; dans le tems où on n'écrivait pas, elles étaient sujettes à s'altérer. Quand les fables voïagent, quand elles durent pendant des siecles, elles se modifient dans l'esprit des hommes & dans le cours des générations, comme les animaux & les végétaux transplantés. Le climat maîtrise les êtres par la température, & les idées par le caractère qu'il impose aux peuples. D'ailleurs vous savez, Monsieur, combien le même fait raconté chez deux peuples pendant des siecles, peut être changé par l'amour du merveilleux, par défaut de mémoire, ou par excès d'imagination. C'est beaucoup, si après un long-tems, les traits principaux ne sont pas effacés & se ressemblent encore : ces traits originaux subsistent pourtant dans les deux fables d'Osiris & d'Adonis. Nous croirons donc avec les anciens, avec Macrobe & Plutarque, que ces deux cultes étaient originairement les mêmes. Nous n'examinons point si ces divinités ont été des hommes déifiés ; dans une si grande obscurité ces questions sont difficiles & toujours mal résolues : & si Osiris a jamais été un homme, placé après sa mort dans le soleil, revêtu de ses caractères & de son culte, vous ne serez point embarrassé du voïage que les Egyptiens lui font faire, depuis les fables inhabités de l'Inde (a) jusqu'aux glaces de l'Ourse. Vous n'êtes point la dupe de la vanité des peuples ; pour peu qu'ils soient anciens, ils veulent que tout ait commencé chez eux, ils veulent être le centre & la source de tout. Si vous y consentez, Monsieur, nous retournerons le voïage d'Osiris, nous le ferons s'accomplir dans un sens contraire ; & nous dirons que parti des glaces de l'Ourse, il est parvenu jusqu'aux sables inhabités de l'Inde, c'est-à-dire, de l'Ethiopie, & jusqu'aux lieux où la chaleur extrême de la zone torride permettrait de s'avancer : mais en même tems Osiris, issu de Saturne, un des Dieux des Atlantes ramene à ce peuple l'origine de la fable. Voilà donc encore une présomption pour faire descendre ce peuple de quelque contrée septentrionale plus ou moins voisine de l'Ourse.

―――――――――

(a) L'Inde, c'était l'Ethiopie. Hist. de l'Astron. anc. p. 294.

Comme il n'est point né en Egypte, comme il n'y est point venu par l'Afrique, il faut nécessairement qu'il ait passé par la Phénicie, & qu'il y ait établi le culte d'Adonis & du Soleil, avant de le porter en Egypte. Ceci n'est pas une pure supposition, ni une conjecture philosophique, c'est un fait attesté par Lucien. Suivant ce philosophe, le culte d'Adonis fut apporté dans la Phénicie, par un Scythe nommé Deucalion. Deucalion était fils de Prométhée, ce qui à la rigueur pourrait ne signifier qu'un descendant de ce Prince, habitant du Caucase, où la fable lui fait dévorer le foie par un aigle. Quel que soit le sens de cette fable, Prométhée est né en Asie ; sa mere, dit-on, se nommait *Asia* ; il tient aux Atlantes par son frere Atlas (*a*), & au Caucase par le rocher où la fable l'attache. C'est donc

_____

(*a*) Hésiode, théogonie, v. 508.
Bannier, mythologie, t. II, p. 117.

encore à ce peuple Atlantique, toujours ramené vers le Caucase d'où il est descendu, qu'appartient l'institution du culte d'Adonis & d'Osiris.

Nous ne doutons point que ce culte n'eût le Soleil pour objet ; c'était la pensée de Macrobe & de Plutarque, plus savans que nous sur cette matière, parce qu'ils étaient plus voisins de l'antiquité ; ils ont été suivis par le plus grand nombre des modernes. M. l'Abbé Bannier n'est cependant pas de cet avis ; il ne peut croire que le deuil d'Adonis, la joie de son retour à la vie soient les emblêmes de la perte du Soleil & de son retour. « Le soleil, dit-il, pour s'éloi-
» gner pendant l'hiver, descend-il aux
» enfers ? Abandonne-t-il les hommes,
» surtout dans la Syrie & dans la Phé-
» nicie, où les hivers sont si courts,
» & souvent plus supportables que les
» étés ? Si c'étaient des Lapons, ou des
» Sibériens qui eussent institué cette
» fête, on pourrait croire que l'absence

» totale du Soleil les y aurait portés;
» mais on ne saurait se le persuader des
» habitans de la Syrie, qui jouissent
» toujours d'un ciel serein, & où l'iné-
» galité des jours n'est pas même fort
» considérable. D'ailleurs, si ce système
» était vrai, il aurait fallu célébrer la
» fête d'Adonis dans des tems diffé-
» rens de l'année, & à six mois l'un de
» l'autre; au lieu qu'on ne la célébrait
» qu'une fois l'an, & dans un mois
» éloigné des deux équinoxes, qui au-
» raient mieux marqué le moment où
» le soleil commence à s'éloigner, ou
» à s'approcher de notre pôle (*a*) ».

M. l'Abbé Bannier plaide pour moi. Il ne croit point à cette explication ingénieuse de Macrobe, lorsqu'on la suppose l'ouvrage des Phéniciens; il y croirait, s'il elle était née dans la Sibérie: ses difficultés étaient naturelles. Le motif des fêtes d'Adonis, l'esprit du culte

_____

(*a*) Bannier, Mythologie, t. I, p. 558.

& des cérémonies étaient une énigme ; l'idée que je vous ai proposée, Monsieur, les origines trouvées dans le Nord sont la clef de cette énigme. Voïez, je vous prie, le progrès des choses, voïez comment les idées se tiennent, & comment l'évidence naît de leur association. Plutarque & Macrobe connaissaient dans leur source les motifs de ces usages ; pour nous, nous avions peine à croire que ces motifs fussent nés dans la Syrie, où ils semblent étrangers : il a fallu quinze siecles pour découvrir les origines du Nord, qui rendent ces motifs vraisemblables, & qui les ramenent au physique des climats. Il n'était point nécessaire que le deuil & la joie fussent séparés par l'intervalle d'une demi-année, comme le pense l'Abbé Bannier. Ce n'est que sous le pôle où la mort du soleil dure six mois ; en descendant plus bas, le soleil a une vie plus longue, il cesse de vivre ou de paraître pendant un tems plus ou moins long : à la latitude de 68°, on ne le perd comme Osiris que pour quarante jours. Voilà donc la durée du deuil déterminée. Les équinoxes ne sont point les momens où le soleil commence à s'approcher ou à s'éloigner des pôles, le soleil ne change sa route qu'aux solstices ; monté au plus haut, ou descendu au plus bas, il se prépare à descendre ou à remonter. La fête placée dans un tems éloigné des deux équinoxes, se célébrait à l'époque du solstice, & c'est encore une circonstance, qui démontre le motif que M. l'Abbé Bannier s'efforçait de rejeter. Alors, Monsieur, nous pouvons appliquer à cette fête d'Adonis, d'Osiris ou du Soleil perdu & retrouvé, tout ce que nous avons dit sur la mort & sur la renaissance du Phénix (a). L'astre des jours ne meurt pas plus en Syrie qu'en Egypte ; on n'y connaît pas l'hiver ; on s'apper-

___

(a) Huitieme Lettre à M. de Voltaire, p. 151.

çoit à peine que le soleil s'élève moins sur l'horifon. L'individu qui ne fouffre point de ces changemens, ne peut ni s'en affliger, ni s'en réjouir. S'il avait à fe plaindre de quelque chofe, ce ferait de la chaleur exceffive des étés, & du retour du foleil qui la caufe. Le phyfique du climat eft donc contraire à l'efprit des fêtes, il faudrait fe réjouir à la mort d'Adonis, & s'affliger de fa renaiffance. Cependant, Monfieur, la Syrie & l'Egypte étaient remplies de temples & de villes dédiées au Soleil: il était adoré fous le nom d'Héliogabal dans la ville d'Emeffe (*a*); près du Liban était Héliopolis, nommée depuis Baalbeck (*b*), fameufe encore par fes ruines fubfiftantes ; on trouve une autre Héliopolis, dans l'Egypte & la grande Thebes, plus voifine du tropique, ville où le Phénix renaiffait, &

--

(*a*) M. Danville, géog. anc. t. II, p. 134.
(*b*) *Ibid.* p. 135.

où le Soleil était encore adoré (*a*); il l'était également dans Tyr, sous le nom d'Hercule. M. de Gébelin a montré par les raisons les plus vraisemblables, que les travaux & la vie de ce Héros n'étaient que des allégories de la course du soleil. J'ai rapporté dans l'histoire ancienne une fable déjà liée à l'astronomie. Hercule, dit cette fable, s'avance vers la Scythie ; mais gelé & morfondu par les glaces du Nord, il se repose sur sa peau de lion ; à son réveil il ne voit plus ses chevaux, il parcourt la Scythie pour les chercher (*b*). Hercule privé de ses chevaux, c'est le soleil qui au solstice est quelque tems immobile, sans monter ni descendre à l'égard des pôles : il se repose sur sa peau de lion, parce qu'en effet le solstice d'été était jadis placé dans le signe du lion. Mais pourquoi le lieu de la

———

(*a*) *Ibid.* t. III, p. 22 & 34.
(*b*) M. de Gébelin, allégories Orient. p. 246.

scène est-il dans la Scythie ? Le soleil ne s'élève que sur l'Inde, & les parties méridionales de la Perse, il est bien loin d'atteindre le zenith de la Scythie. Pourquoi d'ailleurs Hercule ou le Soleil y arrive-t-il gelé & morfondu ? N'est-ce pas la peinture de raïons faibles & languissans, de raïons lancés obliquement comme ceux qui arrivent dans la Scythie la plus septentrionale. On ne s'amuse gueres à peindre que ce qu'on éprouve; comment avoir l'idée d'un soleil froid, sous un ciel où il brûle ? Comment dire qu'il arrive gelé & morfondu, au moment où il est armé de tous ses feux, & revêtu de toute sa gloire ? On ne peut admettre de telles inconséquences ; & comme il n'y a pas lieu de douter qu'Hercule ne soit l'emblême du Soleil, il faut conclure que cet emblême, relatif au soleil de la Scythie, en a été apporté dans la Syrie, comme le culte d'Adonis, d'Osiris, symboles du Soleil, qui ne meurt que pour ces climats. Ces faits

& ces explications, Monsieur, nous conduisent à chercher comment les institutions s'établissent, quelles sont les affections & les idées qui les produisent. Le culte du Soleil dans la Syrie & dans l'Egypte est démontré par les villes qui lui étaient consacrées. Mais oublions ces villes, dépouillons-nous de nos connaissances sur l'antiquité; les cultes de tous les peuples sont évanouis pour nous, & je m'adresse à vous, philosophe, poëte sensible, qui avez si bien saisi les impressions physiques, les mouvemens de la nature dans toutes les situations; je vous montre le soleil, le plus bel ouvrage du Créateur, le plus utile de ses dons à la terre, & je vous demande en quels climats il a été d'abord adoré. Il me semble que vous me répondez : les bienfaits du soleil ne peuvent être par-tout également sentis ; il faut commencer à s'éclairer des lumières de la physique, pour connaître son pouvoir sur la végétation ; son action est moins marquée dans les païs fertiles qu'il favorise le plus. Quelquefois cette action trop forte devient nuisible & destructive. Sous la zone torride, où le soleil regne en despote, il est maudit par ses sujets (*a*). Au-delà des tropiques, dans l'Inde, dans la Perse, son autorité est encore un abus ; on le fuit, on évite ses regards, comme ceux des tyrans ; on voïage la nuit, la nuit est le tems de l'amour & du plaisir ; on ne voit que des palais de marbre, des eaux jaillissantes ; on parle avec volupté de ces ombrages, qui sont un asyle contre une chaleur redoutée. Les eaux & les forêts auraient des autels dans ces climats, si la reconnaissance en avait élevés ; mais on n'y dut point adorer le soleil. Dans des climats plus doux, plus tempérés, où il n'a qu'une chaleur utile, elle est presque habituelle ; on n'admire, ni on

_____

(*a*) Hérodote, liv. IV. Strabon, liv. XVII.

n'adore ce qu'on voit tous les jours. L'homme apprécie les biens attendus, désirés ; le moïen de le rendre ingrat, c'est de prodiguer les faveurs. L'habitant des campagnes endurci par la peine, voit lever l'aurore sans admiration, la chaleur de midi l'invite au sommeil, le soir est desiré comme le tems du repos. Le soleil de tous les jours n'est pour lui que l'annonce du travail ; mais dans ces climats les saisons sont différentes, & les affections varient comme elles. L'homme est triste pendant l'hiver, il se réjouit au printems, qui ouvre toutes les richesses. Il sent le soleil réchauffer la nature, enfanter l'amour : les oiseaux mêmes & l'homme le saluent par des chansons & par des hymnes. Les poëtes du midi chantent l'ombre & les bocages ; le printems n'est célébré que dans les zones tempérées. Là commence la dévotion pour le soleil ; mais elle est nuancée sur le globe comme la chaleur, ou, pour mieux dire, elle augmente

à

à proportion que la chaleur diminue : & si nous voulons apprécier les effets de cette dévotion, il faut la chercher dans les lieux où elle a toute son intensité. Nous sommes d'autant plus reconnaissans, que nous avons été plus malheureux. Sommes-nous nés dans les climats durs que le soleil abandonne pendant un tems de l'année ; sa perte nous apprend ce qu'il donne par ce qui manque en son absence : tout languit, tout meurt autour de nous. Si l'homme résiste par sa vigueur, il la sent s'affaiblir ; le cours des liqueurs se rallentit dans nôtre machine, lorsque les fleuves se glacent ; on conçoit que le mouvement & la vie peuvent cesser. Les desirs s'élancent vers le soleil absent, on l'attend comme un sauveur pour renaître avec lui ; les hymnes sont prodiguées à son retour : & si jamais il a pu se montrer en Dieu secourable, c'est lorsqu'il accorde le premier raïon à cette terre affligée. Cependant ennuïé de ces absences répétées tous les ans, l'homme a deviné qu'il fallait suivre le soleil ; il a levé l'habitation ; il est descendu avec lui pour s'approcher de l'équateur : & lorsqu'il a rencontré un climat plus doux, rendu fertile par une chaleur modérée, il a béni le soleil dans sa présence habituelle, & il a adoré le bienfaiteur qu'il était venu chercher. Les habitans des climats chauds ont d'ailleurs une mollesse, qui affaiblit toutes les affections ; ils n'ont pas assez d'activité pour une vive reconnaissance. Le soleil le plus souvent les incommode, il est toujours trop populaire. Dans l'Orient on adore les souverains despotiques qu'on ne voit jamais, on ne peut adorer le soleil qu'on voit tous les jours.

Ces principes me semblent vrais ; j'ai peine à concevoir qu'on puisse se refuser à l'évidence de ces idées. Si elles étaient venues les premières, vous verriez, Monsieur, avec quel dédain les idées contraires feraient rejetées ! Mais l'opinion en vieilliſſant devient aveugle ; c'eſt un malheur pour la vérité de venir tard. Cependant j'ai un ſentiment ſi vif de la réalité de ces idées, que j'eſpere qu'elles ſeront ſenties & adoptées. Il me paraît impoſſible que le culte du ſoleil ſoit né dans la Syrie & dans l'Egypte, il y a été apporté comme celui d'Adonis l'a été par le Scythe Deucalion. En effet, nous trouvons que les Maſſagetes, nation Scythe établie au-delà du Jaxartes (a), avaient, & peut-être uniquement, le culte du ſoleil (b). Cet aſtre eſt donc adoré vers 45 ou 50° de latitude, & dans les régions tempérées, où il ſe montre tous les jours à ceux qui ont pu deſcendre du Nord pour le chercher. Cette origine ſeptentrionale, donnée au Dieu de la lumière & de la chaleur, n'eſt pas ſi extraordinaire,

---

(a) M. Danville, géog. anc. t. II, p. 318.
(b) L'Abbé Bannier, Mythol. t. I, p. 670.

qu'elle manque de témoignages. Les Grecs nous en fournissent eux-mêmes la preuve. N'avaient-ils pas un Apollon Hyperboréen? Qu'est-ce qu'un Apollon du Nord, si ce n'est un Dieu de ces païs froids, un Dieu étranger, adopté depuis dans la Grece? Les Dieux naissent aux lieux où leur culte commence; leurs voïages ne sont que la communication de ce culte. Apollon tua les Cyclopes, & cacha son dard derrière une montagne au païs des Hyperboréens (a). La Scythie renfermoit un peuple, nommé les Arimaspes, qui comme les Cyclopes n'avaient qu'un œil (b). Apollon, cachant son dard derrière une montagne au païs des Hyperboréens, a bien l'air du soleil se couchant dans ces contrées pour ne se lever de long-tems. Au reste, Monsieur, la vénération des Hyperboréens pour Apollon est un fait de

_____

(a) Hygin, astron. poët. liv. II, c. 15.
(b) M. Danville, géog. anc. t. II, p. 321.

l'histoire, & que l'on retrouve encore dans les fables. Ce païs était le lieu de la naissance de Latone. Tous les habitans y sont les prêtres de son fils ; ils chantent continuellement des hymnes en son honneur, les villes sont pleines de musiciens, qui célèbrent ses bienfaits. Le Roi, qui est le Grand Prêtre, est issu de Borée. Apollon se manifeste, & descend tous les dix-neuf ans, au renouvellement du cycle lunaire, chez son peuple favori (*a*). Lorsqu'Ovide raconte la querelle de Latone & de Niobé, & la mort des enfans de cette femme orgueilleuse, tués devant ses yeux par les fléches d'Apollon & de Diane, on voit que les Grecs avaient appliqué d'anciens faits & d'anciennes fables à des noms de leur histoire. Car Ovide fait Niobé, fille d'une de Pléiades & petite-fille d'Atlas (*b*): Latone,

---

(*a*) Diod. de Sic. liv. II, t. I, p. 307 & suiv.
(*b*) Ovide, métam. liv. VI.

née du géant Cée (*a*), était de la famille des Titans ; aimée de Jupiter, elle devint mere du Dieu du jour & de la chaste Déesse des nuits. Ces histoires & ces fables se rapportent donc toujours au climat du Nord, où Diodore fait naître Latone, où le soleil son fils était particulierement adoré ; & en même tems elles se rapportent aux Atlantes, qui paraissent descendus du Caucase, & qui étant les mêmes que les Titans (*b*), renfermaient les races de Niobé, de Latone, & de leurs enfans. Remarquons, Monsieur, que ces aveux des Grecs sont précieux, c'est la vérité qui, comme l'éclair, s'échappe du nuage épaissi sur elle. Les Grecs, pour s'approprier tout, ont défiguré l'histoire ; tout ce qui avait quelque célébrité devait être né chez eux. Ils n'avaient point d'intérêt à inventer ces origines du Nord;

(*a*) Diod. liv. V, t. II, p. 303.
(*b*) *Ibid.* t. II, p. 303.

là le mensonge, la vanité nationale sont en défaut, les Grecs sont vrais, lorsqu'ils se trahissent. Le culte d'Osiris en Egypte, d'Adonis en Syrie, enfin le culte du Soleil en général est d'une haute antiquité, il remonte à plus de 2800 ans avant notre ère. A cette époque, les hommes voïageoient peu ou point du tout, les peuples étaient circonscrits, les hommes vivaient dans leurs familles. On pourrait donc conclure de ces mœurs seules, que si les cultes, les fables du Nord, ont été connus dans le Midi, c'est qu'ils y ont été apportés. Mais une métaphysique raisonnable, une philosophie sage nous enseignent, en considérant la nature de l'homme, que ce culte du Soleil ne peut être né que dans le Nord. Les traditions recueillies par les Grecs, plus inquiets & plus voïageurs que les autres peuples, nous font suivre la trace de ce culte jusqu'au-delà du Caucase. On voit même par les fables qu'ils se sont appropriées, mais qu'ils ont mal traveſties, que les cultes d'Adonis & d'Oſiris appartiennent à une latitude encore plus élevée vers le Nord que le Caucaſe. Les mêmes traditions nous conduiſent ſur la route des Atlantes juſqu'au pied de ces montagnes ; le culte du Soleil eſt par-tout établi ſur cette route, depuis la Scythie juſqu'aux confins de l'Ethiopie. L'Oſiris de l'Egypte, l'Hercule de Tyr, ſont de la famille d'Atlas. Ces peuples ſont donc l'origine de toutes les inſtitutions : ces temples magnifiques du ſoleil ſont leur ouvrage ; le culte, les cérémonies furent dictés par leur eſprit ; tout ce qui eſt mythologie, idolâtrie, dérive de cette ſource ; Saturne, Jupiter, Junon, Proſerpine, Apollon, Diane, Minerve, Hercule ſont nés chez eux. Nous ne plaçons point notre Pharamond ailleurs que chez les Francs ; le Romulus des Romains ne fut pas Egyptien. On a vu des peuples traveſtir l'hiſtoire des autres pour ſe l'approprier ;

on n'en a point vu se dépouiller de la leur pour en revêtir des étrangers. Il faut convenir que les Atlantes ont eu une grande influence sur la terre antique! si ces noms de la fable ne sont que des allégories, tout ce qu'elles ont d'ingénieux appartient aux Atlantes; si la fable est une tradition réelle, mais altérée, l'ancienne histoire est toute entière leur histoire: ils ont tout fait, tout produit dans la Phénicie, l'Asie mineure, la Grece, l'Egypte, & leurs traces subsistent dans les ruines des monumens, consacrés aux usages que ce peuple avoit dictés. Les faits qui s'accumulent le rendent donc plus intéressant. Cependant, Monsieur, ce peuple est perdu comme celui qui fut l'auteur des sciences; il n'a pas encore un asyle sur la terre. Tout respire son souvenir, excepté le païs d'où il est parti pour conquérir une partie de l'Univers. Ce silence de sa patrie m'étonne, il faut qu'elle soit restée déserte, il faut qu'elle ait disparu, comme Platon nous le raconte. C'est à nous qui cherchons ce peuple, de suivre la trace de ses pas ; mais arrêtés par le Caucase, dois-je vous proposer de le franchir pour entrer dans ces régions froides, aujourd'hui presque désertes, d'où sont sortis ces voleurs de peuples & d'empires, ces tigres qui ont dévoré les agneaux du midi ? Les empires les plus florissans ont commencé par l'usurpation. Je crains bien que les Atlantes, quoique fort anciens, n'aient été un peu tigres comme leurs successeurs. Je n'ose vous dire que les Atlantes ont pu être voleurs comme les autres : peut-être avaient-ils envahi les contrées qu'ils ont animées de leur esprit, & peuplées de leurs institutions. Pour éclaircir ce doute, il faut interroger le reste de l'Asie. J'aime mieux vous mener dans la Perse; c'est une contrée chérie du ciel. Vous y retrouverez ce soleil que vous aimez ; c'est le païs de la poësie, née de l'influence active de cet astre. J'ai besoin pour m'inſtruire de me concilier la bienveillance de ces peuples ; je me préſenterai vos ouvrages à la main, je lirai vos vers, & je leur dirai : voilà l'homme qui a perfectionné le bel art que vous avez peut-être inventé.

Je ſuis avec reſpect, &c.

SEIZIEME LETTRE

A M. DE VOLTAIRE.

Des anciens Perses, & de leur plus ancienne histoire.

A Paris, ce 26 Mars 1778.

Nous sommes dans un autre monde, Monsieur, en entrant dans la Perse; mais c'est un monde ancien : on y voit par-tout les traces d'une culture antique, & ces grands monumens qui sont les ouvrages du tems & de la puissance. Vous connaissez les sculptures singulières que M. Danville a décrites (*a*), ces figures gigantesques taillées dans le roc, & qui forment de vastes bas reliefs; on dit que c'est un monument de la gloire de Sémiramis, il est certain que la tradition en est perdue. S'il appartient au regne de cette Reine, il doit

___
(*a*) Mém. de l'Acad. des Belles-Lettres.

remonter à des tems très-reculés, à plus de vingt siecles avant notre ère; on ne peut pas même fixer cette époque. Sémiramis est de l'histoire fabuleuse de la perse : elle régna dans ces commencemens, dans ces origines où l'obscurité ensevelit tout, d'où quelques grands noms s'échappent pour vivre dans le tems ; mais sans témoins, sans preuves, & seuls avec leur gloire. Ce peuple est fier, dédaigneux, comme les nobles, qui craignent de mêler leur race, & qui n'en connaissent point la source. Depuis que vous avez quitté la Phénicie, les noms, les idées ne sont plus les mêmes, l'histoire a changé. Voïez ces hommes revêtus de longs habits blancs, la tête ceinte d'une tiare ; ces prêtres sont les philosophes de la nation ; ce sont les Mages qui portent le nom le plus antique de la sagesse (*a*).

(*a*) Dans les Langues orientales, le mot *Mage* signifie sage.

Les temples n'ont plus de statues, les Dieux n'ont plus la forme humaine : le plus actif des élémens représente la puissance suprême ; les Mages environnent un autel d'où la flamme s'éleve, & porte leurs vœux à l'Eternel.

Nous avons fait peu de chemin, Monsieur, & voilà un grand changement. L'idolâtrie ne subsiste plus : ici le culte est pur comme le feu qu'on y révère. Ces mœurs, ces religions différentes sont la lumière de l'histoire. Quoique la nature ait placé les Perses auprès des Phéniciens, on voit clairement qu'ils n'ont point la même origine ; ou du moins que sortis de branches déjà séparées, avant de s'être rapprochés par le voisinage, ils s'étaient éloignés par les mœurs. Si une seule émigration développée, étendue de lieux en lieux, de siecles en siecles, a produit les Phéniciens, les Phrygiens, les habitans de l'Egypte, de l'Asie mineure, de la Grece & de l'Italie, les Perses sont le fruit d'une émigration différente. Il n'en faut pas d'autre preuve, que le grand caractère que nous venons de saisir.

Cette circonstance me fait peur, je crains d'avoir perdu la trace des Atlantes; Saturne, Atlas, Jupiter, Hercule sont inconnus. Cependant le tems a beau diviser les familles, il est d'anciens titres qui se conservent. Entrons dans les archives de l'histoire; avant de consulter la religion & la philosophie, il faut approfondir la tradition. Interrogeons les Mages qui en sont dépositaires. Vous avez dit que tous les philosophes sont freres, que tous les gens éclairés sont du même païs, je demande en votre nom, ils ne peuvent rien refuser au Mage de Ferney. Voici ce qu'ils me révelent.[1]

Il y eut autrefois dans l'Orient une race de créatures nommées *Dives* & *Peris* par les Persans, & *Ginn* par les Arabes. Les Grecs en ont fait leur *Dios*, les Romains leur *Divus*, nous en avons fait le *Génie*. Observons que cette race doit avoir été regardée comme excellente & supérieure, puisqu'elle nous sert à désigner l'Être suprême, & le don de l'esprit le plus rare. Son nom renferme aujourd'hui tout ce que les hommes admirent & honorent le plus sur la terre. Vous, Monsieur, à qui la nature a donné le génie, vous devez vous intéresser à cette race illustre, vous en êtes l'héritier.

On dit que Dieu avant la formation d'Adam créa les Dives, & leur donna le monde à gouverner pendant l'espace de sept mille ans. Les Péris leur ont succédé, & ont occupé la terre pendant deux autres mille ans (*a*). Les Dives étaient puissans & forts, c'étaient des Géans (*b*), les Péris étaient meilleurs & plus sages. La fable, qui se mêle à tout pour tout défigurer, dit que les Dives étaient mâles & les Péris fe-

---

(*a*) Herbelot, bibliot. orient. p. 298.
(*b*) *Ibidem*, p. 387.

melles;

melles : cependant ces deux especes étaient distinctes, elles ne se réunissaient point par l'attrait des sexes; elles étaient plutôt ennemies. Je m'étonne de ce qu'on a fait les Dives si méchans; j'ai assez de confiance à la signification des mots, je crois que c'est la tradition la mieux conservée des idées antiques. Or je vois dans l'Orient que le *Divan* est l'assemblée des ministres, dépositaires de l'autorité; ce mot répond à celui de *Conseil* parmi nous. Les Orientaux désignent donc l'autorité par l'idée de force & de puissance qu'ils ont empruntée du mot Dive, comme nous désignons cette autorité par l'idée de sagesse qui tient au mot Conseil. Ces dénominations peignent en même tems les mœurs. On regne en Asie, parce qu'on est fort, on commande en Europe, parce qu'on est sage. Ce n'est pas tout, Monsieur, le mot Divan signifie encore un recueil d'ouvrages, de pensées (*a*), en un mot

---

(*a*) Herbelot, p. 298.

une source d'instructions. J'en conclus que les Dives étaient puissans & instruits, puisque malgré la haine qu'ils se sont attirée, malgré l'opprobre de la méchanceté dont ils ont été couverts, la tradition de leur force & de leur esprit s'est conservée à jamais, dans la langue de ceux qui de race en race les ont maudits.

Gian, ou *Gian-ben-Gian*, était le monarque des Péris ou Fées. Il fut fameux par des expéditions militaires & par de superbes ouvrages. Les pyramides d'Egypte sont des monumens de sa puissance. Le bouclier de ce Prince, aussi fameux que celui d'Achilles, fut long-tems conservé, & passa comme un héritage de génération en génération. Ce bouclier était mystérieux, il eût fallu un poëte comme Homere pour le décrire. Ce bouclier servait, non contre les armes de la guerre, mais contre celles de la magie. L'astronomie présidait à sa composition, il détruisait les charmes, les enchantemens; & cette tradition rapporte à ces tems anciens les arts utiles & les arts nuisibles. Gian-ben-Gian régna pendant 2000 ans sur les Péris. Après ce tems *Eblis* (le diable (*a*).) fut envoïé de Dieu, pour les chasser à cause de leurs désordres, & pour les confiner dans la partie de la terre la plus reculée. Gian-ben-Gian fut attaqué, vaincu dans un combat général & la nation dispersée. Je vous prie d'observer, Monsieur, que je vous offre la réponse à la plus pressante de vos objections; je vous donne les nouvelles que vous demandez de mon peuple antérieur. Ces traditions renferment évidemment la notion d'un peuple détruit & perdu. Les Orientaux l'ont exprimée dans une ancienne épitaphe,

---

(*a*) Le même qu'*Azael*, *Scheitan* en Arabe, *Satan* en Hébreu.

Herbelot dit que le mot *Eblis* est formé du mot grec *Diabolos*, pag. 307; mais celui-ci doit plutôt être formé de l'autre.

où on lit : *Qu'est devenu le peuple de Gian, fils de Gian ? Regarde ce que le tems en a fait* (a). Vous voïez que les Orientaux vous répondent eux-mêmes, & vous conduisent par la main à l'origine de leur race, pour vous montrer le peuple que je vous ai indiqué. Vous n'exigez pas que je vous rapporte les annales de ce peuple, ses livres de science & la part qu'il eut aux institutions subsistantes. En vous les rapportant, je déposerais contre moi ; ce qui est antique n'est pas si bien connu. Je vous ai montré d'une part des institutions, qui réclament des auteurs dignes de nos éloges : de l'autre, je vous ai montré dans les Atlantes des hommes, qui ont peuplé une partie du monde, qui ont laissé leur esprit dans un culte étendu & longtems respecté. Je vous rappelle ici un peuple également ancien, qui a laissé une longue mémoire après lui, une idée

―――――――――――

(a) Herbelot, p. 396.

de force & d'instruction, un peuple à qui l'on rapporte des monumens imposans, tels que les pyramides d'Egypte. Ces peuples qui ont eu tant d'influence sur la terre, peuvent avoir fondé l'astronomie, qui a été depuis presque oubliée.

Salomon, ou *Saliman*, fut le nom générique des anciens & puissans Monarques de l'Orient ; les Orientaux en comptent jusqu'à 72. Les montagnes de *Caf* renfermaient une galerie bâtie par un géant nommé *Argenk*. Là étaient les statues de ces Solimans, sous des figures souvent fort extraordinaires ; les unes avaient plusieurs têtes, plusieurs bras ; d'autres portaient des têtes d'éléphant, de buffle, de sanglier. Vous voïez, Monsieur, dans cette tradition l'origine de ces idoles, chargées d'une infinité de têtes ou de mains, que l'on trouve dans la Sibérie, jusqu'au Japon & dans l'Inde (*a*). *Canoun*, ou *Fanoun*

(*a*) Voïez la troisieme des Lettres à M. de Voltaire, p. 122.

était la capitale de ces Solimans. Trois d'entr'eux y avaient régné 1000 ans; les plus authentiques, c'est-à-dire, ceux dont les noms ont été conservés, sont au nombre de neuf (a). *Caherman-Catel* trouva dans le païs de *Schadoukian* une colonne de marbre d'une grandeur & d'une grosseur extraordinaires, posée sur une base qui portait une inscription gravée en caractères Bialbaniques, maintenant inconnus aux Orientaux, mais alors intelligibles : elle commençait ainsi, *je suis Soliman Hakki* (b). Si l'on ajoute ce nom aux neuf autres, ou aura les dix générations comptées par Bérose avant le déluge.

Caiumarath fut, selon les Persans, le premier de leurs Rois, le premier Roi du monde, & le même que l'Adam des Hébreux. Quelle que soit son antiquité, aucun Persan ne conteste que le premier

---

(a) Herbelot, p. 829.
(b) Idem, ibidem.

il monta sur un trône, & leva le tribut sur les peuples. Ce tribut fut une juste reconnaissance ; il avait retiré les hommes des cavernes où ils habitaient, il leur fit bâtir des maisons & des villes ; il inventa les étoffes pour les substituer aux peaux dont on se couvrait, & la fronde pour se défendre. Mais si Caiumarath fut le premier à monter sur le trône, il fut aussi le premier à en descendre ; il le quitta pour adorer l'Être suprême, & se reposer en paix devant lui. Il lui restait un fils nommé *Siamek*, auquel il remit la couronne en se retirant du monde ; mais bientôt son fils mourut assassiné par les Géans. Le pere remonta sur le trône pour venger son fils, pour retrouver son corps. C'est en le faisant inhumer, qu'il ordonna d'allumer un grand feu sur la fosse ; il souhaita que ce feu y fût entretenu & conservé ; de là naquit le culte du feu dans la Perse (*a*). Mais cette origine n'est

_____

(*a*) Herbelot, p. 243.

pas bien trouvée ; elle ne tient ni à la nécessité, ni à la nature, qui seules peuvent rendre les institutions durables. Il est évident que les Perses incertains de cette origine, ont voulu rendre leur culte plus antique & plus imposant, en l'attribuant au premier de leurs Rois. *Huschenk*, fils de Siamek, petit-fils de Caiumarath, fut son successeur. Ce nom signifie sage & prudent. On lui donna du consentement des peuples le surnom de *Pischdad*, qui signifie le juste & le législateur, parce qu'il fut l'auteur des plus anciennes loix de l'Orient. Ce titre honorable passa à ses successeurs, qui formèrent l'ancienne dynastie des *Pischdadiens*. C'est lui qui fouilla les mines, qui en tira les métaux pour le service de l'agriculture & de la guerre ; il arrosa les terres par des canaux ; il fonda la ville de *Sous*, aujourd'hui la ville de Suze, celle d'Ispahan, celle de Babel ou de Babylone : ces origines sont, comme vous le croïez bien, fort incertaines. Il est aussi peu vraisemblable que ce Prince soit l'auteur d'un livre intitulé, *la sagesse éternelle*, & surnommé le testament de Huschenk. Vous ne jugerez pas ce testament plus authentique que celui du Cardinal de Richelieu ; mais si ce Cardinal n'eût pas été un grand politique, on n'aurait pas mis sous son nom des considérations bonnes ou mauvaises sur le gouvernement. Si Huschenk n'avait pas été un monarque sage & éclairé ; s'il n'avait pas laissé une mémoire respectable, on ne lui aurait pas attribué ce livre de la sagesse des tems, ouvrage qui mérite d'être estimé, & qui subsiste encore. Les expéditions militaires de ce Prince sont décrites dans une espece de Roman. Nous ne pouvons pas nous en moquer, puisque nous avons les histoires des Chevaliers de la table ronde & des douze Pairs de Charlemagne. Nous ne creusons pas l'antiquité pour y bâtir nos fables; notre ignorance descend à des tems assez modernes: mais enfin ces fables témoignent qu'Amadis, Rolland furent de braves Chevaliers français, dont les faits d'armes ont mérité l'exagération des peuples, & les embellissemens des poëtes. Nous devons juger de même les Romans Persans. Huschenk, disent-ils, fit ses exploits, monté sur un cheval à douze pieds, qu'il eut peine à dompter. Cet animal, né de l'accouplement d'un crocodile & de la femelle d'un hyppopotame, fut trouvé dans l'*île seche*, ou nouveau continent. Il fallut user de force & de stratagême pour le soumettre; mais dès qu'Huschenk s'en fut rendu maître, il n'y eut point de géans qu'il ne terrassât, point de peuples qu'il ne pût conquérir. Vous voïez, Monsieur, que les héros ont toujours eu des montures merveilleuses. Cependant ce malheureux Prince fut tué par un grand quartier de roche que les Géans ses ennemis, lui lancèrent dans les détroits des montagnes de *Damavend* (*a*).

Les Dives, que le Diable avoit chassés aux extrémités de la terre, subsistaient encore; ils étaient cantonnés dans les montagnes de Caf. J'expliquerai ailleurs la position de ces montagnes. Les Dives passaient leur tems à tourmenter les Péris par une guerre continuelle, & à faire des courses dans la Perse & dans l'Inde; ils serraient leur butin dans des cavernes. Vous voïez, Monsieur, l'antique source de nos idées populaires, que les diables amassent & recelent des trésors, cachés dans les flancs des montagnes, ou dans les vieux châteaux abandonnés. *Thahamurath*, petit-fils de Huschenk, fut le troisième Roi de Perse. C'était un héros, le plus redoutable ennemi des Dives; il fut surnommé *Div-bend*, le vainqueur des Dives ou

---

(*a*) Herbelot, p. 464.

des Géans. Il les pourſuivait, les combattait par-tout, & après les avoir vaincus, les tenait enfermés dans des grottes ſouterreines. Vous avez lu, Monſieur, les Mille & un jour; ces contes qui ſont le tableau des mœurs & de la croïance Orientale: vous pouvez vous ſouvenir d'avoir vu les *Affrites*, les génies malfaiſans, ainſi enchaînés dans les entrailles de la terre. Thahamurath fonda des villes, telles que Babylone, Ninive, Amida, Diarbeck, &c., mais je ne vous garantis point ces traditions; je vous raconte des fables où nous cherchons des vérités antiques, comme Virgile tirait de l'or du fumier d'Ennius.

Thahamurath avait comme Huſchenk ſa monture, mais une monture plus rare & plus vîte. C'était un oiſeau nommé *Simorg-anka*; on l'appelait le grand Oiſeau, l'oiſeau admirable, le griffon merveilleux. Cet oiſeau eſt raiſonnable, il poſſede toutes les langues,

& il est capable de religion (*a*); on n'en donne pas d'autres détails. Mais cet oiseau ne serait-il pas le Phénix inventé dans le Nord, transporté dans l'Egypte, & dont les Orientaux auraient changé la description & l'histoire? Je suis d'autant plus porté à le croire, que si nous écoutons cet oiseau, il dit de lui-même qu'il a vu les créatures & les révolutions des siecles écoulés avant Adam (*b*). Il a vu naître, finir douze fois le grand siecle de 7000 ans; & quoique si vieux & si instruit, il ne sait combien il lui en reste à voir (*c*). Cet être qui voit tant de choses successives pourrait bien être le soleil, qui éclaire les générations des hommes & des empires, & qui dure, tandis que tout passe sur la terre. Les montagnes de Caf étaient sans doute bien éloignées, puisque Thahamurath eut besoin de cet

---

(*a*) Herbelot, p. 1016.
(*b*) *Ibid.* p. 810 & 811.
(*c*) *Ibid.* p. 1017.

oiseau pour s'y transporter ; il y secourut les Péris, il vainquit le géant Argenk, le géant *Demrusch*. Celui-ci tenait prisonnière *Mergian Peri*, c'est à-dire, la fée Mergiane qui est de notre connaissance ; Grace à Thahamurath qui l'a délivrée, elle a passé en Europe où elle a été naturalisée. Cette Fée engagea le Prince dans une nouvelle guerre contre le géant *Houdkouz* son ennemi ; il y périt, soit qu'il n'eût plus son oiseau, soit que ce fût le terme inévitable de sa destinée (*a*).

Giamschid, son frere ou son neveu, lui succéda ; c'est lui qui fonda la ville d'*Estkekar*, ou de Persépolis : j'en ai parlé dans l'histoire de l'astronomie ancienne (*b*). Ce Prince après avoir régné 700 ans, se crut immortel, & voulut avoir les honneurs divins. Dieu le punit, il fut détrôné, & il passa 100 années à parcourir le monde. Les Orientaux

___

(*a*) Herbelot, p. 1017.
(*b*) P. 129 & 353.

lui donnent le nom de *Dhulcarnein*, qui signifie *aux deux cornes*, c'est l'épithète des conquérans, qui ont subjugué les deux extrémités du monde, l'Orient & l'Occident. Alexandre mérita ce surnom, il fut le second vainqueur de l'Asie dans la mémoire des Orientaux (*a*). L'usurpateur *Zohac* fut cruel, les Orientaux ont chargé sa mémoire de l'invention des supplices (*b*). *Feridoun*, fils de Giamschid, remonta sur son trône après sa mort. Ce jeune Prince reconquit son roïaume à l'aide d'un forgeron, qui ameuta le peuple, & qui se faisant un étendard de son tablier de cuir, attaché au bout d'une lance, a mérité, après avoir chassé l'usurpateur, que Feridoun conservât cet étendard singulier, l'ornât de pierres précieuses, & en fît la bannière des Rois de Perse. Les Arabes s'en emparerent dans une bataille gagnée contre les

---

(*a*) Herbelot, p. 395 & 317.
(*b*) *Ibid.* p. 948.

Perses, sous le califat d'Omar ; & l'on dit que l'armée entière fut enrichie du partage de cette précieuse dépouille. Féridoun, aïant pris l'usurpateur Zohac, le tint enfermé dans les montagnes de Damavend. Ces montagnes & celles de Caf étaient les prisons universelles ; on y enfermait les géans & les malfaiteurs : c'était la Sibérie de cet empire. Le diable y avait relégué les Dives ; les hommes y repoussaient leurs ennemis. Feridoun fut un des héros de la Perse; on ne sait même s'il n'est pas le Dhulcarnein célebre dans l'ancienne histoire, & dont la tradition ne permet de fixer ni le tems, ni le nom propre. Il était sage ; c'est lui qui a dit, *la vie de l'homme est un journal, il n'y faut écrire que de bonnes actions. Quand un homme de bien est sur le point de passer dans l'autre vie, que lui importe de mourir sur le trône ou sur le pavé ?* Féridoun manqua cependant de sagesse par cette indifférence ; il eût dû mourir sur le trône,

trône, mais il en descendit, & partagea ses états. L'aîné de ses fils eut la Perse, les deux autres la Tartarie & la Chine. Il se retira du monde comme Caiumarath, sans être plus heureux que lui dans sa retraite; elle fut troublée par l'ambition & les querelles de ses fils. Il reprit le gouvernement; mais les liens politiques une fois rompus, se renouent mal : un Roi qui remonte sur le trône, n'y remonte jamais qu'avec faiblesse. Féridoun reçut des outrages de ses fils; *Irage* son fils aîné & chéri fut massacré, on lui en envoïa la tête. *Manugeher*, fils de cet Irage, vengea par la mort de ses oncles le meurtre de son pere, & l'affront de son aïeul (*a*). Mais les peuples sur lesquels il régnait s'amolissaient, la Perse ne pouvait résister à la Tartarie; le midi a toujours été subjugué par le Nord. *Afrasiab*, fils d'un de ses oncles, lui

---

(*a*) Herbelot, p. 347 & 348.

fit long-tems la guerre ; Manugeher eut peine à conserver un Empire qui était sur son déclin. Les derniers Rois furent *Naudar*, fils de Manugeher, *Zab*, *Guftab*; mais toujours troublé par les invasions des Tartares, cet état ne retrouva quelque tranquillité que sous un étranger nommé *Caicobad*, qui fonda une nouvelle dynastie. Il se disait de la race des Peischdadiens ; mais la preuve qu'il n'en était pas, c'est qu'il a fondé une dynastie, & que sa tige a pris un autre nom. Voilà, Monsieur, le tableau de l'ancienne histoire des Perses. Je ne dirai pas qu'aucun fait ne puisse être contesté ; mais la masse des faits, la succession des Rois, les guerres soutenues & détaillées, annoncent un fond d'exactitude (*a*). S'il s'y est mêlé des fables, c'est que l'imagination & la

___

(*a*) La chronologie est assez bien suivie pour appuïer cette assertion. Ces Peischdadiens ont régné pendant 2451 ans sept mois. *M. Anquetil, Zend Avesta*, tome II, p. 417.

mémoire se sont associées : l'une crée & ajoute, tandis que l'autre raconte. C'est votre faute, ou du moins celle des poëtes vos prédécesseurs. Vous avez succédé à Virgile, à Homere ; Homere avait remplacé Orphée ; Orphée entendit tous les poëtes de l'Orient, dont le tems a englouti la gloire : ce sont eux qui ont conservé la tradition ; mais en l'altérant pour l'embellir, pour la faire retenir. Et sans ces embellissemens que saurions-nous ? Dans l'espece humaine, encore plus sensible que curieuse, plus avide de plaisir que d'instruction, rien ne plaît généralement & long-tems, que par l'agrément du style ; la vérité seche aurait été tuée par l'ennui. Vous avez tout mêlé, tout assimilé pour rendre tout intéressant. Vous avez donné à la nature une ame & une volonté ; ses causes sont des passions, ses mouvemens ont des motifs, chacun de ses phénomènes est un être agissant comme nous, sensible comme nous, & qui nous touche par ces reſſemblances. L'homme, qui ſe retrouve partout, n'oubliera les principes cachés ſous ces emblêmes, que lorſqu'il pourra s'oublier. Vous avez tranſporté au contraire la nature & toute ſa puiſſance dans l'hiſtoire, où la vérité ne place que des hommes & des moïens humains : mais ces hommes ſont grands, avec ces moïens ils ont fait de grandes choſes ! l'orgueil, crainte de ſe meſurer, aurait détourné la vue ; vous avez appelé des génies qui commandaient aux fleuves, aux vents, aux orages, des génies amis de l'homme, qui maîtriſaient, liguaient les élémens pour favoriſer ſes entrepriſes. Vous avez imaginé la fortune pour conſoler l'incapacité ; la force naiſſait de la hauteur de la taille, le courage était une inſpiration divine : l'activité du génie, préſent partout, la célérité des opérations, n'étonne plus quand votre héros eſt porté par un oiſeau. Si je dois m'étonner, c'eſt que ces

SUR L'ATLANTIDE. 165

héros avec de tels secours, n'en aient pas fait davantage. Je m'applaudis du triomphe de l'humanité dans des tems où elle était favorisée; je rends hommage à la supériorité, par l'art que vous avez de placer hors de mon espece, ce qui n'est réellement que sa perfection : rien n'est plus ingénieux, ni plus adroit pour faire durer la gloire malgré l'envie, & pour amener le vulgaire à s'entretenir volontiers des grands hommes.

Si la vérité morale & physique est respectée dans vos fables, si le vieillard déjà glacé reconnaît la passion de sa jeunesse, dans l'amour portant la flamme & les fléches, dans l'amour sur-tout couvert d'un bandeau, s'il reconnaît sa vanité passée dans Narcisse amoureux de son image, si au moment où l'on se retire de Bacchus & de l'Amour, on voit *le tems qui nous prend par la main (a)*, de même la vérité est ornée, mais non pas détruite dans les poësies historiques.

_____
(a) M. de Voltaire, tome II, pag. 129.

Un petit Prince a enlevé une jeune femme, de petits Rois unis ont saccagé une ville, & un grand poëte en a fait une histoire mémorable; un autre grand poëte a chanté un Prince chéri de sa nation : nos anciens Romanciers, qui tenaient un peu à la poësie, ont célébré les exploits du tems de Charlemagne. Les anciens poëtes Persans, les Historiens, les Romanciers que d'Herbelot a dépouillés pour composer sa bibliothèque orientale, sont aussi croïables que ceux d'Europe. Tous ces faits ont existé, toutes ces couleurs brillantes ont été placées sur un fond vrai. Les premiers vers n'ont été produits que pour conserver la tradition, pour la rendre vivante ; l'imagination y a semé ses fleurs ; mais vous en avez tant fait naître de ces fleurs, que vous m'aiderez à les distinguer ; ce qui restera nu & simple sera l'histoire formée de la vérité, & digne des regards de la philosophie.

Je suis avec respect, &c.

DIX-SEPTIEME LETTRE
A M. DE VOLTAIRE.
Des Fées & des Péris.

A Paris, ce 31 Mars 1778.

Les Fées, comme vous le voïez, Monsieur, sont nées en Asie; la féerie est un fruit de l'imagination vive & brillante des Orientaux. Ce païs de Schadukian, autrement nommé le Ginnistan, était la patrie de ces êtres fantastiques: la ville capitale était de diamans (*a*). Vous n'en serez pas surpris: ces êtres avaient à leur disposition toutes les forces de la nature; les élémens leur obéissaient; ils avaient la puissance de créer, ils l'ont emploïée pour la magnificence de leur demeure, ou pour satisfaire les hommes qui demandent surtout des richesses. Et quand les diamans,

_____
(*a*) Herbelot, p. 765.

les marbres précieux n'auraient été que le produit d'un charme, quand cette magnificence n'aurait été qu'une illusion; il n'en faut pas davantage à notre faible espece. Ce qu'elle possede la tourmente, ce qu'elle croit posséder la rend heureuse. L'illusion est assise aux commencemens de la vie, & quand l'âge & la vérité viennent, les illusions s'effacent, & le bonheur s'éloigne avec la jeunesse. Ces êtres bienfaisans qui pouvaient nous enrichir, qui nous apportaient de la protection & des secours, ont vécu dans l'esprit de l'homme, parce qu'il se sent faible, parce qu'il cherche de l'appui dans la nature contre les dangers qui l'entourent, & souvent contre lui-même. Aucun homme n'avait vu des fées, n'avait été secouru par elles, mais l'histoire était remplie de leurs bienfaits; on citait des héros, morts à la vérité depuis long-tems, qu'elles avaient comblés de biens & de gloire. C'en était assez pour la génération vivante & avide de ces fables; le bonheur qu'on n'eut point hier peut arriver demain : on a tout, quand on a l'espérance.

C'est, Monsieur, une idée bien singulière que celle de ces esprits qui nous entourent, qui vivent d'une manière invisible dans les élémens, ou qui résident dans toutes les parties de la nature pour en animer les productions. Comme dans notre vie traversée, nous sentons le besoin d'une vie meilleure, nous sentons par notre faiblesse, par notre dépendance, que la nature est mue par quelque chose de plus puissant & de plus parfait que nous. Ce sentiment intérieur a dirigé l'imagination, qui plus grossière ou plus délicate, a donné naissance à différens êtres, à différentes especes d'esprits que nous devons distinguer. Quand l'homme a découvert la substance immortelle, qui annoblit son existence, il l'a dérobée à la destruction, il lui a donné avec justice l'immortalité. La matière peut circuler sans cesse, elle enveloppe les ames ; mais elle seule est destructible. Nous tenons à la terre, nous craignons de la quitter, nous jugeons par le moment présent que les ames doivent être bien aises d'y revenir. Ces ames, qui voltigent autour des lieux chéris de leur existence mortelle, sont une de ces especes d'esprits. Les *Lutins*, les *Lemures*, les *Larves* des Romains étaient les ames des méchans. Elles conservaient l'envie de nuire, elles ne nous suivaient que pour nous faire du mal. De là les sacrifices, les expiations pour les adoucir & pour les éloigner. Les ames des bons étaient nommées *Lares* ; tout les rappelait, les fixait aux lieux où elles avaient été heureuses ; &, ce qui est plus encore, où elles avaient fait le bonheur des autres. On les croïait assises au bord des foïers domestiques ; c'est là que dans les soirées d'hiver, le pere déjà blanchi par l'âge instruisait en leur présence la jeune famille. Ces Lares étaient la protection, la défense commune, il ne fallait pas les perdre de vue sans nécessité, il fallait les invoquer pour le retour. Le même principe, qui chez les Atlantes avait fait écrire dans le ciel les noms des ancêtres, les plaçait ici dans la maison paternelle pour la rendre plus chere. A la Chine, les tablettes, où ces noms tracés sont exposés à la vénération filiale, ont encore la même source; tant le respect de l'âge & de la vertu est gravé dans le cœur humain. Mais, Monsieur, ce retour des esprits séparés des corps, ces superstitions, que par leur but, j'oserais appeler des superstitions morales, tiennent à la croïance de l'ame immortelle. Chez les peuples privés de la révélation, elles n'ont pu naître qu'avec cette croïance, & lorsque l'homme plus libre de ses appétits grossiers, a connu son empire & sa véritable noblesse. Ces superstitutions ont donc été produites dans un tems de lumière ; elles ont été durables, parce qu'elles tenaient à la sensibilité. Les génies protecteurs, les génies tutélaires des Empires & des hommes étaient autre chose. J'y apperçois l'esprit des peuples, le caractère de l'homme, c'est ce qui fait le bonheur des empires & la sagesse de la vie. Le génie du peuple Romain fut le pouvoir de l'orgueil inflexible & de la vertu guerrière ; le génie de Socrate la lumière de son esprit. *Éloignez-vous d'Octave*, disait-on à Marc-Antoine, *votre génie redoute le sien*. Quand les chefs sont aux prises, ils combattent par leurs caractères, il faut que le faible cede au plus fort. Le génie n'était donc que cet ascendant, ou la vigueur de l'ame & de la pensée, qui souvent semble maîtriser la fortune. Mais le vulgaire n'est point fait pour ces expressions métaphysiques, il s'accommode mieux des êtres qu'il crée. Il en imaginait de forts & de faibles qui combattaient pour nous : les fortunes étaient diverses, mais les revers n'humiliaient pas : on n'avait à se plaindre que d'avoir eu un génie trop faible. Voïez, Monsieur, comme nous gardons toujours quelque trait de la vérité dans nos erreurs. Le génie est en effet le seul agent sur la terre, il n'y a d'homme à homme que la différence des génies.

Les Dieux inférieurs du paganisme appartiennent encore à une lumière mêlée d'ombre & d'erreur. Les Nymphes des bois & des fontaines, les Divinités des fleuves & de la mer, celles des vents, ne représentaient que les phénomènes de la nature. Ce sont, nous l'avons dit, les causes secondes, enseignées par les philosophes, personnifiées par le vulgaire ; c'est le reste d'un ancien système physique, mal saisi, mal compris dans des conceptions étroites. La chaîne de Platon n'est que l'idée de ces êtres, mais restaurée dans une conception sublime, élevée à la hauteur du génie du philosophe, qui, s'effraïant de l'intervalle apperçu entre la divinité & l'homme, en a voulu remplir la distance par une échelle d'êtres intermédiaires. Vous voïez tout ce que cette génération suppose ; avant cette réhabilitation d'une idée philosophique, avant Platon, il a fallu des ignorans qui défigurassent le beau système physique, imaginé par des prédécesseurs, cachés derrière la nuit, qui se leve à l'époque de la barbarie. Cette filiation nous conduit donc pour l'origine de ces idées à un tems où l'on était éclairé.

Les Fées ne sont point tout cela, Monsieur ; ce n'est ni l'ascendant du caractère qui lutte contre la fortune, ni ces restes de l'existence humaine, voltigeans autour de nous, revêtus de nos affections, animés encore du regret que nous sentons à quitter la vie : ni ces causes personnifiées, ces êtres qui ne sont que le mouvement de la nature, chargés par nous de faire couler les fleuves, végéter les arbres, souffler les vents, & soulever les flots. Les Fées sont les filles du tems, qui embellit & exagere le passé. Les fées, les génies sont des êtres purement humains, revêtus de notre propre forme, souffrant, vieillissant, mourant comme nous. Ces génies ne sont pas comme le vôtre, qui est immortel & qui ne vieillit point ; ils ont seulement conservé, comme vous, la longue vie des premiers siecles. Ils ne sont pas sujets à la mort dans nos Romans modernes, mais prenez garde que cette immortalité est notre ouvrage. Les Orientaux ne pensent point ainsi. Lisez les Mille & un jour, où leurs mœurs & leurs opinions sont peintes par eux-mêmes, vous y verrez qu'on annonce à Cheheristani, femme de l'Empereur de la Chine, la mort de son pere Roi des génies (*a*). D'Herbelot vous déclarera formellement que les Dives n'étaient

---

(*a*) Mille & un jour, t. I, p. 18.

point de purs esprits; ils avaient des corps, ils étaient soumis à la mort (*a*). Voilà la marque la plus certaine de l'humanité. Les Perses appellent *Divmardum*, un animal sauvage qui a la figure humaine (*b*). C'est le faune, le satyre des anciens, c'est l'Orang-outang de nos jours. Nous en pouvons tirer cette conclusion que le mot Dive a été primitivement le nom de l'homme; l'idée attachée à ce mot s'est amplifiée par l'éloignement des tems, par l'obscurité de la tradition; elle s'est dénaturée en passant dans la langue des Perses. Les hauts faits des Dives, la force dont ils étaient doués, les ont depuis élevés au-dessus de l'homme, en ont fait une espece distincte & supérieure, comme la sagesse & la prépondérance des vieillards ont consacré le mot même, & en ont fait un titre de supériorité (*c*). Ces

---

(*a*) Herbelot, p. 831.
(*b*) Ibid. p. 298.
(*c*) Les grands sont appelés seigneurs, &c., *seniores*, plus âgés, vieillards.

Dives,

Dives, ces Péris avaient régné sur la terre pendant 9000 ans, difent les traditions fabuleuses des Persans. Lorsque la terre fut donnée à Adam & à ses enfans, ceux-ci reléguèrent ces créatures anciennes & privilégiées dans les montagnes de Caf. Ils eurent cet avantage sur une espece, qui en avait tant sur la leur. Ne reconnaissez-vous pas ici, Monsieur, ce qui a dû se passer jadis. Les hommes, en se multipliant, se sont réciproquement repoussés, les plus forts ont chassé les plus faibles : des peuples se sont élevés, tandis que d'autres ont été détruits. La vie de Gian, fils de Gian, Monarque des Péris, est celle d'un homme ; il bâtit des pyramides, il fait des expéditions militaires (a). s'il a vécu 2000 ans, c'est qu'on compte sa dynastie, la durée de sa race comme la prolongation de sa vie. Les Dives ont régné 7000 ans, ils ont été forts,

---

(a) Suprà, p. 146.

M

c'est-à-dire, puissans ; méchans, c'est-à-dire, conquérans : ils ont tourmenté, poursuivi les peuplades isolées, qui étaient sans union & sans défense. Ils habitaient sans doute sous un climat dur qui donne de la vigueur, & dans des lieux agrestes, où le besoin du travail nécessite l'industrie. Ces tigres du Nord pillaient les plaines, & déposaient leur butin dans les cavernes des montagnes. Les agneaux du midi las de ces excursions désolantes, se sont rassemblés, ils tenaient cette bénignité d'un sol plus fertile & d'un ciel plus favorable ; leur société a formé un Empire, qui fut celui des Péris : les agriculteurs sont doux, hospitaliers & bienfaisans. Les Dives cependant subsistaient toujours, & la guerre s'établit entre les deux peuples. Les Péris se fortifièrent contre un ennemi commun par l'alliance des anciens Persans, lorsque leur empire fut fondé par Caiumarath. C'est pourquoi vous voïez Huschenk, Feridoun, le vainqueur des Dives, se transporter aux païs des Dives & des Péris, secourir ceux-ci contre ceux-là, & rendre la paix aux uns en repoussant, en contenant les autres dans les montagnes. Les Orientaux nous attestent qu'un ancien peuple, que plusieurs peuples même, ont été détruits. *Qu'est devenu le peuple de Gian, fils de Gian ? Regarde ce que le tems en a fait.* Les Dives & les Péris ne vivaient donc plus que dans la mémoire des hommes, & ne se retrouvaient que dans les Romans. On vous explique la source de cette puissance surnaturelle, en vous disant que les Dives étaient des Géans. Toutes les traditions de la terre s'accordent pour faire de ces géans une des premières races des hommes. La circonstance de la hauteur de leur taille annonce que leur vigueur était grande, mais humaine ; elle prouve que la différence individuelle était physique.

Ces montagnes de Caf sont décrites

par des fables; elles font pofées fur une pierre: Dieu l'agite, quand il veut faire trembler la terre. Quiconque aurait une parcelle de cette pierre pourrait faire des miracles; elle eft d'une feule émeraude, & les raïons qu'elle réfléchit font la couleur azurée du ciel. C'eft fans doute la fource des mines de pierres précieufes; des débris de ce pivot du monde viennent toutes nos richeffes. Ces montagnes de Caf font très-vaftes, & toutes les autres n'en font que les branches; c'eft là que les aftres fe levent & fe couchent. On dit, *lorfque le foleil parut fur les montagnes de Caf;* on dit *depuis Caf jufqu'à Caf,* pour dire d'une extrémité du monde à l'autre. Il faut paffer pour y arriver un très-grand efpace de païs ténébreux, où le foleil ne porte point la lumière. Nul homme n'y peut aborder, s'il n'eft conduit par quelque intelligence fupérieure, par quelque fée ou génie. Auffi eft-ce là que les Dives ont été relégués, lorfque l'homme fut créé par Dieu pour prendre l'empire de la terre (a). Ne voïez vous pas, Monsieur, dans ces traditions l'histoire d'un peuple qui succede à un autre ; l'obscurité des tems qui confond tout, & l'orgueil d'une nation qui exagere la puissance des vaincus pour embellir la victoire. Le long espace, les païs ténébreux qu'il faut traverser pour arriver à ces montagnes, ne vous indiquent-elles pas qu'elles sont éloignées par une assez grande distance. Je ne vous dirai pas que ces païs ténébreux indiquent les climats du Nord ; car il faut des preuves plus fortes pour ces conclusions importantes. Mais je demande si les habitans d'une plaine unie, jouissant d'un horizon sans bornes, ou qui du moins n'y verraient que des éminences isolées, se figureraient la terre comme entourée d'une ceinture de montagnes ? S'ils diraient que le soleil paraît sur leur cime,

---

(a) Herbelot, p. 230 & 231.

& se couche derrière elles ? S'ils mesureraient l'étendue du monde par le cercle de ces montagnes ? Je pense que les expressions de la langue sont précieuses à l'histoire & à la philosophie. Ces expressions peignent ce que les hommes ont continuellement sous les yeux ; les mœurs & les objets physiques du païs. Ces expressions me décèlent un peuple qui a habité des contrées montueuses, un vaste vallon couronné & défendu de toutes parts par des rochers sourcilleux. Le soleil ne se montrait & ne disparaissait qu'à leur sommet ; le monde était renfermé dans leur enceinte, & la pensée qui n'osait les franchir, y trouvait les limites de l'étendue. On reconnaît dans cette habitation l'origine du respect des hommes pour les montagnes, & du culte qu'ils voulaient y rendre à l'Être suprême. Vous vous rappelez, Monsieur, la vénération des Chinois, des Indiens pour les montagnes, les pélérinages que la dévotion fait entreprendre à ces derniers; ce grand vallon me paraît avoir fourni les races des Chinois, des Indiens & des Persans.

Je le crois d'autant plus volontiers, que je remarque l'affection des Persans pour les Péris. Ces Péris sont bons, ils étaient puissans, mais pour la bienfaisance. Je vois entr'eux & les Persans une alliance & des secours réciproques: ce fait est décisif dans un tems où les peuples étaient isolés; ce sont des colonies qui aident la métropole. Voïez comme les Persans ont exagéré la puissance des Dives, qui ont été vaincus par les Péris; voïez comme la terre était heureuse sous la puissance de ces fées! Ne place-t-on pas leur regne à la tête de l'histoire des Perses? Les peuples de l'antiquité s'ignoraient, ou se méprisaient entr'eux; on n'a cet amour & ces soins que pour les auteurs de sa race (*a*).

_____

(*a*) Suivant le témoignage de M. Danville, la Perse dans l'Ecriture porte le nom de *Paras*. Géog. anc. p. 267.

Le païs des fées est aussi nommé Schadukian, nom qui signifie *plaisir* ou *desir* (*a*). Ces mots rappellent toutes les idées de l'âge d'or. Le plaisir, c'est le bonheur goûté près de ses peres, dans cet âge d'illusion où tout est plaisir ; le desir, c'est le regret de l'avoir quitté. La Capitale est appelée la ville de diamans, ce qui annonce qu'elle appartenait à un païs riche. Eh ! dans ces premiers tems ne l'était-on pas ? L'homme même ne l'a jamais été depuis. On n'est riche, que lorsqu'on n'a rien à désirer, alors il possédait tout. Quand l'Ecriture nous peint les richesses des Patriarches, nous concevons une idée de leur opulence ; mais cette opulence est relative à leur simplicité. Qu'on nous donne leurs richesses, le luxe aura bientôt dévoré leurs troupeaux, & nous serons pauvres avec leur héritage. Il n'en est pas de même, lorsqu'un peuple compare son

_____

(*a*) Herbelot, p. 765.

état présent à son état anciennement passé ; les relations, les détails sont perdus : On dit, nous manquons, nous sommes pauvres ; nos aïeux ne manquaient pas, ils étaient riches. Mais comment l'étaient-ils ? C'est ce qu'on ne peut savoir, quand les détails sont oubliés : l'imagination y supplée ; elle enrichit ces hommes simples, des objets de nos desirs présens. Les hommes en descendant dans le roïaume de Golconde, au païs des mines de pierres précieuses, y ont trouvé des richesses nouvelles ; ils ont placé à leur origine des mines encore plus fécondes, parce que le païs qu'on regrette vaut toujours mieux que le païs qu'on possede. Il ne faut qu'imaginer ce que les gens qui aiment le merveilleux, ajoutent à la vérité dans leurs récits, supposer une longue filiation, un grand tems qui obscurcit les faits, qui en livre la peinture à l'imagination, & l'on se convaincra qu'on peut parvenir aisément à une ville de diamans ; ces descriptions & ces fables me rappellent la peinture de l'âge d'or. Nous avons dit que ces idées se perpétuent de race en race : loin de se perdre, elles s'accroissent, le merveilleux se reproduit de lui-même.

Mais vous me demanderez, Monsieur, comment & pourquoi les auteurs de la race des Persans ont été transformés en Péris ? Comment de l'idée d'hommes semblables à nous, on a passé à celle de ces êtres puissans pour le bien ou pour le mal, qui ne sont plus des créatures de notre espece ? Rien ne paraît plus naturel & plus aisé à concevoir que cette métamorphose. Comme Physicien, vous savez que la lumière physique part d'un centre, & qu'elle diminue par la distance : les lumières de l'esprit s'affaiblissent de même. Supposez des colonies envoïées ; les colonies sont moins éclairées que la métropole ; c'est là que le mouvement réside, le cœur y bat, & la chaleur du sang y est plus grande que celle du même sang chassé aux extrémités. Les colonies naissantes ont bien autre chose à faire, que de s'occuper des progrès de la lumière ; il faut reconnaître le païs, défricher la terre, bâtir des maisons & des villes, pourvoir à tous les besoins de la société. Dans ces tems anciens où les connaissances n'étaient pas fixées, conservées par l'imprimerie, où l'on n'écrivait que sur la pierre, & seulement les faits importans, le reste était confié à la mémoire. Vous savez comme elle est sujette à tout altérer. En fait de lumière, on perd lorsqu'on ne gagne plus. *L'ame est un feu qu'il faut nourrir, & qui s'éteint s'il n'augmente* (a). Imaginez ensuite des distances, qui rendent les communications difficiles, des révolutions qui détruisent le peuple auteur de ces colonies, & vous conviendrez, Monsieur, qu'elles devaient dégénérer,

---

(a) M. de Voltaire, tome II, p. 129.

jusqu'à ce qu'elles eussent acquis assez de force pour recommencer les progrès. Mais en même tems que les lumières s'affaiblissent, que quelque ombre s'y mêle, le souvenir du passé s'aggrandit dans cette ombre, l'ombre est le païs des chimères ; c'est parce qu'on y voit mal, qu'on y voit ce qu'on veut. Vous savez, Monsieur, tout ce que la vérité & la flatterie ont dit du beau siecle de Louis XIV. Figurons-nous une colonie de Français, établie aujourd'hui dans quelque contrée éloignée & sans communication, s'y mêlant avec les habitans naturels, leur racontant les merveilles de ce regne célebre, la magnificence de Versailles, les mers unies, les eaux montant sur les montagnes pour y porter les bateaux, le Roi étonnant, maîtrisant jadis l'Europe par son ascendant ; s'ils ajoutent que dans cette Europe il existe un peuple qui voit la mer au-dessus de sa tête, & qui a la puissance de la contenir ; une Souvetaine qui fait marcher les rochers fur les eaux, pour venir fervir de degrés à la ftatue d'un grand homme ; fi ces récits paffent de bouche en bouche & de génération en génération, il ne faudra pas beaucoup de tems pour que les Européens deviennent un peuple de géans, & femblent des êtres d'une nature puiffante & fupérieure à l'homme. Louis XIV fera le Monarque des génies, Catherine II une Fée qui anime le Nord par le flambeau du génie brûlant au milieu des glaces. Je conçois donc qu'on ait placé dans le païs des Fées une ville de diamans, parce que les poëtes ont vu couler dans le fiecle d'or des ruiffeaux de lait & de miel, ce qui n'eft pas moins extraordinaire. Je conçois que les hommes de ce fiecle, s'ils ont fait réellement de grandes chofes, ont pu devenir des génies & des fées, lorfque les races ont dégénéré, lorfque les fiecles d'incapacité font arrivés. En comparant les races préfentes aux races paffées, en reconnaissant la supériorité de celles-ci ; la faiblesse humaine a été étonnée, l'orgueil a peut-être murmuré ; & d'après le calcul des forces présentes sur lesquelles nous estimons toujours la nature, on a placé hors d'elle tout ce qui semblait la surpasser. Imaginez donc, Monsieur, si les siecles des Péris avaient eu leur Voltaire, ce que les Orientaux auraient pu en penser. Auraient-ils cru qu'un seul homme pût réunir tant de genres différens. On aurait fait de vous ce qu'on a fait d'Hercule ; on vous aurait décomposé pour vous rendre vraisemblable : on aurait pris de votre génie l'idée d'une intelligence supérieure, & on aurait eu raison.

Donnons-nous la peine de consulter la nature, nous y trouverons la source & le modele de toutes nos institutions. L'homme ne crée rien, il a été créé lui-même ; il n'a pas une idée qui ne lui vienne des objets qu'il a sous les yeux. Sa mémoire en conserve les images, son imagination les déplace, en divise plusieurs dans leurs parties, pour mêler & varier ces parties; cette combinaison est une sorte de création. Les tableaux, les compositions sont notre ouvrage, mais les élémens appartiennent à la nature; ce sont des édifices dont elle a fourni les matériaux. Les Centaures, les figures humaines avec des têtes de chien, ou des pieds d'animaux, sont des exemples de ces déplacemens, de parties & de ces compositions. Les Larves & les Lares étaient les ames qui conservaient une vie spirituelle après la séparation des deux substances; les génies tutélaires, la bonne conduite & l'influence du courage & de la sagesse; les Dieux secondaires, les forces de la nature déploïées dans les phénomènes particuliers; les Dives, les Péris, les Fées qui n'étaient rien de tout cela, furent une race d'hommes; mais une race séparée par un long intervalle de tems, une race vue à travers un voile,

& dont l'idée, long-tems vivante dans le souvenir, a été exagérée ou par la crainte, ou par l'amour. Vous voïez, Monsieur, comment on s'enrichit, comment l'esprit humain acquiert dans ses voïages. On m'a fourni assez d'instructions pour passer ce que j'avais promis, & vous donner plus que vous ne m'aviez demandé ; vous voulez des nouvelles d'un peuple perdu, je vous en montre quatre : les Atlantes & un peuple voisin indiqués par Platon, les Dives & les Péris, dont la mémoire est fidellement conservée chez les Persans. Ne craignez-vous point que tant de richesses ne nous embarrassent, que le choix ne devienne difficile ? Vous savez qu'il faut toujours amasser des connaissances sans s'inquiéter de leur usage ; il faut s'en rapporter au tems qui viendra l'indiquer. Nous allons continuer nos recherches ; nous apprendrons peut-être encore quelque chose : jusqu'ici nos efforts ont été inutiles pour trouver le

païs

païs des Atlantes, ne perdons point courage, nous pourrons rencontrer celui des Fées. Ce païs des Fées me plaisait infiniment dans mon enfance; ces génies qui servent si bien les passions, sont desirés de la jeunesse: on n'a jamais ce qu'on cherche au moment qu'on le souhaite; les illusions nous fuient, quand on se croit prêt à les saisir ! Mais les fées & les génies sont rentrés dans l'ordre des choses naturelles; ce ne sont plus que des hommes. Aujourd'hui la raison nous éclaire, nous cherchons par des vues plus saines & plus sages; nous allons prendre la route des montagnes, & nous arriverons peut-être à ce païs des Fées, la patrie de l'âge d'or des premiers hommes.

Je suis avec respect, &c.

DIX-HUITIEME LETTRE
A M. DE VOLTAIRE.

Origine des Persans, au-delà des remparts de l'Asie.

A Paris, ce 2 Avril 1778.

Monsieur, les montagnes où ont habité les Péris, au-delà desquelles les Dives ont été relégués, sont les montagnes de Caf & de Damavend. Damavend fut autrefois une ville de la province d'Adherbigian, ou de l'ancienne Médie (*a*); elle est par 37° de latitude, placée au pied d'une chaîne de montagnes qui va se joindre au Caucase : les montagnes de Caf ne sont que le Caucase même (*b*). Cette montagne célebre dans l'antiquité s'étend depuis la mer Noire jusqu'à la mer Caspienne,

---

(*a*) Herbelot, p. 283.
(*b*) *Ibid.* p. 231.

puis descendant vers le midi, & se prolongeant au-delà de cette dernière mer, elle se courbe sous le nom d'Imaüs (*a*), pour traverser l'Asie dans sa largeur, & pour atteindre jusqu'à la Chine. Cette chaîne est une division naturelle de l'Asie; elle sépare les climats septentrionaux des contrées plus méridionales & plus favorisées du soleil. Elle sert aujourd'hui de bornes à la Tartarie : elle a divisé jadis la Scythie en deux parties distinguées par les noms de Scythie au-delà, de Scythie en deçà des monts (*b*). Les Scythes ont donc habité au-delà de l'Imaüs & du Caucase, comme les Dives au-delà des montagnes de Caf. Les Scythes, les Tartares qui leur ont succédé, ont toujours été conquérans & destructeurs, ont souvent vécu aux dépens de ceux qui cultivaient la terre, & amassaient

―――――――――――――

(*a*) Je donnerai toujours le nom de Caucase à cette chaîne de montagnes qui traverse l'Asie.
(*b*) M. Danville, Géog. anc. t. II, pag. 317.

ses richesses, comme les Dives ont toujours été méchans, redoutés par leurs courses & par leurs guerres; ces Dives voulaient franchir les montagnes, on les y repoussait, on les retenait dans la prison que la nature leur avait marquée.

Ces montagnes offrent des gorges, des défilés où la défense est facile, surtout lorsque l'art profite de l'âpreté des lieux, & ferme des passages déjà resserrés. Dans la partie du Caucase, qui s'étend depuis la mer Caspienne jusqu'à la mer Noire, plusieurs de ces gorges, les seules sans doute qui fussent praticables, étaient fermées par des portes, connues sous le nom de portes Caspiennes, de portes d'Albanie, & en général de portes du Caucase (*a*). Ces précautions annoncent une défense nécessaire contre des courses répétées; un état de guerre entre le nord & le midi

_____

(*a*) M. Danville, géog. anc. t. II, p. 119 & 123.

de l'Asie. Les plus fameuses de ces portes sont au-dessus de Derbend, vers 45° de latitude; les traditions disent qu'elles ont été construites par le grand Alexandre. Mais l'Alexandre Grec assez fol pour aller chercher dans l'Asie des conquêtes inutiles, & une mort prématurée, ne fut point assez bien reçu chez les Scythes pour entreprendre de telles constructions. Il faut avoir soumis les peuples avant de songer à les défendre : ce fait n'est fondé que sur une équivoque de nom. Les Asiatiques méridionaux, & toujours paisibles, chez qui les grands exploits sont rares, & les conquérans des prodiges, étonnés de la valeur greque & de la rapidité des conquêtes d'Alexandre, s'embarrassant peu de son vrai nom, qu'ils ne connaissaient peut-être pas, lui ont donné le nom de Dhoulcarnein, le nom d'un ancien conquérant, qui vivait dans leur mémoire, peut-être par l'impression du mal qu'il avait fait à l'Asie; car nous devons dire que le nom d'Alexandre a été gravé par la terreur, & ne se prononce jamais sans exécration chez ces peuples tranquilles.

Ces portes sont par conséquent d'une fondation très-antique, puisque vous vous rappelez, Monsieur, que, selon les Orientaux, ce Dhoulcarnein fut Giamschid, ou son fils Feridoun. Vous vous rappelez encore que Giamschid bâtit la ville de Persepolis, qu'il y fit son entrée, qu'il choisit pour commencer l'année, le jour de l'équinoxe du printems, où le soleil passe dans notre hémisphère (a); ces circonstances, ces attentions annoncent une sorte de consécration au soleil. Nous avons dit que Giamschid paraît être venu dans la Perse (b), & nous en trouvons la preuve ici. S'il a fortifié les gorges vers Derbend, c'est dans le tems qu'il y habi-

―――――――――――

(a) Hist. de l'Astr. anc. p. 130.
(b) Seconde Lettre à M. de Voltaire, p. 45.

tait, ou c'est au moment que laissant ce païs pour s'établir à Persépolis, il a voulu assurer les frontières de son Empire. Mais on peut douter si Giamschid, est descendu de la Médie & du Caucase dans la Perse, ou s'il est parti du centre de ce roïaume pour l'étendre par des conquêtes jusqu'au pied du Caucase, qui devenait une borne naturelle ; c'est ce qu'il s'agit d'examiner.

En voïageant chaque peuple transporte ses denrées, le Chinois arrive avec du thé, l'Arabe avec du café, le Malais avec des épiceries. Comme le climat nous maîtrise, les hommes indiquent encore par leurs habitudes les païs où ils sont nés. Si vous étiez, Monsieur, dans un de ces ports de commerce où toutes les nations se réunissent, & que vous y vissiez deux hommes, dont l'un fût vêtu de fourrures, & l'autre portât un parasol sur sa tête, ne concluriez vous pas que le premier sort d'un climat, où le froid force de dépouiller les animaux sauvages pour se vêtir, tandis que l'autre quitte un païs où il faut se défendre du soleil ; tous deux conservant leurs habitudes dans un climat tempéré, où ces précautions ne sont pas nécessaires. Cette conclusion est juste & naturelle ; & en considérant ainsi les institutions & les usages des peuples, on en pénetre plus facilement l'esprit. Si un homme se présente portant du feu avec lui, vous jugerez que cet homme est né sur une terre souvent réfroidie par les glaces ; & si cet homme se prosterne devant son brasier, s'il y fait sa prière, vous direz, Il le remercie avec reconnaissance, ou il l'invoque comme un être utile. Cependant, Monsieur, vous avez vu les Mages entourer dans la Perse l'autel où le feu sacré est adoré ; vous connaissez les temples de Rome, où cet élément sacré était conservé, & avait un culte sous le nom de la Déesse Vesta. Ces temples avaient été faits à l'imitation des pyrées (a) établis dans la Perse. Ce culte fut apporté d'Asie en Italie par Enée (b), ou par les Phrygiens qui vinrent s'y établir. L'adoration du feu, le soin de le conserver, étaient donc les caractères du culte des Mages. Cette conservation n'était pas seulement confiée aux prêtres, chacun devait avoir du feu dans sa maison, ou du moins à l'entrée, & dans cette piece que du nom de Vesta on a nommée Vestibule (c). Vous voïez qu'Enée avant d'abandonner sa patrie, retire le feu sacré de son foïer domestique (d), pour qu'emportant son pere & conduisant son fils, il ne laissât rien qui lui fût cher aux lieux qu'il ne devait jamais revoir. Dans les tems anciens & modernes le feu a donc été un Dieu de l'Asie. Si la crainte a fait quel-

_____

(a) Dans l'Orient, les *Pyrées* sont les temples du feu.

(b) Bannier, t. II, p. 365.

(c) Ovide, Fastes, liv. VI.

(d) Enéide, liv. II.

que Dieu, elle n'a pas fait celui-là; car on ne se prescrit pas la conservation de ce qu'on craint; on n'emporte point ce qu'on redoute avec soi, en le plaçant sur la ligne d'un pere & d'un fils.

Ce culte me paraît donc un culte de reconnaissance. Or le feu n'a que deux usages essentiels, celui de cuire nos alimens, & celui de nous réchauffer: on a mangé sans doute long-tems de la chair crue; la cuisson n'est qu'un rafinement. Quelle que puisse être la gourmandise des hommes, j'ai peine à croire qu'elle mene à la dévotion; tout ce qui tient à la religion me semble trop respectable pour lui donner une telle origine: ce sentiment qui nous éleve, est né du sentiment des bienfaits. Mais le véritable bienfait du feu est la chaleur qu'il nous rend, quand nous l'avons perdue. Comment cette chaleur artificielle serait-elle un bienfait dans la Perse, où la nature donne une chaleur excessive? La Perse a de grandes provinces presque inhabitées par le défaut d'eau. Ne voïez-vous pas qu'on y couche sur les terrasses ? Les poësies ne respirent que l'ombre des arbres ; le plaisir soupire après la nuit, qui l'invite par sa fraîcheur : le soleil n'y voit ni les repas, ni les fêtes de l'amour, la joie attend son départ. Les descriptions des lieux magnifiques ou voluptueux, vous montrent des salles revêtues de marbre, au milieu est un bassin avec des eaux jaillissantes ; cette humidité desirée dans l'ombre de ces lieux fermés, au milieu des marbres toujours froids, indique l'excès de la chaleur. Pour ne pas frissonner à ce récit, j'ai besoin de me rappeler les ardeurs du midi dans les jours si rares de nos étés ; & lorsque je me représente un climat où ces précautions sont nécessaires, je ne conçois pas une fête semblable à celle des Persans, qui allument une fois par an de grands feux pendant la nuit, autour desquels ils font des festins & des danses (*a*). On fuit la chaleur tous les jours, & dans cette solemnité on semble la chercher pour se réjouir. C'est un ancien usage conservé : c'est la mémoire d'une joie qui ne subsiste plus. Si le feu eût été découvert dans la Perse, je ne crois pas qu'il eût dû exciter beaucoup de reconnaissance ; où l'hiver est inconnu, le feu doit être sans usage. Comment encense-t-on, comment déifie-t-on ce qui est inutile ? C'est dans les climats où le froid exerce un long empire, où réside l'hiver accompagné de glaces perpétuelles & accumulées, que la découverte du feu a été une faveur du ciel, un bienfait pour l'humanité. L'homme qui sentait prêtes à se glacer les sources de la vie, a dû croire que la vie lui était rendue. Le froid est un ennemi que lui suscitait la nature, le feu qui le combat, qui le force à disparaître, ne pouvait être qu'un Dieu

---

(*a*) Herbelot, p. 341.

bienfaisant & secourable. Vous imaginez, Monsieur, combien l'essence même du feu a favorisé ces idées ; le feu, remarquable par le mouvement le plus actif, par la puissance qu'il a de tout détruire : on lui a livré les troncs des arbres, les dépouilles mortes de la terre, & on lui a dit, consumez, vivez pourvu que nous vivions. En même tems le feu a présenté à l'homme, attristé par l'absence du soleil, vivant dans la nuit, une lumière consolante ; il a éclairé les ténebres d'une partie de l'année, il en a chassé l'ennui, la peur & toutes les chimères qui voltigent dans l'ombre : il a donc réchauffé les corps glacés, & ranimé, égaïé les imaginations, devenues sombres comme la terre. Ces services valaient bien des autels. Mais ce feu produit par la foudre descendue, ou donné par le hasard dans le choc d'un caillou, ce feu né au sein des glaces, & qui dut y paraître étranger, vous jugez comme il a dû être précieux ;

on craignit de le perdre, & de ne pouvoir le retrouver. De là le soin de le conserver, ce soin sacré confié à des prêtres, à des vierges pures comme lui. On a décerné des peines très-sévères pour la négligence. Et sans cela quelle eût été l'absurdité de ces loix pénales! Les hommes n'établissent point d'usages, encore moins de loix sans raison. Comment dans un païs tel que la Perse & l'Italie, où les tonnerres doivent être fréquens, où le soleil, qui brûle tout, semble toujours prêt à produire le feu, aurait-on eu tant de peur de le perdre, aurait-on institué des colleges de Mages & de Vestales pour le conserver? Je vous avoue, Monsieur, que cette origine du culte du feu dans le Nord, dans les climats des glaces & de la nuit, me paraît la seule vraisemblable, & même, si j'ose le dire, la seule naturelle. J'applique ici, & encore avec plus de raison & de force, tout ce que je vous ai dit sur la naissance du culte du

Soleil. On ne peut s'empêcher de sentir dans la Syrie que le soleil y est nécessaire ; & si cette conviction ne m'a pas paru suffisante pour mener à l'adoration, du moins elle est de justice. Mais ici les preuves sont encore plus fortes & plus sensibles. Non-seulement le feu n'est pas nécessaire, il est inutile dans la Perse ; on ne doit pas l'adorer, on doit le fuir. Voulez-vous une preuve d'un autre genre ? Nous la trouverons dans le nom même du feu : le mot grec est *pyr* ; on le reconnaît dans un ancien mot égyptien *pyramis*, qui signifiait pyramide (*a*) ; mais ce mot pyr est phrygien, c'est Platon lui-même qui le déclare (*b*). Or dans l'Edda suédois, dans l'ancien livre d'un païs où il est difficile de se passer de feu, le feu est nommé *fyr, fur* (*c*). Ces dénominations

---

(*a*) Pline, liv. XXXVI, c. 8.
(*b*) Platon, *in Cratyl.*
(*c*) Rudbeck, *de Atlanticâ*, tom. I, p. 805.

sont évidemment les mêmes ; & d'autant plus que les Grecs, dit-on, prononçaient *pyr*, comme nous prononçons *pur*. Ces deux dénominations *pyr* & *fyr* ont la même source, dérivent du même mot, qu'un peuple a communiqué à l'autre. Mais je le demande, où le feu a-t-il dû d'abord être connu & nommé, si ce n'est dans le climat où son usage est le plus utile ? Ce sont donc les peuples du Nord qui ont apporté le feu, & son nom dans la Phrygie, d'où il a passé dans l'Egypte & dans la Grece. Le feu a donc été recueilli, conservé, adoré dans les climats où il a été nécessaire & bienfaisant ; son culte en est descendu dans les païs plus méridionaux, comme les eaux coulent des montagnes, où elles se déposent & s'amassent. C'est de ce culte qu'on a passé à celui du Soleil, lorsqu'on est parvenu à des contrées où le feu devenait inutile. Le grand feu universel, qui se conserve de lui-même, méritait plus d'hommages, d'hommages; l'autre ne fut plus adoré que comme son emblême (*a*).

Alors, Monsieur, puisque nous avons reconnu l'habitant du nord à sa fourrure, nous penserons que l'homme qui porte du feu est son compatriote; Vous pouvez juger qu'il est étranger dans le païs où le feu est lui-même étranger. Dès que les Perses ont étendu leur empire jusqu'au pied du Caucase, ils ne sont pas remontés vers le nord, ils se sont au contraire portés vers le midi. Giamschid a quitté ces montagnes pour descendre dans les plaines, où il a fondé Persépolis (*b*). Je ne sai si les idées nouvelles que je vous propose répandent un prestige autour de moi; mais ces conclusions me

―――――――――――

(*a*) Les Lapons adorent le Soleil, & respectent le feu comme son image. Voïage en Laponie, œuvres de Regnard, tome I, p. 186.

(*b*) Deuxieme Lettre à M. de Voltaire, pages 42 & 43.

O

paraissent de la plus grande évidence ; elles me semblent plus sûres que la tradition & l'histoire même : car la tradition est souvent corrompue ; l'histoire est menteuse, la vanité nationale & tant de préjugés l'alterent ! Combien les variations des langues, les équivoques des noms des peuples, les changemens des dénominations géographiques n'y ont-ils pas introduit de notions fausses ! Ici nous ne consultons que les besoins des hommes, les inclinations, les affections, qui y sont relatives, & qui ne changent point ; nous jugeons sur la nature & sur la raison qui sont éternelles & invariables.

Ce n'est pas que l'ancienne histoire, toute obscure qu'elle est, ne joigne quelques faits à la lumière de ces résultats philosophiques. Herbelot vous dira que les premiers pyrées connus ont été trouvés dans l'Adherbidgian, qui est la partie la plus septentrionale de l'ancienne Médie, & toujours sur des montagnes (*a*). Je vous ai fait remarquer que Zoroastre, le restaurateur de ce culte, sorti aussi des montagnes, avait inséré dans ses récits des descriptions, qui portent l'empreinte du climat de 49° (*b*), d'un climat plus septentrional que le Caucase ; vous voïez que Giamschid a fortifié cette chaîne de montagnes, ou fermé le passage par des portes. Il y habitait sans doute ; un de ses ancêtres Caiumarath, qui fut, dit-on l'auteur du culte du feu, y habitait sans doute également. Toutes les guerres avec les Dives ont leur théâtre près des montagnes de Caf, qui ne sont que le Caucase (*c*). Vous verrez encore par les traditions orientales, que *Surkage*, Géant & Dive du tems d'Adam, régnait sur les montagnes de Caf. Il obéit à l'ordre de Dieu, il se soumit au

---

(*a*) Herbelot, p. 105 & 528.
(*b*) Huitieme Lettre à M. de Voltaire, p. 142.
(*c*) *Suprà* seizième Lettre, p. 140 & suiv.

pere des hommes ; il défendit à ses sujets de molester les enfans de Seth ; & ce dernier, sur sa demande, lui donna *Rucail* son frere, & fils d'Adam, versé dans toutes les sciences, pour l'éclairer & gouverner ses états. C'est dans ce tems, disent ces mêmes traditions, que Caiumarath commença à régner. Je n'ai garde, comme vous le croïez bien, Monsieur, d'adopter ces traditions entières, je vois qu'elles sont mêlées de fables. Je ne décide point si elles sont relatives aux tems qui ont précédé ou suivi le déluge ; mais je vois qu'elles parlent toujours des montagnes de Caf ou du Caucase. Je vois quels sont les commencemens de l'histoire de Perse ; & lorsque la critique & la philosophie me forcent d'établir que le culte du feu est un culte du Nord, je pense que ce culte a franchi ces montagnes pour descendre vers le midi, & je conclus que c'est au nord du Caucase qu'il faut chercher l'origine des Persans qui ont apporté ce culte. Vous vous rappelerez sans doute ici, Monsieur, l'histoire de Prométhée qui déroba le feu du ciel, & qui, suivant Hésiode, le conserva dans la tige de la plante, nommée férule, dont la moëlle se consume lentement, & où le feu couve & brûle sans endommager l'écorce. Prométhée régna aux environs du Caucase; c'est sur cette montagne que l'aigle le dévore. La fable, ou plutôt la tradition greque, se joint donc à la tradition orientale. Vous conviendrez que soutenu, guidé par tant de témoignages divers, il est bien difficile que je me sois égaré.

Rubruquis, Carpin, qui voïagèrent dans la Tartarie sous le regne de Saint Louis, il y a plus de 500 ans, rapportent que les peuples qui habitent au-delà de ces montagnes, ont des devins qui purifient par le feu tout ce qui est impur (a). Ils adorent le soleil, le feu,

___

(a) Voïage de Rubruquis, p. 259.

le côté du midi comme si c'était une divinité (*a*). Dans leurs assemblées, dans leurs cérémonies pour l'élection des Kans, ils tournent la face vers le midi, & font vers cette partie du monde leurs génuflexions & leurs prières (*b*). Si vous joignez à ces faits, celui des Massagetes, nation Scythe, qui adorait le Soleil, vous conviendrez que le feu, le soleil ont été, sont peut-être encore vénérés, adorés dans cette contrée élevée de l'Asie, qui fut jadis l'habitation des Scythes, qui est aujourd'hui celle des Tartares; & vous aurez de nouvelles probabilités en faveur de l'opinion, que le culte du feu & du soleil est né au-delà du Caucase.

Le même voïageur Rubruquis nous assure que ce païs du pied du Caucase, & aux environs de Derbend, est un lieu délicieux par sa beauté & par sa

---

(*a*) Carpin, p. 325, 326.
(*b*) *Ibid.* p. 415.

bonté. Je conçois que les ancêtres des Perſans y aient été attirés, je conçois qu'ils ont paſſé par le Caucaſe, & qu'ils ont fermé les portes après eux, pour empêcher les Dives leurs ennemis de les ſuivre, & pour jouir ſeuls de cette rencontre précieuſe. Les Péris qui habitaient les vallons de ces montagnes reſtèrent leurs amis; ils habitaient la métropole de leur colonie.

Le rempart de ces portes Caſpiennes eſt une défenſe; il prouve un état de guerre. Je me rappelle cette grande muraille, conſtruite par les anciens Monarques de la Chine, pour la défendre contre les invaſions du Nord; on a donc toujours craint le Nord: & cet ouvrage immenſe qui enveloppe la Chine par le ſeptentrion, démontre combien les peuples, qui en étaient voiſins de ce côté, furent nombreux & redoutables. La petite province de Koanton, entre la Chine & la Corée, eſt enfermée & fortifiée par une longue paliſſade de pieux, qui la sépare & la défend de ses voisins septentrionaux (a). La Corée elle-même s'était enveloppée du côté du Nord, par une forte muraille semblable à celle de la Chine (b). Cette muraille a été détruite en partie dans une irruption des Tartares Manchous; car les précautions contre la force ne prévalent que pendant un tems; les obstacles irritent les efforts, & tôt ou tard les remparts sont forcés. Mais ce n'est pas tout, Monsieur, on me parle d'un autre rempart qui a existé dans l'Asie; on le nomme le rempart de *Gog* & de *Magog*. Quelle que soit la barbarie de ces noms, ce n'est pas un son dur qui doit nous arrêter; l'existence, le lieu de cette nouvelle fortification doit nous intéresser : je vous propose de la chercher. Ces peuples de Gog & de Magog habitaient,

___

(a) Voiez la carte d'Asie en six feuilles par M. Danville, & la petite carte à la fin de ce volume.

(b) Hist. gén. des voiag. t. XXIV, p. 304.

dit-on, fur des montagnes très hautes & très-efcarpées, où aucune voiture ne pouvait aller. Les denrées, les marchandifes s'y tranfportaient à dos d'hommes, & de chevres qui font très-grandes dans ce païs ; on emploïait dix-fept jours à monter & à defcendre avant d'arriver à eux (a). Ces traditions des anciens peuples nous ramenent donc toujours aux montagnes ; vous voïez par la circonftance des dix-fept jours emploïés d'abord à monter, enfuite à defcendre, que ces peuples habitaient un vallon, environné & défendu par des montagnes prefque inacceffibles. Nous aurons un conducteur pour notre voïage. Le Calife Vathek, le neuvième de la race des Abaffides, l'an 228 de l'hégire, ou 842 de notre ère, fut curieux de favoir fi ce rempart, fameux par tant de traditions Afiatiques, avait en effet quelque réalité. Il fit partir un favant nommé

(a) Herbelot, p. 470.

Salam, muni de toutes les choses nécessaires, & sur-tout des livres qui faisaient la description de ce rempart. Salam traversa l'Arménie, la Médie septentrionale, & arriva chez le Prince qui régnait à Derbend, au pied du Caucase. Ce Prince lui donna des guides, qui le conduisirent par trente-six journées de chemin vers le Nord, où il trouva des villes ruinées, qu'on lui dit avoir été la demeure des peuples de Gog & de Magog; les maisons n'étaient que des masures sans habitans. Derbend est environ par 42 degrés de latitude; quand ces journées ne s'estimeraient qu'à quatre lieues chacune, les trente-six feroient 144 lieues, qui valent à-peu-près 60°., & placeraient le païs de Magog vers 48° de latitude. Enfin Salam marcha encore pendant vingt-sept jours: on ne dit pas dans quel sens; il y a lieu de croire que c'est vers l'Orient, en tournant au-dessus de la mer Caspienne, & il arriva dans un lieu nommé en Arabe *Hafna*, à cause de son assiette très-forte, & presque inaccessible. C'est là qu'il vit le rempart, objet de son voïage; il le trouva entierement conforme aux descriptions contenues dans ses livres. Il revint par un autre chemin, & mit deux mois de marche pour atteindre Samarcande; puis se rendit à Samara où siégeait le Calife, & acheva son voïage, qui avait duré en tout deux ans & quatre mois (*a*). Tout ce détail a bien l'air de la vérité. M. Danville, qui a discuté dans un excellent mémoire (*b*) la position de ce rempart, le place vers 48° de latitude. Je conclus, Monsieur, deux choses de tout ce récit; la première, que ces remparts ne sont ni les portes Caspiennes, qui n'étaient pas si élevées vers le Nord, ni la grande muraille de la Chine, qui est beaucoup plus à l'Orient : la

---

(*a*) Herbelot, p. 470, 471.
(*b*) Mém. de l'Acad. des Inscript. t. XXXI.

seconde, qu'ils n'ont point été construits pour se défendre contre les irruptions des peuples de Gog & de Magog, ou du moins de ces deux peuples ensemble; mais qu'au contraire l'un de ces peuples qui habitait en deçà, s'en est fait un abri contre l'effort des peuples septentrionaux.

Je vois donc, Monsieur, le mur & les palissades de la Corée, la grande muraille de la Chine, le rempart de Gog, les portes Caspiennes du Caucase, ouvrages de l'art, se joindre aux montagnes escarpées, aux fortifications de la nature pour former une vaste circonvallation, qui sépare le midi d'avec le nord de l'Asie. Ce rempart placé à la Chine à la hauteur du 40ᵉ degré de latitude, placé à la hauteur du 42ᵉ vers Derbend, de la mer Caspienne à la mer Noire, se releve vers le Nord, dans l'intervalle compté entre la Chine & la mer Caspienne, il se porte jusques vers le 48ᵉ degré de latitude, pour atteindre la distance de l'équateur, & la demeure du peuple instituteur que j'ai déjà soupçonnée. Ce peuple savant habitait sans doute en deçà des montagnes. Au-delà sont restées les mœurs agrestes, l'ignorance ; dans l'intérieur la civilisation s'est établie, les lumières sont nées ; & ces barrières élevées contre le Nord étaient la ligne de démarcation, comme au Pérou les montagnes des Cordilières séparent deux saisons de la nature, & portent leurs sommets neigeux dans l'atmosphère, aïant l'été ou le printems d'un côté, & l'hiver de l'autre. Les peuples du Nord, arrêtés par ces remparts, ont erré autour de ces montagnes, ils ont accrû leur force, ils se sont multipliés pour la guerre & pour les conquêtes ; tandis que les autres, vivant sous un ciel plus doux, ont commencé à prendre un esprit de paix, ont cultivé les arts & les sciences, & ont porté l'excès de leur population vers le midi, où ils devaient trouver la chaleur, la molesse, & perdre dans le repos & dans l'abondance le génie qui leur avait marqué une place distinguée dans l'histoire des hommes.

Non-seulement nous devons chercher vers ces montagnes l'origine des Persans ; mais nous y devons trouver également, quoique par des preuves moins positives, celle des Indiens & des Chinois. La langue du Hanscrit ne vous a-t-elle pas démontré, Monsieur, que les Brames sont étrangers à l'Inde (*a*) ? M. le Gentil ne vous a-t-il pas dit qu'ils étaient venus du Nord (*b*) ? Bénarès, la ville la plus savante, la plus ancienne, n'est-elle pas en même tems une des plus septentrionales de l'Inde ? Elle est voisine du Thibet. Or M. Danville nous apprend qu'une des rivières qui se jettent dans le Gange porte le nom

────────────

(*a*) 3ᵉ Lettre à M. de Voltaire, p. 82 & *suprà* p. 19.
(*b*) M. le Gentil, Mém. de l'Acad. des Sciences, année 1773.

de Brahma ; elle prend fa fource dans le Thibet, où réfide le grand Lama, & elle coule comme les lumières ont jadis defcendu: Une ancienne relation rapporte qu'il eft dans l'Afie, entre la Sérique & l'Inde, un païs habité par des Brahmanes ; M. Danville vous dira que c'eft le Thibet (*a*). Les habitans mangent de toutes fortes de viandes, à l'exception de celle de la vache, qu'ils adorent comme la nourrice primitive & refpectable du genre humain (*b*). Le culte effentiel du Thibet eft donc le même que le culte effentiel de l'Inde ? Les Lamas font donc des Brames ; & comme ils remontent vers le Nord jufqu'au 50ᵉ degré de latitude, jufqu'à Solinginskoi, nous aurons une probabilité que les Brames ont tenu cette route pour arriver dans l'Inde ; & cette probabilité fera confirmée par les pèle-

---

(*a*) Géog. anc. t. II, p. 349, 350.
(*b*) Hift. gén. des voïag. t. XXV, p. 349.

rinages que la dévotion fait faire aux Indiens dans cette partie de la Sibérie (a). Leur vénération pour le mont Pir-penjal, n'indique-t-elle pas que leur origine fut en effet dans les montagnes du Caucase? Vous verrez, Monsieur, dans l'histoire de l'Astronomie moderne, que les Chinois ont connu une ville nommée Kant-gu, placée vers 46° de latitude, où l'on suivait la loi des Brames (b). Voilà pour les Indiens. Quant aux Chinois, je vous ai déjà rapporté la tradition d'une Princesse nommée Nanca, qui partie du 62º degré de latitude, est arrivée en Chine pour y fonder la ville de Nankin. Cette tradition, quand elle serait fabuleuse, serait toujours une présomption en faveur de l'origine septentrionale des Chinois; mais les Orientaux avouent que les noms de Gog & de Magog, de Gin & de

---

(a) Hist. gén. des voïag. t. XXV, p. 370.
(b) Hist. de l'Astron. mod. t. I, p. 275.

Magin,

Magin, de Tchin & de Matchin, sont
synonymes (*a*). Tchin est le mot oriental dont nous avons fait le nom de la
Chine; & quoique les Chinois ne donnent point ce nom à leur Empire, il n'en
est pas moins apparent que cette dénomination des Orientaux suppose une
descendance. Mais si vous consultez
les Chinois, vous en trouverez des traces marquées. La province de Chan-si,
la plus septentrionale de la Chine, cette
Province qui n'est séparée de la Tartarie
que par la grande muraille, fut la première habitée. Les nouveaux venus s'y
établirent, après avoir reconnu que le
climat était agréable & sain (*b*). Ces
étrangers étaient du païs habité depuis
par les Tartares Manchoous. Un fleuve
célèbre y coule sous le nom de Songari;
ce fleuve est large, profond, navigable
& abonde en poissons. Il prend sa source

(*a*) Herbelot, p. 528.
(*b*) Hist. des voï. t. XXII, p. 223.

dans les montagnes de *Chang-pe-chang*, ce qui signifie la montagne blanche. Les Chinois racontent beaucoup de fables sur cette montagne, & se vantent d'en être descendus comme le fleuve Songari (*a*). Ces traditions suffisent bien pour nous éclairer sur des origines aussi éloignées par la distance des lieux, que par l'intervalle des tems. On voit que les Indiens, les Chinois, les Persans sont partis de la ligne de circonvallation que nous avons tracée dans l'Asie ; on voit que la tradition greque nous a fait suivre les pas des Atlantes jusqu'au Caucase & jusqu'à la même ligne : en même tems que cette chaîne est une barrière, elle est encore une commune origine.

Cette longue suite de remparts nous indique donc, Monsieur, une séparation totale de l'Asie en peuples du Nord & en peuples du Midi ; une répétition d'efforts chez les uns, une continuité

―――――――――――――――――――

(*b*) *Ibid.* t. XXIV, p. 316.

de défense chez les autres. Cette division se trouve marquée dans l'histoire comme sur la carte ; on vous parle des Scythes au-delà & en deçà de l'Imaüs (a). On cite les peuples de Gog & de Magog, & on assure que la particule *ma* exprime la position, & signifie en deçà des montagnes. Vous voïez que les Péris retranchés derrière ces montagnes, repoussent sans cesse les Dives leurs ennemis qui tentent de les passer. Cette division est un grand caractère que nous avons dû saisir. Tous les peuples méridionaux de l'Asie sont descendus, sortis de ces montagnes ; mais ils les avaient franchies : leur origine est au-delà, & dans les plaines où habitaient leurs ennemis mêmes. Ces peuples grossiers du Nord sont une ancienne branche du genre humain, qui a fait souche pour l'Asie entière. Si les peuples qui en sont issus ne leur ressemblent plus, c'est

___

(b) M. Danville, géog. anc. t. II.

comme les descendans d'une famille enrichie; polis & corrompus, ils ne ressemblent point à leurs auteurs rustiques & justes. Si on considere ces nouveaux peuples du Nord du côté de l'esprit & des connaissances, c'est la lie de la race humaine, c'est le dépôt d'une substance épurée : mais si on les envisage du côté de la force, elle leur est inhérente; ils ne l'ont jamais perdue, ils sont nés pour se rendre les maîtres de la terre. Cette soif de conquérir, ainsi que le pouvoir de la satisfaire est dans leur nature; ils sentent ce pouvoir dans leur inaction, comme je sens dans le repos la faculté que j'ai de me mouvoir. Ces Tartares errans, occupant un vaste païs avec peu d'hommes, transportant dans ces déserts leurs troupeaux & leurs tentes, ont un orgueil égal à leur misère; ils nourissent le desir & l'espérance d'asservir le monde (a); & lorsque des moines furent

_____

(a) Carpin, Voïage en Tartarie, p. 374 & 380.

députés vers eux par S. Louis pour les convertir, ces nomades vouloient que ce Monarque si grand & si éloigné d'eux leur payât le tribut, & ils répondirent à ses exhortations par des menaces. Doués de ce caractère turbulent & audacieux, on peut juger, & l'histoire le confirme, que leurs débordemens ont été fréquens. Ils ont souvent franchi les montagnes, forcé les retranchemens de la nature & de l'art; les conquêtes & les dévastations de Gingiskan & de Tamerlan, ne sont que des répétitions & de nouveaux exemples. L'histoire de Perse vous a déjà parlé de l'irruption d'Afrasiab, nous en trouverons encore d'autres. Mais ces Tartares modernes que vous nommez les tigres du Nord, amenés par leurs chefs barbares, ne sont que de jeunes essaims venus à la suite des premiers, des rejetons sortis d'un tronc vigoureux & antique, dont la faux du tems a rasé les premières branches. Ces tigres ont égorgé les agneaux du midi, qui font cependant de leur race; le ciel en a fait des agneaux pour qu'ils devinssent une proie plus facile. Dans cette partie du monde, comme dans la fable de Saturne, les peres dévorent leurs enfans; & comme dans l'histoire des hommes, les freres dépouillent leurs freres. Les terres, les biens sont une occasion de guerre, l'envie harcele la jouissance; on perd par la force ce qu'on a acquis par elle. La même raison qui a porté le premier essaim d'hommes à franchir ces montagnes, en a amené un second sur ses pas; c'est le besoin de subsistance & l'attrait d'un beau ciel: il n'a fallu peut-être qu'un petit nombre de générations pour produire ce second essaim. Le premier s'est défendu, s'est muni de remparts; les prétentions & les attaques ont été repoussées, la possession a prévalu: mais on se fortifiait d'un côté, tandis qu'on s'amollissait de l'autre. Les essaims qui demandaient de nouvelles demeures, se multipliaient avec les générations, les efforts croissaient, devenaient plus redoutables, en même tems que la défense restait la même, ou devenait plus faible. Ces efforts s'accumulaient contre les remparts des montagnes, comme les eaux s'élevent sur une digue, & finissent par la renverser. Le monde moral & le monde physique ont la même marche; nous nous poussons comme les flots de la mer, & nous nous succédons les uns aux autres. Vous ne serez donc point étonné que les peuples amollis du midi, tant de fois conquis, pillés, égorgés par les Tartares, soient cependant sortis du même païs, & peut-être de la même tige que ces déprédateurs. Ceux-ci avaient été déprédateurs comme ceux-là.

Vous voïez, Monsieur, qu'il nous faut remonter, soit pour les tems, soit pour les lieux dans la plus haute antiquité & dans l'Asie septentrionale, pour trouver les premiers exemples de ces débordemens, & les païs d'où ces torrens sont descendus. Je vous propose de passer le Caucase, l'Imaüs, & cette vaste chaîne de montagnes qui séparent les peuples connus, les Chaldéens, les Persans, les Indiens, les Chinois du païs où fut leur origine. Je me souviens de vous avoir vanté cette origine, de vous avoir dit qu'elle était regrettée, & qu'elle avait donné naissance à la fable de l'âge d'or ; je vous annonce le païs des Fées, & je vous montre des lieux agrestes & sauvages. Je sens que ces montagnes vont vous en dégoûter. Ce n'est pas que vous ne soïez familiarisé avec leur sommet blanchi par la neige & perdu dans les nues, avec leurs flancs creusés en précipices où croissent les pins antiques. C'est là que la nature est grande & imposante ! C'est là qu'elle offre des tableaux dignes d'un peintre comme vous ! Habitant du mont Jura, on vous a fait peur du Caucase ; je vous supplie de me permettre une réflexion.

L'aspect des choses mêmes de la nature dépend de nos idées ; l'imagination les maîtrise, & les transforme à son gré. Si je suis triste, les sites qui m'environnent, la nature elle-même est triste comme moi ; jeune, c'est sa verdeur & sa force qui me frappent ; vieux, je ne vois que sa défaillance. Ce n'est pas le moïen d'embellir le Caucase, que de vous y conduire par l'espérance d'y trouver l'âge d'or. Les torrens qui en ont sillonné les cavités, ne sont point des ruisseaux de lait & de miel ; les pins antiques & sombres ne ressemblent point aux ombrages frais, où la jeunesse se jouait avec l'innocence. Mais, Monsieur, c'est une grande vérité qu'on regrette les lieux de sa naissance ; l'imagination les embellit, & d'autant plus qu'elle a plus le loisir de travailler dans une longue absence ; & lorsque nous les revoïons après cette absence, nos amis n'y sont plus, les habitans sont changés, le tems nous a changé nous-mêmes : ces lieux ont perdu leur charme réel, celui de la jeunesse que nous n'avons plus. Je ne serais pas étonné de trouver l'âge d'or dans ces montagnes. Les Suisses vos voisins, dont la plupart habitent des montagnes, vivent du lait de leurs troupeaux, comme les Patriarches. Ne vous montrent-ils pas qu'on y peut vivre heureux, y conserver une image de ces siecles de justice & d'innocence ? A cette hauteur sur la terre, on s'éloigne des vapeurs grossières & pestilentielles, & les mœurs y sont pures comme l'air qu'on y respire. Je conçois que ces montagnes resserrent & contiennent le bonheur ; je conçois qu'elles auraient pu enfanter des regrets. Cependant si vous voulez des plaines riantes, nous appercevrons après ces montagnes un païs immense ; il a des cantons fertiles, agréables, & qui ont pu mériter le souvenir : nous y pouvons trouver le berceau que les peuples ont orné de tant de fables. Nous marchons

SUR L'ATLANTIDE. 235

à tâtons dans l'antiquité, nous suivons une trace faiblement marquée, une trace où tant de vestiges sont effacés ; je ne puis ni tout deviner, ni tout vous dire, il me suffit que le fil qui nous conduit ne se rompe pas. Je vous ai déjà amené par des faits liés jusqu'au pied du Caucase ; nous allons entrer dans la Tartarie, & je me consolerai des vrais détails d'une histoire ensevelie presque entière dans l'oubli, si j'en puis saisir les principaux traits, vous indiquer la marche que les hommes ont suivie, vous restituer les peuples perdus que vous redemandez, & ressusciter ainsi des vérités qui soient dignes de votre génie.

Je suis avec respect, &c.

DIX-NEUVIEME LETTRE
A M. DE VOLTAIRE.

Considérations sur le local de la Tartarie & sur sa population.

A Paris, ce 9 Avril 1778.

EN vous transportant sur ces montagnes, Monsieur, je vous ai conduit au lieu le plus haut du globe, ou du moins de l'Asie; je vous place par la hauteur du sol comme la nature vous a placé par le génie. Mais cette élévation où nous sommes, ne consiste pas dans les seules éminences: les plaines qui sont à nos pieds, sont les larges sommets d'autres montagnes: ces sommets ont porté jadis des empires. Nous n'avons point de mot pour nommer ces grandes terres, élevées sur d'autres terres comme nos collines sur nos petites plaines; permettez-moi de désigner ces terres sous le nom de *plateaux*. Le langage familier fournit des termes que l'usage peut annoblir ; les mots se généralisent, & sur-tout s'aggrandissent avec les idées. Vous appercevez de la hauteur où vous êtes, que l'Asie s'incline devant vous ; elle descend vers la mer glaciale, par des plans distribués comme des gradins, par ces *plateaux*, qui se succedent, différemment élevés & souvent enfermés par des cercles de montagnes plus hautes. Vous êtes à la source de la fertilité, les eaux qui la produisent s'amassent autour de vous ; c'est le grand réservoir de la plus vaste partie du monde. Regardez vers le midi, vous voïez couler l'Indus, qui se souvient d'avoir été traversé par Alexandre ; le Gange, où les Indiens se purifient ; vers la droite le Ghoango, où le Fleuve jaune de la Chine s'avance à la mer du Japon ; mais si vous regardez le Nord où mes pas vous conduisent, vous verrez descendre à la mer glaciale l'Oby, accompagné de l'Irtiz, le Jenisea, la Lena. Toutes ces sources, tous les biens qu'elles doivent répandre sont à vos pieds. Vous êtes en même tems sur les limites de la chaleur & du froid. Ce n'est pas la distance à l'équateur qui seule refroidit l'atmosphère, c'est la hauteur où nous sommes, c'est sur-tout l'exposition. Devant vous tout descend vers le nord ; tout est frappé de ses vents glacés, ils viennent jusqu'aux montagnes ; mais ces vents y sont repoussés, comme l'ont été quelquefois les peuples ; & derrière cette grande chaîne, les plaines qui s'abaissent vers le midi ne reçoivent que ses douces influences. Ce grand espace, le lieu du départ de tant de fleuves, est encore semé de hautes montagnes ; elles renferment de vastes vallons, où les hommes tranquilles, à l'abri des vents & des conquérans ont pu former des établissemens & fonder des empires. Voïez, Monsieur, sur votre droite & vers l'Orient, le premier de ces vallons ou de ces plateaux immenses, défendu au nord par les monts Altaï, à l'Occident par une chaîne (a), qui va se joindre aux montagnes du Thibet; une autre chaîne court à l'Orient (b), & distribue des rameaux qui closent ce plateau du côté de la Chine. Il est fermé au midi par les montagnes du Thibet. Ce plateau a une étendue de 22 ou 23° en latitude, c'est-à-dire, de 5 à 600 lieues, & dans sa plus grande largeur il peut en avoir 3 ou 400 (c). En avançant au centre de l'Asie, vous découvrez au pied du rempart de Gog & de Magog un second plateau, également enfermé & circonscrit par des montagnes (d). Il est placé au 49ᵉ degré de latitude comme la France; il a presque la même étendue,

―――――――――――――――――――

(a) Elle se nomme *Moussart*. Voyez le mémoire lu à l'Académie de Pétersbourg en présence du Roi de Suède, le 13 Juin 1777, par M. Pallas, sur la formation des montagnes, p. 17.

(b) Elle se nomme Khangai. *Ibid*.

(c) Ce plateau est indiqué sur la carte par le N°. 1.

(d) N°. 2 sur la carte.

& peut-être a-t-il influé, comme elle, fur les progrès des sciences. En avançant vers l'Occident, vous trouvez les monts Oural qui partent de la mer glaciale, précisément à l'endroit où l'Oby s'y précipite. Cette chaîne de montagnes monte vers le midi, en faisant les limites de l'Europe & de l'Asie ; elle court vers la mer Caspienne, & conduit, soit à la gauche, soit à la droite de cette mer, vers les plaines élevées de la Sibérie & de la Tartarie méridionale ; ce sont de moindres plateaux (a) formés au midi par le Caucase. Les Russes y habitent Astracan, les Tartares Samarcande. Là fut peut-être un premier terme de courses, un repos des peuples voïageurs & conquérans. Ces lieux déjà élevés facilitaient l'escalade des montagnes ; ils furent habités en attendant qu'on pût passer le Caucase, & en forcer les retranchemens.

(a) Nos. 3 & 4 sur la carte.

Ne croïez pas, Monsieur, que toutes ces contrées au-delà du Caucase soient infertiles. Ce lieu qui fournit l'eau à tant de régions, en manque à la vérité pour lui-même; c'est la bienfaisance qui s'apauvrit pour enrichir les autres. Cependant par-tout où vous verrez des rivières, vous trouverez la fertilité. Dans le païs de Karasm, qui borde la mer Caspienne, sur un des plateaux dont je viens de vous parler, on voit des déserts sans productions; mais malgré la hauteur du sol & l'atmosphère réfroidi, les plaines arrosées ont d'excellens pâturages. On y suit l'*Amu*, le *Kesel* dont les bords sont riches & agréables; ils produisent des fruits délicieux & des melons célebres, qui sont des témoins que le païs conserve de la chaleur. Si nous montons plus au nord, nous trouverons le païs des Eluths ou Kalmuths, l'une des divisions des Mongols. Ce peuple est errant sur le second plateau défendu par les remparts de Magog;

c'est, dit-on, le plus beau climat du monde. Cette région est d'une bonté & d'une fertilité extraordinaire dans toutes ses parties (*a*). S'il y a des déserts sans culture, c'est que les hommes y manquent plutôt que l'eau ; ces déserts eux-mêmes sont fertiles. La nature vigoureuse y éleve une herbe haute & abondante ; les terres abreuvées par des fontaines ou par des rivières, si elles étaient bien cultivées, nourriraient un beaucoup plus grand nombre d'habitans. Mais il n'y a que les Tartares Mahométans qui aujourd'hui soient agriculteurs, encore ne labourent-ils que ce qui est précisément nécessaire à leur subsistance. Ils vivent de leurs troupeaux qui vivent de l'herbe ; on change de camp avec la saison. Chaque horde ou chaque tribu a son canton, dont elle habite la partie méridionale en hiver, & celle du nord en été (*b*). Vous voïez

―――――――――――――――――――
(*a*) Hist. des voïag. t. XXV, p. 39.
(*b*) *Ibid.* t. XXV, p. 41 & 42.

donc, Monsieur, l'inclination de ces peuples ; la marche de la nature est à découvert : ces peuples suivent le soleil. Mais ce qu'ils font en petit & dans leur territoire, croïez-vous qu'ils ne l'aient pas fait en grand & sur l'étendue du globe ? Croïez-vous que la chaleur ne les ait pas appelés de loin ? Doutez-vous qu'elle ait fait entreprendre de longues migrations ? Ils parcourent sans peine leurs possessions, comme nous allons de la ville à la campagne ; mais quand ils ont voulu de plus grands changemens, on a eu beau leur opposer de la résistance, les tribus se sont unies, les hordes se sont serrées en corps de peuple, pour la surmonter par l'effort de la masse. Si ce peuple ne cultive pas, c'est que tous ses biens sont dans sa force ; sa force consiste dans son cheval & dans ses armes : son cheval le fait vivre par des courses, ses armes doivent lui donner l'empire du monde. Il ne se regarde point comme établi, il n'est que

Q ij

passager dans un païs, où il attend le moment de la conquête. *L'herbe*, dit-il, *est pour les bêtes, l'homme doit se nourrir de chair.* A ce mot vous devez reconnaître un peuple du Nord. L'habitant du Midi est sobre ; un Indien ne consomme qu'un peu de riz ; un Chinois vit avec deux sols par jour.

En avançant vers l'Orient, nous trouverons sur le troisième & immense plateau, qui borne la Chine à l'Occident, une autre division de Mongols ; ce sont les Tartares Kalkas. Ils habitent depuis le 50ᵉ degré de latitude, jusqu'au Thibet : le grand désert nommé *Kobi* ou *Chamo* est une de leurs possessions. Ce désert dans quelques parties est absolument stérile, sans arbres, sans herbe, parce qu'il est sans eau (a). C'est le sort & le malheur de tous ces plateaux, où les hommes, comme dans bien d'autres cas, souffrent de leur élévation ; mais aux deux ex-

---

(a) Hist. des voïag. t. XXIV, p. 395.

trémités de ce défert, au nord & au midi, des montagnes s'élèvent pour former des rivières. Le Kerlon, le Selinga ont des eaux poiffonneufes, & arrofent des plaines vaftes, fécondes & bien peuplées (a). C'eft pourtant aux environs de Selinginskoi, au 50ᵉ degré de latitude, que les Tartares Kalkas trouvent ces avantages. A l'autre extrémité, le Thibet a des plaines fertiles au milieu de fes montagnes affreufes. Ces montagnes font comme entaffées l'une fur l'autre, c'eft Offa fur Pelion ; elles font fi contiguës, qu'à peine laiffent-elles un paffage à des torrens, qui tombent avec un bruit terrible (b). Mais ces horreurs de la nature font des retranchemens utiles ; ils ont renfermé des plaines heureufes & une retraite prefque inacceffible. C'eft là que les Bramés fugitifs, & peut-être pourfuivis, fe font cachés ; la terre les a retirés dans les flancs de

―――――――――――――――――――
(a) Hift. des voïag. t. XXIV, p. 397.
(b) Ibid. t. XXV, p. 321. 323.

ses montagnes, & ils y ont vécu avant de porter la lumière dans l'Inde.

Il y a donc assez de fertilité dans quelques-unes de ces contrées, pour que les hommes venus peut-être d'un climat plus dur, aient pu s'y plaire, y former un assez long établissement dans l'ignorance d'une terre meilleure, ou pour attendre l'occasion d'aller plus loin, & la possibilité de l'usurpation. Mais croïez-vous, Monsieur, que ces contrées en général n'aient pas été plus fertiles qu'elles ne le sont aujourd'hui ? Croïez-vous qu'elles aient toujours été aussi froides & aussi seches ? Ces questions valent bien la peine d'être examinées. Pardonnez, si je m'arrête, mais nous ne voïageons que pour nous instruire ; à quoi sert de voir tant de choses, si la raison ne mûrit pas les idées reçues ? On dit que tout homme est gardé, accompagné par un génie, je le crois volontiers dans ce moment, j'en ai un près de moi ; & puisque j'ai été si heureusement partagé, trouvez bon que je le consulte en vous interrogeant. N'est-il pas vrai qu'un païs peuplé ne peut être qu'un païs fertile ? Cependant ces grandes contrées de la Tartarie ne sont plus aujourd'hui que de grandes solitudes ; les hommes y sont semés çà & là : jadis ils y furent serrés, & ils s'en échappèrent, comme les eaux d'un fleuve, gêné dans ses rives, se débordent dans les campagnes. Cette région presque déserte fut le siege d'une énorme population, il en est sorti des débordemens d'hommes. Pourquoi la nature n'y semble-t-elle plus faire qu'avec épargne & des végétaux & des humains ? La stérilité & la solitude s'accompagnent & se suivent. Est-ce la stérilité qui a nécessité la solitude, ou la solitude qui a amené la stérilité ? Lorsque l'espece humaine s'éloigne ou devient plus rare, les forêts prennent sa place, & réfroidissent l'atmosphère ; le sol se resserre, la terre se durcit ; l'homme seul a droit d'ouvrir son sein, & de faciliter sa transpiration. Il s'éleve moins de vapeurs, les sources diminuent, & la fécondité tarit avec elles. L'homme par son action, par son mouvement semble être destiné à entretenir le mélange des élémens & leur circulation ; il se nourrit des fruits de la terre, comme les animaux qui le suivent, & leurs dépouilles la fertilisent : il découvre le sol, il remue les terres, & les vapeurs montent pour retomber en rosées. Laissez faire la nature, les eaux s'amasseront dans les lieux bas, qui ne seront plus qu'humides & froids, les plaines ne seront que des marais : la sécheresse s'établira dans les lieux hauts qui deviendront froids & arides. Voïez ce qu'était l'Amérique au tems où on la découvrit, & jugez combien la Tartarie peut avoir été changée par le défaut d'habitation & de culture.

Je conçois donc que la Tartarie a pu éprouver ces changemens ; je conçois qu'elle est devenue plus seche, plus froide & moins fertile, lorsque la race humaine s'est éloignée. Mais elle était donc fertile avant ce divorce ; je n'ai donc pas eu tort de croire qu'une latitude de 49°, égale à celle de la France & de l'Allemagne, avait pu voir jadis en Asie des empires fondés, des peuples heureux, puissans & civilisés. Je puis aller plus loin, & vous observer que les effets sont toujours proportionnés à leurs causes. Les effets physiques que je viens de vous détailler ne sont ni assez puissans, ni assez rapides pour avoir ainsi défiguré la Tartarie. Il y a là quelque chose que nous devons approfondir. La population se mesure d'elle-même sur la fertilité ; l'une éprouve toujours les vicissitudes & les pertes de l'autre. Il est clair, par les émigrations du Nord, que la multiplication de l'espece & conséquemment la fertilité ont été très-grandes. Si la stérilité n'a commencé que dans l'absence de l'homme, ce n'est donc pas elle qui a forcé son départ ; ce n'eſt donc pas elle qui a arrêté la reproduction. Le Nord qui, ſuivant Jornandès, fut nommé la pépinière du genre humain, le Nord, qui a certainement peuplé l'Europe & l'Aſie, eſt bien changé ! Il ne me ſemble pas que la Suede, ni le Danemarck ſoient ſurchargés d'hommes ; la Ruſſie a tant de cantons, qui demandent des habitans ; la Tartarie n'en a pas même aſſez pour conſommer ſes productions diminuées ; quelle cauſe a donc pu produire ces dégénérations ? Comment les ſources de la vie ſont-elles aujourd'hui moins abondantes ? Si c'eſt le manque d'hommes qui a cauſé la ſtérilité, ſi la nature s'eſt laſſée de produire, parce qu'elle ne voïait plus de conſommateurs, nous ne pouvons pas dire que la ſtérilité ait reſtreint les progrès de la génération. Le Caucaſe n'a point arrêté les émigrations, puiſque tant d'émigrations ſucceſſives l'ont franchi ; ce n'eſt pas non plus que les climats méridionaux, ſuffisamment peuplés, opposent une résistance qui contienne les peuples, & les force de vivre chez eux, pour ne multiplier qu'en proportion de leurs subsistances ; si cela est vrai de l'Europe forte & industrieuse ; cela est faux de l'Asie molle & faible, où l'Inde & la Chine sont au premier occupant. Les Tartares peuvent sans crainte accroître leurs familles ; les anciens conquérans, leurs freres, s'amollissent pour leur préparer une proie facile & une subsistance assurée.

Il y a donc ici quelque cause constante, qui à la longue enfante ces changemens. Je vous avoue, Monsieur, que cette cause me paraît être la diminution de la chaleur. Les contraires existent dans la nature, mais elle ne produit que par leur mêlange ; tout ce qui est excessif lui nuit & la rend infertile. Il ne faut à la reproduction abondante de notre espece, ni la chaleur du Sénégal, ni le froid du Groenland : notre pauvre nature ou brûlée ou glacée, est presque impuissante. Demandez aux Persans, aux Italiens mêmes, si dans la canicule le flambeau de l'amour s'allume à midi, si sa flamme n'a pas plus d'éclat au déclin du jour & dans la douceur de leurs nuits ? Quoique l'homme civilisé ait l'industrie de s'entourer de la saison qu'il veut, la saison de la nature est toujours la plus puissante; la plupart des enfans naissent ici dans les mois d'hiver, parce qu'ils ont été conçus dans les mois du printems. Nous n'avons cependant ni des étés bien chauds, ni des hivers bien froids; mais notre mois de Mai est la température moïenne, & le tems de l'amour pour tous les êtres. Je n'ai pas besoin d'observer que l'amour ne se plaît pas au milieu des glaces; l'amour croît & décroît avec la vie, il doit languir avec elle : en augmentant le froid, on ferait cesser la vie. L'homme a beau allumer des feux, s'enfermer dans un air échauffé, la liqueur de ſes veines ſe glace, ou bouillonne avec l'atmoſphère, comme celle du baromètre indique dans un lieu clos les variations de l'air libre. Voïez ce que fait le froid à la famille des végétaux, comme il diminue le nombre, la hauteur des enfans des arbres, & vous jugerez combien il borne les rejetons des hommes. Enfin les climats du globe où réſident l'été & l'hiver ne ſont féconds que comme nos étés & nos hivers. La fécondité a ſon empire dans les climats où regne le printems de la terre, dans les zônes tempérées déjà favoriſées du génie.

Je n'entre pas ici, Monſieur, dans les conſidérations locales & politiques, qui peuvent favoriſer, ou retarder la multiplication de l'eſpece. Je n'établis devant vous que les principes généraux qui tiennent à la nature. Mais remarquez, je vous prie, l'avantage de l'explication que je vous propoſe; elle rend compte non-ſeulement des bornes préfentes de la population du Nord, mais encore de fon excès paffé. Si cette population eft arrêtée, c'eft que les zônes du Nord aujourd'hui font froides, c'eft qu'elles font au-deffous du terme moïen, du degré où le thermometre de la nature marque la fécondité ; fi cette population a été jadis exceffive, c'eft que ces zônes étaient alors tempérées, & qu'elles jouiffaient des dons modérés du ciel, dont jouit aujourd'hui le milieu de l'Europe.

Une confidération née de l'afpect du païs & des faits de la tradition fe joint à ces raifons. Pourquoi, Monfieur, tous les lieux hauts de la Tartarie ont-ils été les plus habités ? Dans ce païs fingulier où de vaftes plateaux, élevés de plus d'une lieue au-deffus du niveau des mers (a), forment des plaines, & ont contenu des empires; cette élévation

_____

(a) Hift. des voïag. t. XXV, p. 40.

réfroidit la température, & y place des climats aussi froids que ceux d'une latitude plus septentrionale. L'eau y manque, cette sécheresse n'est point un attrait. Les bords des rivières offraient des plaines arrosées & plus basses, où le froid d'une latitude plus boréale aurait été compensé par cet abaissement. Cependant vous voïez par l'histoire ancienne de Perse, que toutes les guerres ont leur théâtre au pied du Caucase où nous sommes, les Persans le défendant par le midi, leurs ennemis l'assiégeant par le nord; les Kalkas, les Tangut, les Thibetains habitent un autre plateau; c'est de là que sont sortis ces Mongols & ces Mancheoux, qui ont dévasté, asservi l'Inde & la Chine. Pourquoi donc les hommes ont-ils préféré ces hauteurs? Vous m'ordonnez, pour vous répondre, de consulter la nature. Que demandent les hommes, les hommes composés d'élémens & vivant de leurs produits? Ils cherchent la terre, l'air

& l'eau; c'est-à-dire, un sol qui produise, une atmosphère bénigne & des eaux fécondes. Le sol ne manque ni à leurs pas, ni à leurs recherches; ils savent par instinct qu'il est rendu fertile, par l'influence du soleil & par la bienfaisance de l'eau. Dans leurs courses, où ils changeaient d'habitation pour être mieux, ils ont dû être appelés par le soleil, ils ont dû être conduits par l'eau. Ce principe est fondé sur la connaissance de nos besoins essentiels; il ne nous égarera pas, puisqu'il a si bien dirigé ceux qui habitent aujourd'hui les heureuses régions de l'Inde & de la Chine. Les hommes ont donc cherché le soleil; leurs pas ont dû se porter du Nord au Midi, & en effet c'est la direction des vestiges conservés dans l'histoire. Mais en cherchant le soleil, ils ont dû suivre les rivières, ou plutôt remonter contre leurs cours. La rivière les nourrissait avec du poisson, ses bords offraient des pâturages pour les bestiaux,

&

& les forêts des plaines voisines la ressource & l'amusement de la chasse. C'est ainsi qu'ils sont arrivés à nos plateaux, où ils ont été retenus par les barrières des montagnes. L'Oby, ce grand fleuve de l'Asie, avec l'Irtiz qui se joint à lui, les a amenés & dans la haute Sibérie & vers les monts Altaï, où ces deux fleuves ont leurs sources. Le Jenisea les a conduits presque au même terme. Ce sont les monts qu'ils ont traversés pour entrer dans le circuit des montagnes, où se trouve le rempart de Gog & de Magog. La Lena les a conduits vers Selinginskoi, & sur ce plateau qui commence aux Kalkas, & finit au Thibet. Le Caucase arrêtait leurs courses, c'est là que la guerre a commencé. Ceux qui ont passé les premiers, ont mis des obstacles au passage des seconds ; mais les motifs qui les avaient amenés, les pressaient de continuer leur marche. Ils voïaient le soleil s'avancer vers eux, ils voïaient les eaux descendre vers une

R

autre mer ; fidelles à leurs guides, ils ont voulu marcher au-devant du soleil, ils ont voulu pourſuivre les eaux qui les fuïaient. Ils ont accompagné le Kur, l'Euphrate & la fertilité que ces fleuves répandent dans la Perſe & dans la Syrie. L'Indus, le Gange leur ont montré le chemin de l'Inde, & le Ghoango, ou le Fleuve jaune, celui de la Chine. Le principe que nous venons d'établir, & dont nous avons tiré les conſéquences, me ſemble un trait de lumière. Cette marche eſt infiniment probable, puiſqu'elle eſt conforme à la nature : elle eſt vraie, puiſqu'elle eſt confirmée par l'hiſtoire.

Je vous ai donné en ſpectacle, Monſieur, la plus vaſte partie du monde. Elle eſt intéreſſante par ſes émigrations répétées, par ſes révolutions fréquentes; mais plus encore par ſes inſtitutions qui ſubſiſtent encore dans quelques-unes des nôtres ; c'eſt l'eſprit de l'Aſie qui anime l'Europe. Il faut deſcendre des

fommets qui nous ont permis ce fpec-
tacle, voir les hommes de plus près,
caufer avec les habitans; ils nous inf-
truiront peut-être de leur fucceffion &
de leur marche, ou nous les inftruirons
nous-mêmes, en éclairant leurs récits
par la philofophie.

Je fuis avec refpect, &c.

VINGTIEME LETTRE
A M. DE VOLTAIRE.

Découverte d'un Peuple perdu.

A Paris, ce 12 Avril 1778.

LE premier Tartare que nous devons consulter, Monsieur, est un Khan des Usbecks, Abulghazi, régnant dans le siecle dernier à Karasm, sur les bords de la mer Caspienne. Il a écrit une histoire de sa nation, composée sur la tradition & sur des mémoires originaux.

L'Asie est le païs de la noblesse des hommes. Ce n'est point, comme chez nous, des peuples jeunes, parvenus, dont les titres remontent à peine à douze ou quatorze siecles, & arrivent à la roture d'une souche barbare & presque sauvage. Là tout est antique, tout naît avec la terre, ou avec le déluge qui a fait un nouveau monde. Les Tartares que nous méprisons ont leur généalogie:

ils prennent leur race du second père de l'espèce humaine, de Noë ; & s'ils ne vont pas plus haut, c'est que le déluge les arrête. Je ne vous donne pas cette descendance comme bien prouvée. Mais sans adopter cette origine, il faut écouter avec attention un peuple qui parle de lui-même, & qui embrasse les tems par des événemens liés & par des générations suivies. Japhet, fils de Noë, alla peupler les bords du Jaik & du Volga, au nord de la mer Caspienne. C'est vers le 50ᵉ degré de latitude, dans la partie la plus méridionale & la plus élevée de la Sibérie. Turk son fils lui succéda ; c'est la tige & la source du nom de cette nation, que dans l'Orient on nomme plus généralement Turcs que Tartares ; les Tartares ne sont qu'une branche. Taunak, fils & successeur de Turk, fut contemporain de Caiumarath ; vous voïez que cette histoire se lie & correspond à celle de Perse. Le cinquième descendant de Turk fut Alanza-khan ;

c'est sous son regne que le peuple amolli par l'abondance, oublia le vrai Dieu pour le culte des Idoles (*a*). Il y eut donc jadis de l'abondance dans la Tartarie. Alanza eut deux fils, Tatar & Mogul, ou Mongol. C'est ici que la nation Turque se partage en deux branches, en deux Empires: l'un formé vers l'Orient & jusqu'aux bords de la mer du Japon, sous les loix & sous le nom de Tatar son fondateur; l'autre vers l'Occident sous le nom de Mongols. Ceux-ci habitaient l'été une chaîne des monts Altaï, & l'hiver les bords de la rivière de Sir, à l'abri des montagnes qui l'accompagnent du côté du Nord (*b*). Leur poste était donc entre la mer Caspienne & le second plateau (*c*); voilà l'ancien patrimoine des Tartares Mon-

---

(*a*) La traduction française est intitulée, *Histoire généalogique des Tartares*.

(*b*) Hist. des voïag. t. XXV, p. 105.

(*c*) Celui qui est marqué n°. 2.

gols (a). Toutes ces montagnes enveloppaient leur habitation, leur patrie; les hommes ont toujours cherché l'abri & la défense de ces murailles naturelles: les murs des villes, où les hommes se sont enfermés, ont été primitivement la représentation de ces montagnes. Ces Mongols & ces Tartares, quoique freres, étaient divisés, comme on l'est souvent dans les familles; ils étaient ennemis par une antipathie toujours plus vigoureuse, quand elle est fraternelle : la loi défendait à une branche de s'allier avec l'autre, & la rivalité de possessions & d'empires leur mettait sans cesse les armes à la main.

Le petit-fils de Mongol fut un Monarque qui laissa une réputation éclatante. Sa naissance fut marquée par des prodiges, comme celle de tous les hommes, qui se montrent grands dans des siecles barbares. A l'âge d'un an,

---

(a) Ibid. p. 34.

lorsque son pere pensait à lui donner un nom, il le prévint & lui parla lui-même pour dire qu'il s'appelerait Oguz. Il aima la vérité, avant le tems de la raison, & comme s'il n'avait pas dû être Prince. On dit que dans son berceau, déjà persuadé de l'unité de Dieu, il ne voulait pas prendre le lait de sa mere attachée à l'idolâtrie ; il fallut qu'elle promît de suivre la croïance de son fils. Il ne fit l'amour, il ne se maria qu'aux mêmes conditions. On voit par ces récits mêlés de fables, que ce Prince a été réellement éclairé d'une lumière assez pure. C'est à son regne que commence une chronologie suivie ; il s'est écoulé 4000 ans entre Oguz & Gingiskan : Oguz se trouve placé 2814 ans avant notre ère. Vous pouvez vous rappeler, Monsieur, que dans l'histoire de l'Astronomie ancienne, j'ai essaïé de réduire par des conjectures le nombre énorme des cycles Tartares, j'ai estimé que ces cycles avaient dû commencer

2924 ans avant J. C. (*a*). La chronologie que j'ai estimée s'accorde donc très-bien avec la chronologie de cette histoire. Oguz fut un conquérant ; il soumit, dit-on, la Tartarie, la Chine & la Perse (*b*) ; mais ce ne fut sans doute qu'une guerre de courses & de pillages, puisqu'il aurait été embarrassé des fruits de sa victoire, si on n'avait pas inventé des charriots pour les porter (*c*) : d'ailleurs je conclus que la Perse & la Chine ne furent point assujetties, puisqu'on n'en trouve aucun souvenir dans ces païs, où les traditions ont été si bien conservées. C'était sous le regne du fils de Caiumarath, ou plutôt de l'un de ses descendans (*d*). Ne voïez-vous pas, Monsieur, que ces Mongols coureurs, pillards, sont les Dives qui vivaient de butin, ou du moins leurs successeurs ;

(*a*) Hist. de l'Astron. anc. p. 342.
(*b*) Hist. gén. des voïag. t. XXV, p. 108 & 110.
(*c*) *Ibid.* p. 107.
(*d*) *Ibid.* p. 110.

à qui on a donné le même nom, comme occupant le même païs, aïant les mêmes mœurs & les mêmes habitudes (a). Ces gens étaient féroces & puissans, on en fit des géans, parce qu'ils étaient peut-être d'une stature haute & forte, ou seulement parce qu'ils étaient aggrandis par la fraïeur qu'ils inspiraient.

Cet Empire succomba enfin sous l'effort des Tartares. Le septième successeur de Mongol fut tué & détrôné par le septième descendant de Tatar. Kayan son fils, & Nagos son neveu, échappèrent seuls au carnage, & conservèrent leur liberté. L'histoire en est curieuse : les deux Princes se sauvèrent dans les montagnes les plus escarpées. Le besoin donne des aîles ; ils gravirent à la suite & à l'exemple des chevres sauvages ; ils étaient accompagnés de leurs femmes & des restes de leurs troupeaux. Arrivés au sommet des rochers,

_____

(a) Hist. des voïag. t. XXV, p. 113.

ils découvrirent une plaine délicieuse & fertile, où conduisait un défilé fort étroit; ils y descendirent, un établissement y fut formé. Les Princes virent que l'homme, après avoir perdu un empire, loin de toute société, peut-être encore heureux, pourvu qu'il conserve sa compagne, & qu'il trouve les richesses de la nature, qui sont l'aliment de la vie & de l'amour. Ce lieu fut nommé *Iganakon*, de deux mots de la langue Mongole, dont l'un signifie *vallée*, & l'autre *hauteurs escarpées*. Cette vallée étoit inaccessible, enfermée dans ses remparts naturels. Vous y voïez, Monsieur, l'exemple de ces vallons dont je vous ai parlé, comme d'une retraite où les hommes vécurent & multiplièrent en paix. Celui-ci dut être bien fertile; la population y fut énorme; en 400 ans les deux hommes avaient fait un grand peuple. Nous croirons, pour ôter le merveilleux, que ces deux Princes étaient seuls de leur race, mais accompagnés de suivans qui leur firent des sujets, tandis qu'eux se chargeaient de perpétuer les maîtres. Quand ce peuple se vit aggrandi, quand il se sentit puissant, il voulut se répandre ; sa retraite devenait une prison, la fertilité de la terre ne suffisait plus à sa subsistance. Mais les rochers impraticables, qui en défendaient l'entrée ne laissaient point d'issue : le défilé était oublié, ou avait été comblé par le tems & par les dégradations des torrens. On voulait cependant sortir. Un maréchal, aïant observé que la montagne dans certains endroits avait peu d'épaisseur, & n'était composée que de mines de fer, proposa d'ouvrir un passage avec le secours du feu. On porta du bois, du charbon, qui furent placés au pied de la montagne. Soixante-dix grands soufflets donnèrent tant d'activité à la flamme, que le métal s'étant fondu laissa un passage pour un chameau chargé. Les Mongols délivrés sortirent par cette issue. Ils célèbrent encore un anniversaire, en mémoire de leur délivrance merveilleuse ; on allume un grand feu, dans lequel on met un morceau de fer. Lorsque le fer est rouge, le Khan frappe dessus le premier avec un marteau, son exemple est suivi par les Chefs des Tribus, par les Officiers & par le peuple même, chacun venant donner successivement son coup (*a*).

Je vois bien dans ce détail, Monsieur, quelque chose de merveilleux & d'assez semblable à Annibal, fondant les rochers des Alpes avec du vinaigre. Mais comme tout ce merveilleux est puisé dans la nature, comme la fable du vinaigre n'empêche pas qu'Annibal n'ait passé les Alpes, je pense qu'il y a un fond de vérité dans cette histoire. Je vois une fête instituée, une fête de joie & de commémoration : on n'est pas joïeux sans quelque raison, le souvenir a

---

(*a*) Hist. des voïag. t. XXV, p. 113, 114 & 115.

nécessairement un objet; & dans tous les motifs naturels qu'on pourrait supposer, il me semble que celui qui est rapporté par la tradition doit avoir la préférence. Je croirai donc que c'est en fouillant des mines, que la montagne a été amincie, & que le sillon suivi a ouvert un passage. Cette fête est l'expression, la répétition annuelle de la joie des Mongols, en sortant d'une retraite où ils avaient cependant été trop heureux de se voir enfermés & défendus. J'en conclurai deux choses : la première, que ces vallons clos & habités ne sont point une chimère ; la seconde, que ces peuples avaient l'usage du fer, & l'art de le tirer des mines. Cette observation nous fournira peut-être quelque lumière. Voilà, Monsieur, tout ce que j'avais à vous dire sur cette histoire. Ces peuples sont subdivisés à l'infini ; mais les deux meres branches subsistent autour de la Chine, sous les noms de Tartares Mancheous, & de Tartares

Mongols. Il est inutile que je vous parle de Gingiskan, de Tamerlan, & des autres tigres modernes qui ont ravagé l'Asie. Nous ne parlons que du vieux tems, nous n'avons besoin que de l'ancienne histoire.

Cette tradition du travail des mines en Tartarie est conforme à plusieurs autres; l'Abbé Bannier dit que ce païs est la patrie des fameux forgerons de la Sicile, nommés Chalybes (*a*). C'est de là que sont venus les peuples qui portent le nom de Sclaves ou de Sclavons (*b*). Ce nom leur vient de la fabrique du fer qu'ils ont apportée en Europe. Herbelot ajoute même que les peuples de Gog, sont les Tartares nommés Calmuques, & que les peuples de Magog sont les Chalybes. Vous vous rappelez, Monsieur, qu'Homere décrivant l'île d'Eolie, où le maître des vents tient

___

(*a*) L'Abbé Bannier, Mythol. t. II, p. 123.
(*b*) Herbelot, p. 470. 794.

son empire, la représente entourée de rochers escarpés & de murs d'airain (*a*). Une île fermée de murs d'airain doit être habitée par des forgerons. C'est dans cette île, ou dans celle de Lippara que Diane trouve les Cyclopes occupés à tailler un bloc de fer rouge, pour faire un abreuvoir aux chevaux de Neptune (*b*). Les Grecs qui naturalisaient toutes les traditions, avaient placé celle d'Eolie dans l'île de Lippara. Il y a bien d'autres & de plus grands exemples de ces déplacemens de lieux.

Dans cette Tartarie où nous sommes, on retrouve encore la Bulgarie & la Hongrie (*c*). Ainsi ce domaine de la Maison d'Autriche, ce roïaume, ainsi que la Bulgarie d'Europe, aujourd'hui une des dépendances de la Porte, sont

---

(*a*) Odyssée, liv. X.
(*b*) Hymne de Callimaque. Note de Madame Dacier sur le dixieme livre de l'Odyssée.
(*c*) Voïag. de Carpin, p. 405.

des établiſſemens des Tartares & des peuples ſeptentrionaux. Voilà une preuve de l'uſage qu'ont toujours eu les hommes de tranſporter avec eux les noms de leur païs. Vous voïez, Monſieur, que la Tartarie eſt un païs plus intéreſſant qu'on ne penſe, c'eſt le berceau de tous les peuples, c'eſt le théâtre où les grandes & antiques ſcènes ſe ſont paſſées. S'il a été ravagé par les guerres, ſi la conſtitution de l'air a changé, ſi les hommes l'ont preſque abandonné pour des païs plus riches & plus déſirables, ce n'eſt pas une raiſon pour que nous ſoïons injuſtes ; n'aïons point l'ingratitude & l'orgueil des parvenus, & dans notre opulence ſouvenons-nous de notre origine. Vous ne ſerez point fâché de revoir ces lieux, où vos ancêtres ont paſſé, & bien des ſiecles après eux. Nous avons un excellent guide pour ce voïage ; c'eſt M. Pallas, habile naturaliſte, envoïé pour obſerver la nature dans les vaſtes domaines de l'Impératrice de

Ruſſie (*a*). Je ne vous parlerai point des débris d'éléphans qu'il a trouvés à chaque pas dans la Sibérie & dans la Tartarie la plus ſeptentrionale (*b*). Nous ſommes accoutumés à voir les éléphans enſevelis ſous cette terre réfroidie. La terre qui les cache aujourd'hui les a portés jadis; cette concluſion me paraît évidente. Mais ce que M. Pallas nous apprend de plus curieux, ce ſont les reſtes découverts d'un ancien peuple détruit, vers les bords du fleuve Jeniſea, aux environs de Krasnojarsk. Dans la montagne des Serpens (Schlangenberg), des mines ont été travaillées par la main de ces hommes antiques. Ils creuſaient dans les terres; mais ils étaient arrêtés

---

(*a*) Le voïage de M. Pallas écrit en Allemand, a été publié en 5 vol. *in-folio*. On en a fait un extrait auſſi en Allemand, & en 2 vol. *in-8°*., dont on m'a traduit quelques morceaux. C'eſt cet extrait que je citerai.

(*b*) Tom. I, p. 317; t. II, p. 185, 199, 200, 291, 307, 308, 309, 323, 326, 335, 399, 400.

par le roc & par les corps durs, faute d'inſtrumens de fer pour les couper. On a trouvé une grande partie des inſtrumens qu'ils emploïaient, comme des hoïaux, des coins, des maillets & des marteaux. Les marteaux étaient d'une pierre très-dure, dont une partie était entaillée en forme de manche; tous les autres inſtrumens étaient non de fer, mais de cuivre. Dans les plaines & dans les montagnes près de l'Irtiſch, les ſépultures qu'on a fouillées, renfermaient des couteaux, des poignards & des pointes de flèches auſſi de cuivre (a). Dans d'autres ſépultures près de Kraſnojarsk & du Jéniſea, on a trouvé communément des inſtrumens, des armes & des ornemens en cuivre & en or. Les païſans ſont fort avides de ces dépouilles; malgré les défenſes du gouvernement, ils troublent cette dernière retraite de l'humanité, & le repos des

---

(a) Voïage de M. Pallas, t. II, p. 399 & ſuiv.

S ij

morts. Dans le séjour que M. Pallas fit à Krasnojarsk, ils lui apportèrent, & il acheta beaucoup de ce vieux cuivre, & différentes curiosités tirées de ces tombeaux, comme des bouts de lances, des pointes de fleches, des maillets ou marteaux de guerre, des poignards très-proprement travaillés, des lames de couteaux, toutes sortes de figures d'animaux fondues en cuivre & en bas relief : c'étaient des élans, des rennes, des cerfs, &c., & d'autres figures entierement inconnues. La matière était ordinairement d'un cuivre fin, ou d'un métal semblable à celui des cloches. On a assuré M. Pallas qu'on trouve encore dans ces sépultures les tréteaux de bois sur lesquels les morts étaient posés ; ces tréteaux sont ornés de figures d'animaux fondues en ronde bosse. Il est remarquable que le fer ne paraît point dans aucune de ces dépouilles de l'antiquité. Ces dépouilles, qui constatent l'état des arts & les bornes de l'industrie de ce tems, font le caractère distinctif du peuple qui les a laissées. Les Mongols ont connu très-anciennement l'usage du fer ; cet ancien peuple ne fut donc point de la race des Mongols. Il a pu être chassé par eux, mais il a dû les précéder. Dans les mines de la montagne des Serpens, on a trouvé un squelette d'homme à moitié pétrifié ; à côté de lui était un sac de cuir rempli de cet ocre où l'on trouve l'or : les étais qui soutiennent les terres dans ces mines sont pétrifiés ; cette pétrification contient quelquefois du cuivre & de l'or. Il s'est donc écoulé assez de tems pour que la nature, en opérant ces pétrifications, ait travaillé à la formation des métaux, bien plus lente sans doute que celle des pierres ; & ce qui ne nous étonnera pas, ce qui semble en effet naturel, c'est que ce même tems a suffi pour détruire toutes les pierres dont les hommes avaient pu construire des édifices ; on n'en trouve aucun vestige. Cependant, Monsieur, vous connaissez trop bien le progrès des choses, les inventions qui doivent être simultanées, pour ne pas avouer que les hommes qui ont fouillé des mines, doivent avoir auparavant construit des maisons. Les peuples errans, qui vivent de ce que la nature leur donne, n'ont que des besoins naturels ; c'est la société, née seulement dans les demeures stables & fermées, qui produit les besoins factices. Ce n'est point en courant dans un désert qu'on invente les arts, qu'on apprend à distinguer les métaux, presque tous cachés par la nature dans des terres différemment colorées. L'usage de ces métaux ne peut être qu'un besoin de la société. Il faut du loisir & du repos pour l'invention ; & combien d'inventions ne suppose pas l'art de fondre les métaux, de les fabriquer & de les mouler ! Je crois appercevoir un ordre qu'on ne peut intervertir : les hommes n'ont d'abord remué la terre que pour la rendre plus fertile ; ils n'ont fouillé, pénétré dans son sein pour en retirer des pierres, qu'après avoir construit des huttes avec des troncs d'arbres, qu'après avoir emploïé les cailloux pour en remplir les intervalles. Les pierres plus grosses & réunies ensemble devaient former un abri plus solide & plus durable : les flancs ouverts d'une montagne leur ont montré des bancs de ces pierres ; ils ont creusé la montagne, ils sont entrés dans le sein de la terre ; les carrières sont les premières mines qui aient été ouvertes. Avant d'inventer les arts métallurgiques, il a fallu que les minéraux excitassent l'attention & la curiosité par leurs couleurs variées : il a fallu que le hasard les plaçât dans un feu assez fort pour les fondre, pour les séparer des sels & des soufres qui les déguisent : alors le métal devenu liquide s'est montré, & s'est durci bientôt pour servir aux besoins de la société. Il me paraît donc hors de doute que ce peuple avant de s'occuper des mines, a dû avoir des maisons, des édifices; & puisqu'il n'en reste aucuns débris, c'est que le tems, un longtems les a lentement dévorés. L'histoire fournit la preuve de cette antiquité; ce peuple ne peut avoir été que très-ancien, puisque les descendans de Turk & de Mongol qui ont connu le fer, qui ont habité à-peu-près les mêmes païs, ne sont venus qu'après lui. M. Pallas pense que leur véritable demeure doit avoir été dans les plaines & sur les montagnes *agréables* près du fleuve Jénisea. Ce qui le lui fait présumer, c'est que les choses précieuses qu'on y a trouvées en ornemens d'or sont très-bien travaillées, sont faites avec beaucoup d'art & de goût; au lieu que près du fleuve Irtisch, les instrumens découverts sont de cuivre, faits grossierement, sans goût & sans ornemens. C'est une habitation du même peuple, mais lorsqu'il était moins avancé dans les arts. Les Russes de Sibérie n'ont aucune lumière sur cet ancien peuple;

cependant le nom s'en est conservé par la tradition, ils le nomment Tschouden, ou Tschoudaki. Ce nom va nous dévoiler son origine & ses émigrations : car quoiqu'il ait disparu de dessus la terre, les langues vivantes conservent les vestiges de son existence. Un savant de Strasbourg (M. Oberlin), m'apprend que jadis les Finois étaient appelés Tschouden, ou Tschoudès (a). Vous voïez, Monsieur, que quand nous cherchons des origines, notre destinée est de nous avancer toujours vers le Nord. Krasnojarsk, où nous avons trouvé cet ancien peuple, est par 56° de latitude septentrionale, la Finlande est au delà du 60°, & touche au cercle polaire : mais ce qui est plus extraordinaire, c'est la différence énorme en longitude, cette différence est de plus de 70°, ce qui fait près de 900 lieues.

(a) Lettre de M. Oberlin, à M. Genet, à la tête des Recherches sur l'ancien peuple Finois, par M. Idman, p. VI.

Vous avez vu que les Hongrois ont laissé une Hongrie en Asie : on croit avoir reconnu quelque analogie entre leur langue & la langue Finoise (*a*). M. Idman compte la Suisse au nombre des païs où l'on rencontre des traces de l'ancien peuple Finois : & en effet son nom même y est conservé. Il existe en Suisse une famille noble & antique qui porte le nom de Tschoudi, & si par hasard nous trouvions que le peuple dont elle est issue a été distingué par la vertu, les lumières & les talens, un des descendans de cette famille vous prouverait qu'elle n'a point dégénéré (*b*).

Ces petits faits fournissent de grandes conclusions. Les langues sont infiniment utiles pour la recherche des origines : elles dépendent de la conformation de l'individu. L'organe de la parole est le

---

(*a*) *Ibid.* p. VII.
(*b*) M. le Baron de Tschoudi, ancien Bailli d'épée de Metz.

plus flexible de tous, le plus capable de perfection, & en même tems d'altération. Vous savez, Monsieur, comme il est maîtrisé & varié par le physique des climats. Ce physique qui fait le génie des langues, préside aussi à la conformation de leurs mots. Le son, l'inspection des caractères nous apprennent qu'un mot est Chinois, Indien, Grec, &c. Si vous trouviez dans les contrées les plus éloignées, les plus étrangères, une famille qui portât le nom de *Franc*, n'en concluriez-vous pas qu'elle a une origine française? Et cette origine est encore plus marquée dans les mots qui s'éloignent le plus des sons primitifs, & où ces sons ont été modifiés par beaucoup de consonnes, comme le nom de Tschoudi. M. Nils Idman, Pasteur d'Abo en Finlande, a fait un ouvrage curieux, où il montre des conformités singulières entre la langue Finoise & la langue greque; on peut y consulter la liste des mots où cette conformité est remarquable (*a*) : nous ne devons nous occuper ici que des généralités. Nous remarquerons que les Finois, anciens descendans des Scythes, ont été les premiers habitans connus du Nord (*b*). Leur langue, qui se parle encore sans altération & dans sa pureté primitive, paraît être la langue des Scythes (*c*). Mais ils se sont mêlés à des races étrangères ; les traces de leur origine, de leur gouvernement & de leurs mœurs, ne se conservent que dans la mythologie, dans la langue & dans les anciens usages.

Les Finois célebrent une fête bien singulière par sa conformité avec une fête Greque. Cette fête tombe au mois de Décembre, elle se nomme *Ioulu* ;

(*a*) Recherches sur l'ancien peuple Finois, par M. le Pasteur Nils Idman, ouvrage traduit par M. Genet le fils déjà connu par la traduction de l'histoire d'Eric XIV.
(*b*) *Ibid.* p. 13.
(*c*) *Ibid.* p. 14 & 15.

c'était le tems de l'année où les Finois se livraient le plus au plaisir de la table. Suidas parle d'une fête Greque nommée *Ioleia*, célébrée en l'honneur d'Iolaos, ancien héros honoré chez les Athéniens. On nommait encore *Oulos* & *Ioulos* les hymnes consacrées à Cérès. Ces deux fêtes se ressemblent donc, & par leur nom & par leur objet. Pouvons-nous croire que ce sont les Grecs qui ont porté cette institution si loin de chez eux, ou bien que le peuple Finois est venu la chercher pour l'établir chez lui ? Ni l'un ni l'autre n'est vraisemblable (*a*). Défaisons-nous, Monsieur, de nos vieux préjugés. Les Grecs nous ont instruits, leurs écrits ont perfectionné chez nous l'éloquence & la poësie, leurs historiens, leurs orateurs, leurs poëtes font nos délices & notre étude : mais ils n'ont point été les précepteurs du monde ; ils n'ont point

---

(*a*) *Ibid.* p. 69.

éclairé l'Asie, où quelquefois ils ont été chercher des lumières ; ils n'ont point porté leur langue dans le Nord ; c'est le Nord qui a peuplé l'Europe & l'Asie. Les conformités d'usages, d'institutions & de langage se sont étendues de branche en branche, & découlent de cette origine. Ce n'est pas le pere qui ressemble à ses fils, ce sont eux qui ont les traits de leur pere : cette ressemblance descend & suit la nature. Les Grecs ont voïagé, mais dans les païs riches & éclairés ; ils ont établi des colonies, mais dans l'Asie mineure, dans la Méditerrannée, & dans les climats ou préférables, ou au moins semblables au leur. Si quelque particulier, comme Pithéas, s'est avancé vers le pôle, ce voïage a été fait une fois ; & quand il aurait été répété, un particulier n'eût rien changé ni dans les institutions, ni dans le langage des peuples lointains & étrangers. Ce n'est que la conquête ou un commerce de tous les jours, & long-tems continué, qui peut mêler les peuples, confondre leurs ufages, & allier leur langue par des adoptions de mots. Les Grecs n'ont point fait ces conquêtes, & le commerce dont nous parlons n'a d'exemple que dans l'Europe moderne & civilifée.

Après avoir confidéré les peuples qui habitaient en deçà du Caucafe, nous commençons, Monfieur, à connaître leurs ennemis, les peuples qui vivaient au-delà de ces montagnes. C'eft d'abord un peuple détruit, portant jadis le nom de Tfchoudes, qui n'a été reconnu dans nos tems modernes, que par les travaux qu'il a faits fous terre, & par les dépouilles des tombeaux : les inftrumens du travail font reftés dans les mines pour marquer fon induftrie ; la cendre des morts ne paraît plus, mais les métaux des ornemens & des armes, cachés & défendus par la terre, ont réfifté aux outrages du tems. C'eft enfuite le peuple Turck, & fes deux branches, les Tartares & les Mongols : ce peuple n'a été que deſtructeur ; il n'eſt connu que par des eſſaims de barbares, venus dans le midi de l'Aſie. C'eſt lui qui tant de fois l'a ravagée dans les tems de l'hiſtoire, & preſque de nos jours. Ses propres récits ne nous apprennent point qu'il ait été inſtituteur. Ce peuple ancien, qui travaille les mines, me ſemble plus intéreſſant. J'aime mieux qu'on fouille la terre, qu'on entre dans ſon ſein, que de la parcourir pour la dévaſter. Ce peuple s'eſt cependant beaucoup étendu ; il a jeté des rameaux depuis les monts Altaï, dans une longueur de 900 lieues, juſqu'en Finlande. Son nom a été tranſporté, & ſe retrouve dans la Suiſſe. Malgré cette étendue de poſſeſſions, qui démontre & une grande population, & la puiſſance qui la ſuit ; ce peuple a été oublié comme celui que j'ai apperçu dans l'antiquité : il augmente la liſte des peuples perdus. Il l'a été en effet juſqu'à l'époque du voïage

de

de M. Pallas, dont les découvertes sont récentes. Quelle est donc la destinée des peuples ? Pourquoi les uns laissent-ils une mémoire si longue, tandis que les autres sont effacés du souvenir ? Cela ne viendrait-il pas de ce que la mémoire des injures est plus profondément gravée que celle des bienfaits ? Je serais tenté de conclure que ce peuple n'a point fait de mal au monde. Je vois qu'Alexandre n'est point encore oublié dans les Indes, quoique ce fléau n'ait fait qu'y passer. Je vois que les Dives & les Géans sont encore redoutés dans l'Asie. Je pense que ce peuple a vécu dans la paix & dans le silence ; il s'est étendu par des colonies, il n'a fait de conquête que sur la nature ; il a changé des déserts en habitations ; tout cela peut s'oublier, ce ne sont que des bienfaits. Comme il n'a rien pris à personne, personne ne s'est plaint ; comme il n'a rien brisé, rien détruit, il n'a point excité de ces haines qui se perpétuent, de ces cla-

T.

meurs qui retentiſſent dans les échos de l'hiſtoire, comme le tonnerre dans les montagnes. Cette concluſion ne fait pas honneur à l'humanité, mais peut-être n'en eſt-elle pas moins vraie. Au reſte, Monſieur, je ne prétends pas louer aux dépens de la vérité le peuple des Tſchoudès qui nous eſt peu connu. Je ſerais porté à croire que s'il a vécu dans la paix, s'il n'a point commis d'injuſtices, c'eſt un mérite qu'il doit peut-être aux circonſtances & à ſon antiquité ſur la terre; dans les tems où elle était peu habitée, on pouvait s'étendre ſans violence. L'eſpece humaine a toujours été la même: l'homme eſt doux quand il eſt ſatisfait; c'eſt le beſoin, ce ſont les deſirs comprimés par des obſtacles qui le rendent violent & injuſte. Si j'ai conclu que les Tſchoudès n'ont point fait de mal, de ce qu'ils n'ont point laiſſé de mémoire, on pourrait conclure encore qu'ils n'ont point fait de mal, parce qu'ils n'en ont point trouvé à faire, parce qu'ils ont été fort anciens, & que n'aïant point de voisins, ou du moins n'en aïant que de fort éloignés, la terre était à eux. Peut-être sont-ce leurs colonies qui portant d'autres noms, & se trouvant rapprochées des autres peuples, sont devenues conquérantes & usurpatrices.

La découverte de ce peuple est infiniment curieuse; vous jugerez, Monsieur, combien elle a dû m'intéresser! Je ne puis vous dire encore si ce peuple est celui qui a cultivé l'Astronomie & les Sciences dans l'antiquité de l'Asie; je vous ai prévenu que je ne pourrais rien vous montrer qu'à travers un voile. Mais ces Tschoudès sont très-anciens, ils habitaient à-peu-près la latitude que j'ai soupçonnée; ils n'étaient pas sans instruction, puisqu'ils avaient des arts, puisqu'ils ont fouillé des mines, & fait de grands travaux dans les montagnes; enfin ces Tschoudès ne subsistent plus: ils ont déjà bien des ressemblances avec le peuple dont j'ai apperçu le génie dans les débris des Sciences. Je ne sai si je me trompe, mais il me semble qu'une opinion destituée de fondemens solides, un système qui s'éloignerait de la vérité ne se confirmerait point ainsi par des découvertes postérieures. J'espere que vous me pardonnerez de vous avoir amené dans la Tartarie : c'est quelque chose d'avoir retrouvé un cinquième peuple perdu, & de suppléer aux lacunes de l'histoire. Nous serions bien dans notre tort, si nous cessions nos informations. Ce peuple doit avoir eu des voisins, il faut parcourir le païs, comparer les langues qui subsistent, interroger encore les fables. On écrit l'histoire sur les mémoires du tems ; & les mémoires de ces tems reculés sont les langues & les fables, les plus anciens ouvrages des hommes.

Je suis avec respect, &c.

VINGT-UNIEME LETTRE
A M. DE VOLTAIRE.

Des Langues du Nord, & du Jardin des Hespérides.

A Paris, ce 20 Avril 1778.

LA parole, Monsieur, est le caractère distinctif de l'homme ; comme expression de la pensée, elle le sépare de tous les êtres vivans ; comme expression du génie, elle marque son rang, & distingue un individu d'avec un autre. Tous les hommes se ressemblent dans le silence ; les peuples sont distingués, appréciés par les langues, comme les hommes par la parole. Le physique de la langue est revêtu de l'accent du climat, l'intellectuel montre le génie du peuple ; le langage est le résultat des idées, l'esprit se peint dans son ouvrage. Les langues bien connues, bien étudiées peuvent donc révéler l'origine des peuples, leur parenté, les païs qu'ils ont habités, le terme des connaissances où ils sont arrivés, & le degré de maturité de leur esprit. Mais en même tems l'homme qui est perfectible, qui tous les jours devient, pour ainsi dire, de plus en plus intellectuel, l'homme repose sur une base physique.

Il faut donc bien prendre garde, Monsieur, dans la comparaison des langues des peuples, de ne pas regarder comme des caractères de parenté, des ressemblances qui naîtraient de l'identité de la nature humaine. Leibnitz a entrevu le premier l'utilité que l'histoire pouvait tirer de la comparaison des langues; M. le Président de Brosses a regardé les mots & les sons comme imitatifs; mais personne n'a, ce me semble, plus avancé cette science par des travaux multipliés & par des découvertes heureuses, que M. de Gébelin. Il a rapproché toutes les langues, il a réduit tous les mots à leurs primitifs, il en a séparé encore les additions nationales; le reste qui se trouve commun à toutes les langues, appartient à une langue primitive (*a*). Il y a donc une langue primitive, & M. de Gébelin vous la promet, lorsque son travail aura parcouru & dépouillé toutes les langues pour la recomposer (*b*); ce sera une grande découverte de notre siecle. Cette langue doit être presque composée de monosyllabes, parce que les hommes ont d'abord senti la nécessité de rendre l'expression la plus prompte possible, afin qu'elle suivît la pensée, & ils ont exprimé les choses par les sons les plus courts & les plus simples. Ces sons n'auraient été que des voïelles (*c*), si leurs

―――――――――

(*a*) M. de Gébelin; origine du langage & de l'écriture, p. 42.

(*b*) Plan général du monde primitif, p. 20.

(*c*) Dans les langues du Nord *oia* signifie une île. Rudbeck, de *Atlantica*, tom. I, pag. 468; l'eau se nomme *aa*. Ibid. tom. II, p. 465. Ces langues me paraissent bien près de la langue primitive.

combinaisons avaient pu suffire à la variété des choses ; on a modifié les sons primitifs par des consonnes pour étendre les combinaisons. M. de Gébelin trouve sept voïelles, sept consonnes fortes & sept consonnes faibles ; voilà donc 21 sons & 21 lettres qui les représentent : d'autres Grammairiens comptent 24 sons & autant de lettres (*a*). C'est ce que donne la nature, c'est la base des langues. Si ce même nombre de lettres composait l'alphabet de toutes les langues, nous n'en pourrions rien conclure sur le tems de leur formation. On pourrait croire que les hommes n'ont pu parler & écrire autrement : mais ces alphabets varient par le nombre des lettres. Les peuples qui en ont plus les ont multipliées sans nécessité ; ceux qui en ont moins sont dans un état de pauvreté, qui annonce celle des idées. Ce sont les recherches sur le langage

---

(*a*) M. Beauzée dans sa Grammaire générale.

qui font diftinguer avec foin les fons les uns des autres; ces recherches font le fruit du tems: c'eft l'abondance des idées, le nombre des chofes connues & approfondies, qui force de multiplier les fons, de les modifier par d'autres fons, pour répondre à la variété de la nature, & pour rendre les nuances de la penfée. Le nombre des lettres doit donc être différent chez les peuples divers, en raifon des progrès de l'efprit humain. Les uns peu avancés, n'auront pas eu befoin d'épuifer les fons de l'organe de la voix (a), les autres les auront emploïés tous. Ces alphabets peuvent donc ranger les peuples par familles. J'en apperçois deux principales: la famille dont l'alphabet fut compofé feulement de 16 lettres; la famille dont l'alphabet fut de 20 lettres & plus.

Les Phéniciens n'eurent primitivement que 16 lettres, ce font celles que

---

(a) M. de Gébelin, origine du langage, p. 412.

Cadmus apporta dans la Grece (*a*). Les Etrusques, les anciens Grecs, les anciens Latins, les peuples du Nord, les Irlandais, les Theutons & les anciens Suédois dans leur langue Runique, n'avaient également que 16 lettres. On peut regarder les peuples de la Grece & de l'Italie comme les descendans des Phéniciens & des Phrygiens ; mais les peuples du Nord, qui parlaient l'Irlandais & le Runique, avaient donc une origine commune avec les Phéniciens ; origine démontrée par ce même nombre de lettres. On voit qu'ils sont sortis du sein d'un seul peuple, à-peu près dans le même tems, & au moment d'un certain progrès des connaissances & du langage. Le hanscrit, ou le langage sacré, & presque oublié des Brames, a 19 lettres, le Zend & le Pelhvi, qui sont l'ancien Persan, en ont 20 (*b*).

(*a*) Pline, liv. VII, c. 56.
(*b*) M. de Gébelin, origine du langage, p. 459.

Voilà donc une famille différente. Nous avons déjà remarqué qu'en passant de la Phénicie dans la Perse, on entrait dans un nouveau monde; on voïait d'autres mœurs & d'autres usages. Ce n'est pas tout. Vous voïez que la langue des anciens Persans était plus formée & plus près d'être complette ; ces peuples étaient donc moins anciennement établis : ils avaient derrière eux plus de travaux exécutés & plus de perfection acquise ; ils sont nés du genre humain plus mûr. Les Phéniciens d'un côté, les Persans & les Indiens de l'autre, sortis de la même souche, comme on en est assuré par des conformités prouvées, par tant de traditions & de monumens astronomiques qui leur sont communs, sont donc partis à différentes époques ; les Phéniciens plutôt, les Indiens & les Persans plus tard, & à une distance de tems, qui suffit sans doute pour que le langage, les idées & la masse des connaissances d'un même peuple ne se ressemblent plus: je n'ai donc pas eu tort de tirer une ligne de démarcation entre ces peuples de l'Asie.

Mais, Monsieur, la conformité de l'alphabet Phénicien avec l'alphabet Runique, doit nous mener à d'autres conclusions. Puisque les Phéniciens & les anciens Suédois ont une même origine, faudra-t-il croire que ce sont les premiers qui ont quitté leur beau païs, leur soleil, leur mer commerçante pour aller s'établir dans le nord glacé de la Suede? Cette marche n'est point celle que nous avons déjà tracée à la population (*a*); quand on a été favorisé par la nature, on ne s'expose pas volontiers à souffrir ses rigueurs. D'ailleurs le voïage serait bien long; nous devons, ce me semble, leur épargner la moitié du chemin: & puisque nos conversations précédentes, nos voïages nous ont amenés au pied du Caucase, d'où nous avons vu des-

---

(*a*) Voïez la 8e des Lettres à M. de Voltaire, p. 224.

cendre les Phéniciens sous le nom d'A-
tlantes, les anciens Perses, les Indiens
& même les Chinois, l'origine de ces
peuples doit être dans la Tartarie où
nous sommes maintenant ; c'est là que
s'est opérée la séparation. Quelques peuplades se sont portées vers le Nord,
tandis que les autres s'avançaient vers
le midi ; & quand même ces climats
de l'Ourse n'auraient pas été plus doux,
plus favorisés de la chaleur qu'ils ne le
sont aujourd'hui, du moins en conduisant une nouvelle colonie, on n'aurait point troqué une chaleur brûlante
contre un froid rigoureux : on serait
parti d'une température moïenne pour
s'avancer vers les extrêmes.

Souvenons-nous encore que la Syrie,
la Phénicie comme l'Egypte étaient
remplies du culte du Soleil, qui n'a pu
naître que dans les païs du Nord. Un
peuple qui apporte son culte apporte
aussi son langage ; s'il en changeait,
ses Dieux ne l'entendraient plus. Le

langage comme le culte est donc descendu du Nord.

Leibnitz, qui avait jeté un regard philosophique sur les langues, en les considérant d'un autre point de vue, y reconnut aussi deux familles. Il range les langues du Nord sous le nom de *Japétiques*, & celles du Midi sous le nom d'*Araméennes*. Ces langues également nées dans l'Asie étaient donc séparées par le Caucase, par ces mêmes rochers qui séparent les peuples; d'un côté elles sont dures & rudes à cause du froid, & comme les hommes; de l'autre elles sont amollies comme eux, & rendues plus flatteuses par de douces influences.

Nous joindrons à ces caractères généraux quelques observations particulières. Ne craignez point que je vous fatigue par une érudition pesante, elle surpasserait mes forces; d'ailleurs nous n'en avons pas besoin, les grandes vérités ne se prouvent point par des détails : elles reposent souvent sur un fait unique. Mais je vous ferai plaisir en vous parlant de Troie ; Troie vous rappelera Homere. *Pergame*, le nom Phrygien de cette ville fameuse, est un mot septentrional. *Berg* ou *Berghem* dans les langues du Nord, signifient encore un château, une ville (*a*). Le mot *Bal*, Seigneur, le nom oriental du Soleil, du dominateur de l'Univers a la même origine. *Scaphe* en grec, *Scapha*, *Scyphus* en latin, paraissent venir de *Sciphi* ou de *Siphré*, qui dans les langues du Nord signifient un navire. Apollodore a dit *qu'Hercule arrivait aux extrémités du monde dans la tasse, ou dans la coupe du Soleil*. Nous savons bien qu'Hercule est le Soleil même, nous savons encore que le mot *tasse* ou *coupe* avoit

----

(*a*) Olaüs Rudbeck, *de Atlanticâ*, t. I, p. 805. Je rapporte cette signification d'après Rudbeck. Je sai que *berg* en Allemand signifie une montagne. Mais comme les habitations ont été jadis sur les lieux élevés, on a dû y construire des forts ; & ces forts, ces villes ont été nommés *berg*, parce qu'ils étaient toujours sur ces montagnes.

les deux significations de *Tasse* & de *navire*, & que là il doit être pris pour un vaisseau. Les anciens faisaient voïager les astres dans des navires portés sur le liquide de l'air, ou de l'éther. J'en conclus que le mot est né dans le Nord, & je le conclus avec d'autant plus de raison, que les Anglais ont encore un mot analogue, le mot *Ship*; & que les Kourilles, qui habitent l'autre extrémité du monde, la partie la plus boréale du Chamchatka, à 60° de latitude, appellent aussi un canot *Tchip* (a). Vous ne direz point que les Kourilles sont une colonie d'Anglais ; mais vous me direz que ces deux peuples sont partis du même lieu, ont appris en naissant la même langue. Jamais origine commune n'a été mieux révélée. Si la racine du mot est imitative (*b*), la termi-

───────────────

(*a*) Hist. gén. des voïag. t. LXXV, p. 136.
(*b*) M. le Président de Brosses a observé que la racine *sc*, *sk* ou *sh* indiquait toujours une chose creusée : elle est donc organique & imitative. Voïez son livre intitulé, Mécanisme du Langage.

naison n'est pas donnée par la nature, c'est un choix presque arbitraire entre une infinité de sons : il est peu vraisemblable que les peuples se soient rencontrés dans ce choix. Je conclus encore de ce mot, que la fable d'Hercule porté sur le vaisseau du Soleil est venue du Nord ; car les mots ne viennent qu'avec les choses : j'en ai d'autres raisons qui méritent de vous être détaillées, mon précurseur Rudbeck me les a fournies.

Personne ne doute, je crois, Monsieur, que l'Hercule Thébain, fils d'Amphitrion, ou plutôt de Jupiter & d'Alcmene, n'ait été formé sur le modele de l'Hercule Oriental. L'Hercule Thébain se nommait Alcée (*a*), parce qu'il était fort : il ne fut surnommé Hercule que lorsqu'il se rendit célebre par de grands exploits, lorsqu'il eut combattu les monstres & purgé la terre des animaux

---

(*a*) Diodore de Sicile, t. 1, p. 49.

nuisibles, comme l'Hercule Oriental & Phénicien. Cet Hercule, qui est l'original, est donc le plus ancien & le seul véritable. Il ne nous importe pas dans ce moment que ce personnage soit le Soleil, son histoire, une allégorie : Les fables & les allégories ont, comme les hommes, un air national qui les distingue ; elles ont, comme eux, une patrie, c'est cette patrie que nous cherchons. Non-seulement Hercule est Asiatique, mais c'est un homme du Nord. Tout ce qui est né de notre sol, tout ce qui est cultivé de nos mains, se propage par des rameaux, se multiplie par des rejetons ; la terre natale enferme & conserve les racines des plantes qu'elle a produites. Le nom d'Hercule est visiblement étranger à la Grece, il y est solitaire & sans famille (a), ses racines

---

(a) On pourrait dire que le mot grec *heraclès* vient de *heros*; & de *cleos* qui signifie gloire ; mais ce mot *heros* vient lui-même du Nord, où *herr*, *aor* signi-

font dans les langues septentrionales, *Her*, signifie en Suédois une armée ; *heria*, la dévastation ; *herbod*, la déclaration de guerre ; *her-bunad*, les armes & l'appareil militaire ; *hera-clede*, un homme armé en guerre ; enfin *herfull* ou *her-culle*, un chef de soldats (a). C'est une vérité reconnue que tous les noms propres ont été jadis significatifs ; ils sont étrangers à la langue où ils n'ont point de valeur ; ils appartiennent au païs où ils signifient quelque chose. J'ai donc eu raison de vous dire qu'Hercule était un héros du Nord ; & comme Hercule est l'emblême du Soleil, comme le culte de cet astre est descendu du Nord, ces deux origines sont confirmées l'une par l'autre.

Eh ! ne voïez-vous pas, Monsieur,

---

fient un homme. Eloge de Leibnitz, note 22 ; c'est parce qu'une armée est composée d'hommes, que le mot Suédois *her* désigne une armée.

(a) Olaüs Rudbeck, *de Atlantica*, tom. I, p. 750 & 51, 52.

que ces Dives si fameux, si redoutés dans l'histoire de Perse, ces Géans, qui se faisaient du Caucase une citadelle, s'étant révoltés contre Jupiter, aïant mis montagne sur montagne, pour escalader le ciel, aïant lancé des rochers contre Jupiter, pour le tuer, comme ils ont écrasé Huschenck, le héros de la Perse, Hercule vint au secours de Jupiter & des Dieux, qui, en reconnaissance de ses services & de sa victoire, lui donnèrent le surnom d'Olympien (*a*). C'est le nom d'une montagne, de celle qui soutenait leur trône & leur empire; tout habitait, tout se passait alors sur les montagnes : les bons s'y cachaient comme les méchans; les uns pour y trouver la paix, les autres l'impunité. Vous conviendrez, Monsieur, que toutes ces fables greques ressemblent beaucoup aux fables, qui font la première histoire des Perses. La guerre

_____

(*a*) Diodore de Sicile, t. II, p. 35.

de Moïfafor, peut être le modele de la guerre de Briarée & des autres Géans contre Jupiter (*a*); mais celle de Moïfafor même n'eſt-elle pas évidemment copiée ſur la première hiſtoire des Perſes, qui étant plus détaillée & plus ſimple, montre qu'elle eſt la ſource de toutes les autres, brunies par le tems, & chargées de merveilleux par la tradition ? Ce même Hercule n'a-t-il pas délivré Prométhée, dévoré par un aigle ſur le Caucaſe (*b*) ? Ne voilà-t-il pas encore Hercule dans cette Scythie, où nous retrouvons toutes les origines, exécutant ſes exploits, & portant ſes bienfaits ſur le Caucaſe, d'où les Atlantes ſont partis, ainſi que le culte du Soleil, & où les Perſes prennent leur origine & le commencement de leur hiſtoire ?

(*a*) *Suprà*. Lettre de M. de Voltaire, p. 4.
(*b*) Diodore de Sicile, t. II, p. 35.

Je ne compte sur les noms des lieux cités comme le théâtre des fables, qu'autant qu'ils s'accordent avec le sens & l'esprit des fables, avec les idées naturelles des choses ; mais alors je tire de cet accord une double lumière, & je marche avec sûreté. Les historiens ont souvent tout confondu ; je ne vous en citerai pour exemple que les Amazones & les Gorgones. Euristée imposa pour neuvième travail à Hercule de lui apporter le baudrier de l'Amazone Hypolite ; le héros traverse le Pont-Euxin, il va chercher les Amazones dans un lieu nommé Thémiscire & sur les bords du Thermodon. C'est donc en Asie, entre la mer Noire & la mer Caspienne, dans les païs qui séparent la Perse & le Caucase, qu'habitaient ces Amazones. Que fait Diodore de Sicile ? il nous parle ailleurs des Amazones d'Afrique, il nous dit qu'elles étaient plus anciennes que celles d'Asie, qui subsistaient encore au tems du siege de

Troie (a). Ces anciennes Amazones régnaient dans une île nommée l'Hespérie, parce qu'elle est située au couchant du lac Tritonide. Ce lac était voisin de la montagne d'Atlas: les Amazones attaquèrent les Atlantides, & les soumirent. Elles furent aussi en guerre avec les Gorgones, dont Méduse fut la Reine; Méduse couronnée de serpens, & dont la tête coupée a fait tant de métamorphoses. Toutes ces femmes guerrières habitaient en Afrique, & vers la mer à son extrémité occidentale. Cependant, Monsieur, voilà Myrine, la Reine des Amazones, qui part avec son armée de femmes, elle traverse l'Afrique entière où vous savez que nous n'avons osé passer; la chaleur ne lui fait rien: elle entre en Egypte pour se lier d'amitié avec Orus, fils d'Isis, qui gouvernait alors ce roïaume. Ce n'est pas tout ; elle s'en va attaquer les Arabes, soumettre

___

(a) Diod. de Sic. t. I, p. 433.

la Syrie, & puis elle s'avance au Taurus ou au Caucase, où l'on nous ramene toujours. On imaginerait que ces Amazones vont rester là ; elles sont si loin de chez elles, elles sont dans un si beau païs ! Mais l'historien les ramene sur leurs pas, elles traversent tous ces païs habités, tous ces sables brûlans, avec la même facilité que dans leur premier voïage ; il faut qu'elles se retrouvent au bord de l'Océan, parce que c'est là qu'Hercule, au terme de ses courses, doit détruire ces peuples de femmes, Gorgones & Amazones ! C'est donc une chose bien naturelle, que des femmes réunies seules en corps de peuple, révoltées contre les hommes & contre la nature, pour en créer deux nations entières ; & des nations si puissantes, qu'elles soumettent par les armes une foule de peuples & d'hommes, qu'elles auraient plus facilement soumis par l'amour. Les femmes ne peuvent pas plus vivre seules, que nous ne pouvons vivre fans elles, elles n'auraient vu dans leur roïaume qu'une vaste solitude. Ce peuple Amazone est sans doute une chimère ; la victoire d'Hercule doit être une allégorie (*a*) : mais l'histoire, quand elle s'en est emparée, en a fait un double emploi. Les deux victoires d'Hercule n'en font qu'une. Diodore en conduisant les Amazones d'Afrique jusqu'au pied du Caucase, nous décèle l'origine de la fable, c'est là qu'elle est née. On n'a placé des Amazones en Afrique, que parce qu'on a su qu'elles avaient eu des guerres avec les Atlantes; & lorsque l'histoire a perdu la trace de ces peuples, lorsque trompée par les colonnes d'Hercule qui font à Cadiz, elle a posé l'île Atlantique dans le lieu de l'Océan où font les Canaries, il a bien fallu que les Amazones fussent voisines, & on les a placées sur les bords de cette mer. Je desire infiniment que

―――――――――――――――――――――――
(*a*) M. de Gébelin, allégories orientales.

vous jugiez ces réflexions ; je ne vous les proposerais point, si je ne les croïais pas fondées. Il me semble que c'est à la raison de juger l'histoire, sur-tout l'histoire ancienne dont le tems a fait un chaos ; c'est à la philosophie de le pénétrer, & de saisir les débris du passé pour les remettre à leur vraie place.

Il y avait bien long-tems, Monsieur, que nous avions perdu de vue les Atlantes; nous cherchions leurs traces : souvent on n'arrive aux découvertes qu'après bien des efforts & des pas inutiles. Il serait peu étonnant que je me fusse égaré, si j'avais voïagé seul ; mais en marchant avec vous, il me semble que je n'ai pas fait un seul pas sans m'éclairer. Vous voïez nos progrès, nous avons laissé les Atlantes au pied du Caucase, nous les retrouvons au-delà de ces montagnes. Hercule combattant les Amazones, détachant Prométhée de son rocher, Hercule, qui a pris son nom dans les langues septentrionales, est un homme du Nord ; Hercule est de la famille d'Atlas, il doit connaître le païs qu'elle habita jadis ; il va nous instruire & guider nos voïages par les siens. Le douzième & dernier travail d'Hercule furent les pommes d'or du jardin des Hespérides. Il fallut que le héros retournât en Afrique où il avait déjà été, parce que les anciens y plaçaient les jardins célebres des Hespérides, où étaient les arbres précieux, chargés de pommes d'or, & gardés par un dragon. Nous allons voir si les anciens étaient conséquens dans leur géographie & dans leurs récits. L'Hespérie était une île, nous l'avons déjà dit (a) ; Maxime de Tyr nous en parlera plus en détail. C'est, dit-il, *une terre étroite & resserrée, étendue en longueur, & de toutes parts environnée par la mer. C'est là qu'Atlas est révéré, c'est là qu'il a des statues. Atlas est une montagne creuse,*

_____

(a) *Suprà*, p. 311.

assez élevée. Le vallon intérieur, en forme de puits, est rempli d'arbres & de fruits: La descente en est difficile, parce qu'elle est rapide ; & elle est défendue par la religion (a). Cette description ne rappelle ni l'Afrique, ni l'Espagne où l'on a cru encore retrouver l'Hespéride ; ces païs ne sont point *une terre étroite & resserrée, de toutes parts environnée par la mer.* Ne reconnaissez-vous pas là, Monsieur, l'île & la petite montagne où habita le bonhomme Evenor avec sa femme Leucippe (b) ? Cette montagne, qui fut depuis le partage d'Atlas, a été sacrée pour ses descendans. Hésiode nous dira que cette île des Hespérides, ou des Gorgones, est au-delà de l'Océan, au bout du monde, & dans le païs où habite la nuit (c). Ce païs de la nuit où le placerons-nous ? Le soir,

---

(a) Maxim. Tyrius *in differt.* 38, c. 225.
Olaüs Rudbeck, t. I, p. 340.
(b) *Suprà,* p. 35.
(c) Hésiode, Théog. v. 274.
Rudbeck, t. I, p. 565.

elle vient de l'Orient où le jour se leve le lendemain ; le matin elle se retire vers l'Occident, où l'on a vu le soleil disparaître, & nous quitter pour porter ailleurs sa lumière. Le jour & la nuit nous viennent donc des mêmes lieux, & lorsqu'ils nous quittent ils font la même route, & semblent avoir la même retraite. Vous autres poëtes, Monsieur, malgré le pouvoir créateur que vous tenez du génie, quelque libre que soit votre imagination heureuse, vous respectez les convenances dans vos fictions : la vérité y conserve une place ; elle plaît d'autant plus qu'elle est plus cachée sous les voiles brillans dont vous l'enveloppez. Entre vos mains la discorde, la politique deviennent des personnages ; je les entends parler, je les vois agir ; j'apperçois dans leurs mains les fils qui gouvernent le monde, ou les flambeaux qui peuvent le réduire en cendres. Mais, Monsieur, vous avez placé la politique à Rome, l'Arioste alla chercher la dis corde dans les cloîtres, vous n'auriez ni l'un ni l'autre placé l'hiver & ses glaces dans la zone torride ; vous n'auriez point indiqué le païs des ténebres dans les contrées de l'aurore, où sont les portes du jour, ni vers l'Occident dans un horizon enflammé, où le soleil couchant verse des torrens de lumière. La nuit, comme le jour, parcourt la terre, elle n'a point d'asyle où elle regne exclusivement. Mais elle afflige toujours l'un des deux pôles, elle ne quitte l'un que pour obscurcir l'autre. Elle y paraît domiciliée par un plus long séjour. Voilà son véritable siege, elle s'y plaît pendant six mois ; & on a pu croire jadis qu'elle sortait tous les jours de cette retraite, & descendait sur le globe pendant quelques heures pour suspendre nos travaux & fermer nos paupières. Si dans votre poëme national, vous aviez eu besoin de la nuit, c'est là, Monsieur, que vous l'auriez été chercher, au sein d'un Océan de ténebres. Hésiode a fait comme vous. *La nuit*, dit-il (a), *a enfanté les Hespérides, qui gardent les pommes d'or au-delà de l'Océan; Atlas*, ajoute-t-il ailleurs (b), *dans la région des Hespérides & aux extrémités du monde, plie sous la nécessité & sous le poids du ciel porté sur ses épaules.* Le païs des Hespérides où habite la nuit est donc sous le pôle, ou du moins ce païs n'en est pas assez éloigné pour qu'Hésiode n'ait pu l'y placer par la licence permise à la poësie. Je vous citerai encore un poëte, un des maîtres que vous avez surpassés ; c'est Eschile. Il introduit Prométhée reconnaissant de sa délivrance, indiquant à Hercule la route qui mene au jardin des Hespérides. Il lui enjoint de passer le Caucase ; c'est la route que nous avons prise : vous voïez que je ne vous ai pas égaré. *Tu*

___

(a) Hésiode, Théog. v. 211.
Rudbeck, t. I, p. 565.
(b) Hésiode, v. 517.

parviendras, dit Prométhée, au peuple innombrable & intrépide des Ligures. Je fai que rien ne t'épouvante ; mais le combat fera pénible & difficile. Le deftin veut que tu quittes tes fleches ; tu ne pourras même arracher les rocs glacés de la terre endurcie. Cependant Jupiter touché de ta détreffe étendra fous le pôle une nuée neigeufe, remplie de pierres rondes, le fol fera couvert de fon ombre. Armé de ces pierres, elles te fuffiront pour détruire la multitude féroce des Ligures (a). La vérité perce à travers les fictions ; on la reconnaît. Le nuage qui répand fon obfcurité fur le fol, c'eft la longue nuit du pôle ; les pierres que ce nuage porte dans fes flancs ne font que les grains arrondis de la grêle ; Hercule quittant fes fleches, eft le foleil dont les raïons font impuiffans à cette diftance de l'équateur ; & le poëte vous peint cette terre ne faifant qu'une maffe

---

(a) Strabon, géog. liv. IV, p. 183.

durcie

durcie par le froid, où les rochers font doublement attachés par les liens de la glace. Vous ne voulez pas, Monsieur, que les vers ne soient que de vains mensonges ; on peut moduler des chants pour rendre la vérité plus douce & plus insinuante : mais il faut que ces chants disent quelque chose, il faut toujours à l'homme un peu de vérité. Eschile conduisant Hercule au jardin des Hespérides a tiré ses fictions du climat même. Il s'est souvenu qu'Hercule était le soleil, il le fait arriver sans flèches ou sans raïons, il dépeint l'obscurité comme un secours de Jupiter ; les ressources du héros sont les frimats, il combat avec les armes fournies par le climat : mais ou les poëtes seraient peu dignes de l'attention des philosophes & des gens raisonnables, ou le lieu de la scène ne doit pas être une fiction. Vous avez placé le temple de l'amour dans l'île de Chypre, vous l'avez orné, rempli des richesses de l'imagination & de la poësie;

mais la tradition antique vous a conduit, vous avez mis le Dieu chez le peuple de l'antiquité, qui fut le plus abandonné à l'amour : Eschile ne s'est pas permis, n'a pas dû se permettre plus que vous. Si Prométhée envoïe Hercule chercher les pommes d'or des Hespérides vers le Nord, c'est que la tradition plaçoit au Nord de la terre le jardin des filles d'Atlas, & dans l'île même où était la montagne de son nom. Voulez-vous encore un témoignage, c'est celui d'Apollodore. « Les pommes d'or enlevées par » Hercule, ne sont point, dit-il, comme » quelques-uns le pensent, dans la Li- » bye, elles sont dans l'Atlantide des » Hyperboréens (a) ». Les anciens nous servent si bien, nous restituent tant de vérités par leurs fables, que je prendrai la liberté de vous en rappeler encore une, c'est celle de Phaëton conduisant

---

(a) Apollodore, Mytholog. liv. II. Rudbeck, t. I, p. 346.

le char du Soleil, portant la chaleur aux étoiles glacées du septentrion, réveillant au pôle le dragon engourdi par le froid, brûlant le ciel & la terre, enfin précipité par la foudre dans les flots de l'Eridan; ses sœurs le pleurent, & les larmes précieuses de la douleur tombent dans les flots sans s'y mêler, se consolident sans perdre leur transparence, & revêtues d'une belle couleur d'or, elles deviennent cet ambre jaune si précieux aux anciens. Les modernes qui n'ont connu que la géographie de leur païs, veulent y retrouver tous les noms indiqués par l'histoire, ou par la fable; l'Eridan, c'est le Pô qui arrose l'Italie. Mais, je vous le demande, Monsieur, est-ce dans l'Italie que les fables sont nées? Les Latins ont-ils inventé quelque chose en ce genre? Tous les Dieux n'étaient-ils pas étrangers? Ne sont-ce pas les poësies d'Orphée, d'Hésiode & d'Homere, & même des Tragiques Grecs, où sont déposées toutes les fables dont Ovide s'est fait l'historien ? Les Grecs, à qui Orphée avait raconté ces fables puisées dans l'Orient, n'en auraient point mis la scène en Italie ; ils ne dénaturaient les choses que pour les faire naître chez eux ; mais nous pouvons détruire tous ces mensonges de la vanité. La vanité est presque toujours maladroite ; elle a conservé ici un fait qui dépose contre elle, un fait qui porte le caractère des lieux où la fable a pris naissance ; c'est cet ambre jaune, cette production du bitume de la mer, jadis recherchée pour la parure des femmes avant l'usage des pierreries ; aujourd'hui chère aux Physiciens, comme aïant montré les premières traces de cette électricité, qui joue un si grand rôle dans l'Univers. Cet ambre jaune était jeté sur le rivage par les flots de la mer Baltique (a) ; c'est une production des mers du Nord. Ne trouveriez-vous pas singulier, Mon-

---

(a) Encyclopédie, art. Ambre.

sieur, que l'ambre naquît dans ces mers des pleurs versées en Italie sur les bords du Pô par les sœurs de Phaëton ? Il faut convenir que ces larmes ont été versées dans le Nord, que Phaëton sorti de la route prescrite au soleil s'est avancé vers les climats de l'Ourse, y a été précipité par sa chûte, & s'est noïé dans un des fleuves de cette partie du monde. Aussi Hérodote parle-t-il d'un fleuve que les Barbares nomment l'Eridan (*a*), & qui se jete dans les mers du Nord aux extrémités de l'Europe. Il remarque que ce nom n'est pas Grec, qu'il est barbare, c'est-à-dire, étranger (*b*). Hérodote avoue lui-même, j'en conviens, qu'il ne sait rien de bien certain

___

(*a*) Sur une carte insérée dans le premier volume des anciens Mémoires de l'Académie de Pétersbourg, on voit l'Eridan qui se jete dans le golfe de Riga, & qui porte aujourd'hui le nom de la *Dwina*. Dans ce golfe sont les îles appelées par Hérodote, *elettrida insula*.

(*b*) Hérodote, liv. III.

sur les extrémités septentrionales de l'Europe ; mais avec les connaissances que nous avons déjà acquises, au moïen de la lumière philosophique qui nous guide, nous en savons plus que lui. Il suffit qu'il nous dise qu'on donnait à un fleuve du Nord le nom d'Eridan, pour voir clairement que ce nom a été appliqué à un fleuve d'Italie, lorsqu'on a voulu y naturaliser les fables. Diodore de Sicile vous dira aussi que cette fable est née, que l'ambre se recueille dans une île appelée Basilée, située à l'opposite de la Scythie & au-delà des Gaules (*a*).

Il en résulte, Monsieur, que les Celtes ou les Gaulois étaient voisins des Scythes. Je me suis, dit-on, brouillé avec ces bons Gaulois ; il faut que je me raccommode avec eux. Je les révère, parce qu'ils sont nos ancêtres, je les aime, parce qu'ils étaient francs, fidelles & braves. Je ne sai pourquoi ils se sont

──────────

(*a*) Diodore, t. II, p. 225.

fâchés, je n'ai rien dit qui ait dû leur déplaire. J'ai dit seulement qu'ils n'étaient pas Astronômes, qu'ils n'avaient qu'une période astronomique qui était mauvaise : *on peut être honnête homme, & faire mal des vers*. Ils m'ont intenté un procès, à moi, Monsieur, qui entens peu les affaires, & sur-tout la chicane. Leurs Druïdes ont choisi un excellent avocat, tel que je l'aurais choisi moi-même, si j'avais eu une cause à défendre. Il a plaidé avec chaleur pour eux, avec politesse pour moi (a); j'eusse été séduit si je pouvais l'être. Mais j'ai pensé vous le dénoncer ; il est bien plus que moi l'ennemi de vos Indiens, il leur enleve tout. Ce n'est plus l'Orient qui est la source des lumières, c'est l'Occident qui a produit les Druïdes & les précepteurs du monde. Vous étiez un ennemi trop redoutable, je n'ai pas eu

_____

(a) Mémoire à consulter pour les anciens Druïdes Gaulois, par M. l'Abbé Beaudeau.

le courage de vous armer contre un homme qui m'avait traité avec tant d'indulgence. Cependant, Monsieur, tout le monde peut avoir raison, c'est un avantage que je desire comme tous les hommes, mais non pas exclusivement, & je suis content de le partager.

La Celtique était un païs immense; elle avait des contrées fort septentrionales, où l'hiver durait longtems, où le froid était extrême. Il n'y croissait ni vigne, ni olivier (*a*). Une grande partie de la Celtique était au-delà de la forêt Hercynie, bordait l'Océan, & s'étendait jusqu'aux confins de la Scythie (*b*). Un Roi de ce païs avait une fille d'une beauté extraordinaire; elle était fière comme toutes les belles filles, elle dédaignait tous les prétendans, & ne trouva qu'Hercule qui fût digne d'elle. Ce héros toujours commandé

(*a*) Diodore, p. 228 & 230.
(*b*) *Ibid.* p. 240.

par Euriſtée, emploïait la force pour ravir les vaches de Gérion; il s'arrêta dans la Celtique, où il bâtit la ville d'Aleſie; il épouſa la Princeſſe, il en eut un fils nommé Galates. Ce fils guerrier comme ſon pere devint conquérant, il augmenta les païs de ſa domination, & leur laiſſa le nom de Galatie, ou de Gaule (*a*).

Je ſai de quel courage, & ſur-tout de quelle force Hercule était doué, mais nous ne devons pas le fatiguer inutilement. Vous voïez qu'il va combattre les Amazones au-delà du Caucaſe, qu'il s'avance preſque ſous le pôle pour y cueillir les pommes des Heſpérides; il y aurait de la cruauté de le faire revenir en Eſpagne pour enlever les vaches de Gérion, & en France pour y fonder la ville d'Aleſie, dont on n'a jamais entendu parler. Je n'y vois aucune néceſſité, puiſque Diodore

---

(*a*) Diodore, p. 227.

de Sicile nous apprend que la Celtique confine à la Scythie; Hercule, par la facilité du voifinage, a pu faire toutes ces chofes fans beaucoup de chemin, & fans aller d'un bout du monde à l'autre. Gérion ni fes vaches, Galates, fa mere, ni la ville d'Alefie, n'ont pas été plus en Efpagne & en France, que les Heliades en Italie, dont l'Eridan qui produit l'ambre n'a jamais arrofé les campagnes. Mais, Monfieur, je l'ai déjà obfervé, les peuples en voïageant n'ont point changé de nom, ni d'idées; ils ont impofé à des païs nouveaux des noms anciens, des noms familiers & chers. Le préfent eft le fils du paffé, il lui reffemble; ce que nous lifons de ces anciens tems eft l'hiftoire de nos fondations en Amérique, où nous avons tranfporté la France, l'Angleterre & l'Efpagne. Quelque jour, je n'en défefpere pas, les favans y chercheront, finon les vaches de Gérion, du moins fon roïaume. On voudra y retrouver les colonnes d'Hercule, le païs de son fils Galates & la ville d'Alesie. Tant qu'on ne sera pas guidé par la philosophie, ces erreurs de noms, l'état nouveau qui est une copie de l'état ancien, fera toujours la confusion de l'histoire. Quand un torrent qui produit un fleuve est descendu des montagnes, vous n'êtes point étonné de retrouver dans les plaines les débris des arbres & des plantes, qui ne croissent que sur ces montagnes; c'est le fleuve qui dans sa course précipitée, les a charriés loin du lieu de leur naissance. Eh bien, Monsieur, la population est ce grand fleuve descendu d'une source élevée, & transportant dans son cours les mots & les idées avec les hommes. Voulez-vous savoir où ont été produits ces débris épars dans nos plaines, remontez aux montagnes contre le cours des eaux ? Voulez-vous savoir l'origine de nos dénominations, de nos idées, marchez à travers l'espace & le tems contre les progrès de la population, vous parviendrez à la source des hommes, c'est là qu'est la source des choses. Je conçois donc, Monsieur, que nos bons Gaulois sont descendus comme les autres peuples de la patrie commune. Les Druïdes leur chantaient des vers semblables à ceux qu'Orphée chanta jadis dans la Grèce ; ils furent instruits, comme les Grecs, par ces traditions antiques. Mais j'avoue encore que les uns n'ont pas été si favorisés que les autres. Un tronc d'arbre pousse plusieurs branches ; elles sont inégalement chargées de fruits, quoique nourries par le même tronc & par les mêmes racines. Orphée cueillit les siens à une branche plus riche ; les Druïdes n'ont eu qu'un rameau desséché. Vous voïez donc, Monsieur, que toutes les fables nous ramenent vers le Nord. Celle de Phaëton y est liée par la production de l'ambre jaune, par le fleuve de l'Eridan qui va perdre ses eaux dans l'Océan septentrional. Tous les travaux d'Hercule vrais ou allégoriques, y ont été exécutés ou inventés. Le jardin des Hespérides est près du pôle. J'avoue que cette conclusion est surprenante. Un terroir qui produit des pommes d'or ne peut être qu'un terroir fertile ; l'or est le signe de la richesse, & quand même ces pommes, suivant la pensée de quelques interpretes, ne seraient que des brebis couvertes d'une toison abondante & dorée, les beaux moutons ne naissent que dans les beaux païs : c'est le ciel qui fait les végétaux & les fruits ; ce sont les plantes qui font les animaux. Cette fertilité dérange un peu l'idée que nous nous formons d'un païs, où l'on ne voit plus que des glaces. J'en pourrais tirer un bel argument en faveur du réfroidissement de la terre, mais je n'ai pas besoin de tout dire ; & si la conclusion est aussi juste que je le pense, elle n'en aura que plus de force, lorsque vous la tirerez vous-même. Peut-être vous raccommoderez-vous avec les climats de l'Ourse ; je desire de les réhabiliter entierement dans votre esprit. Je ne vous ai pas encore montré toutes les richesses conservées dans le souvenir des hommes ; ce sera le sujet de ma première Lettre. Ces païs ne sont-ils pas assez malheureux d'être abandonnés du soleil, d'être recouverts d'une glace qui s'épaissit tous les ans, d'être restés déserts par l'émigration des hommes, devons-nous les abandonner aussi ? Ne devons-nous pas les consoler des pertes qu'ils ont faites, & de leur état présent, en leur rendant justice sur leur état passé ? Eh ! ne serait-ce pas à vous, Monsieur, qui, comme philosophe, devez être juste, qui, comme poëte, avez les sources de la chaleur ; de vivifier cette terre froide & solitaire, de lui rendre dans vos descriptions la chaleur de son état primitif ? Je ne fais que vous rendre compte, j'expose les faits devant vous ; si vous y trouvez la vérité, c'est à vous de la peindre & de l'animer par le feu du génie.

Je suis avec respect, &c.

VINGT-DEUXIEME LETTRE
A M. DE VOLTAIRE.

Voïage aux Enfers.

A Paris, ce 28 Avril 1778.

LA plus curieuse & la plus intéressante de toutes les fables, la plus propre à éclaircir la question qui nous divise, Monsieur, est peut-être la fable des enfers. Les hommes, qui ont tant embelli le passé, n'ont pas oublié l'avenir. Ils ont meublé de chimères douces & flatteuses les Champs élisées qu'ils devaient habiter ; ils ont placé dans l'autre vie, le repos, l'oubli de tous les soins, mais sur-tout la connaissance de la vérité & de la nature : c'est donc là qu'il faudrait aller chercher la vérité ; mais on ne voudrait pas abandonner la vie toujours chère, quoique toujours pesante. Aussi voïons-nous que dans l'antiquité les poëtes & les héros sont descendus tout vivans dans le séjour des ombres. Orphée y alla chercher sa femme Euridice ; c'est le premier des Grecs à qui l'amour ait donné ce courage. Il n'y aurait jamais pensé, il n'aurait point réussi dans son entreprise, si les Orientaux qui lui ont dicté ses vers & ses fables ne lui avaient montré le chemin. A son exemple, Thésée, Pyrithoüs, Bacchus, Hercule, Persée, Ulysse y descendirent. Virgile y conduisit Enée ; vous même, Monsieur, vous fûtes le guide d'Henri IV, quand S. Louis lui montra les destins de la France. Pourquoi n'entreprendrions-nous pas ce que tant d'anciens ont entrepris, pourquoi ne réussirions-nous pas comme eux ? Je ne doute de rien, quand vous êtes à mes côtés ; nous avons déjà cherché des païs & des peuples, pourquoi ne chercherions-nous pas les enfers ?

Quand on a voulu établir la morale de la vie présente sur l'idée de la vie future, il a bien fallu suppléer à ce qu'on ne ne savoit pas : l'imagination a travaillé ; & de là toutes ces histoires fabuleuses, mais allégoriques, où il n'y a de vrai que la justice sévère, qui donne au vice & à la vertu ce qu'ils ont mérité. Les hommes, ignorans de tant de choses pendant leur vie, ne se sont point contentés de dire ce qu'ils devaient être après la mort, ils ont encore voulu indiquer leur dernière demeure & le lieu de leur repos. On croira facilement, que cette géographie de l'autre monde & de la vie future, fut sujette à bien des erreurs ; la position des Enfers était sans doute assez difficile à fixer : chacun les a placés selon ses connaissances. Milton établit les Enfers dans les ténèbres extérieures, dans l'abîme du chaos. Vous, Monsieur, disciple de Newton, familiarisé avec les globes qui peuplent l'espace, vous en avez choisi un pour y placer l'enfer, à une distance immense du trône de l'Être suprême, *par delà tous les cieux le Dieu des cieux réside* (a). Les anciens n'ont point fait cette distinction ; les sombres bords voïaient également arriver tous les mortels vertueux & méchans : le Tartare & les Champs Elisées étaient voisins dans l'Empire de Pluton. Les idées en s'éloignant de leur source avaient bien changé ! On ne voit pas même que la philosophie y ait présidé : elle eût mis une distance, comme celle du ciel à la terre, entre les cachots du crime & le dernier asyle de la vertu. Vous savez, Monsieur, que la vie future fut copiée sur la vie humaine. Les anciens ont cru longtems que tout étoit sorti de la terre, & que tout devait y rentrer. Lorsqu'ils se sont élevés à des idées plus justes sur l'ame immortelle, ils ont encore suivi ce préjugé, en plaçant les Enfers dans le sein de la terre. Mais il fallait des portes, des issues par où les hommes pussent y pénétrer ; & comme chaque Seigneur a sa justice particulière, chaque peuple

―――――――――――

(a) Henriade, chant septième.

eut chez lui ses Enfers & ses Champs Elisées. Demanderons-nous aux Latins, à Virgile, la route qui doit nous y conduire ? Il répondra que l'entrée de ces goufres profonds est à Baïes, près du lac Averne en Italie. N'avez-vous pas envie de rire en voïant Madame Dacier placer sérieusement dans ce païs nouveau l'Achéron, le Styx, le Cocyte ; & traiter de fabuleuse la géographie d'Homere, parce que cet illustre poëte nourri des plus anciens documens, plaçait ailleurs l'entrée des Enfers (a) ? Les peuples d'Italie étaient trop jeunes pour avoir inventé ces fables religieuses, pour en avoir la source dans leur païs. Les Grecs sont aussi hardis & aussi menteurs : selon eux, l'Achéron, le Cocyte, le Phlégéton étaient des fleuves d'Epire ; le Styx était dans l'Arcadie (b). Mais les Grecs ne sont gueres plus âgés que les Latins ;

(a) Remarques sur le Livre X de l'Odyssée.
(b) Bannier, Mythologie, t. II, p. 439.

dans leurs premiers commencemens, ils n'étaient pas plus inventeurs. D'ailleurs leurs vols sont connus ; Diodore de Sicile les a trahis : des peuples qui sont leurs aînés, les Egyptiens revendiquent ces institutions. Chez eux on jugeait les hommes, lorsqu'ils cessaient de vivre, lorsqu'on les amenait au bord du lac où Caron devait les passer. On privait de la sépulture ceux qui ne l'avaient pas méritée : cet asyle de paix n'était que pour la vertu. Ces faits démontrent, Monsieur, que les fables ont été transplantées ; l'Enfer, les fleuves, le nautonier terrible, tous ont voïagé sur la terre : en les voïant passer de l'Egypte dans la Grece, & de la Grece en Italie, ne pourrait-on pas soupçonner que l'Egypte même n'était pas leur premier séjour ? Diodore de Sicile nous dit qu'Orphée y avait été puiser toutes ses idées (a). Je crois bien plutôt qu'il les

---

(a) Diod. de Sic. t. I, p. 194.

avait prises dans l'Orient (a), à la même source que les Egyptiens. Vous avez vu que les cultes sont descendus du Caucase, l'idée d'un jugement éternel, l'idée de peines & de récompenses après la mort doit avoir suivi la même route. Nous n'avons plus Orphée, qui le premier enseigna cette théologie Orientale ; mais Homère fut formé par lui, c'est Homère qui doit nous instruire. Je suis bien peu digne d'être son interprete auprès de vous ; en vous rappelant ses idées, je me trouve placé entre deux grands poëtes : mais je suis là comme ces substances de la nature, qui transmettent le feu électrique sans pouvoir le produire.

Homère en conduisant Ulysse aux enfers, le fait partir de l'île d'Ea ; Circé régnait dans cette île ; Circé, magicienne & déesse, avait un double pouvoir sur la nature, sur les esprits & sur les ombres : elle n'en eut point sur Ulysse qu'elle ne put retenir dans ses chaînes.

(a) Hist. de l'Astron. anc. p. 185.

En vain l'amour promit l'immortalité, le Prince impatient de revoir Itaque & sa femme, à qui cependant il n'avait pas toujours été fidelle, refusa ce don précieux. Inquiet sur le passé, pour ses compagnons de guerre & d'infortune, sur l'avenir, pour lui-même, il fallut consulter Tirésias, il fallut aller aux Enfers. La Déesse le guide par ses instructions. *Fils de Laërte*, dit-elle, *vous n'avez pas besoin de conducteur, déploiez vos voiles, les seuls souffles de Borée vous conduiront. Quand vous aurez traversé l'Océan, vous trouverez une plage commode, vous verrez les bois de Proserpine remplis d'arbres stériles : abordez à cette plage, entrez dans le ténébreux palais de Pluton, à l'endroit où l'Achéron reçoit dans son lit le Phlégéton, & le Cocyte, qui est un écoulement des eaux du Styx. Avancez jusqu'à la roche où est le confluent de ces deux fleuves, qui dans leur chûte se précipitent avec bruit. C'est là que vous ferez des sacrifices pour appeler les ombres* (a). Le héros part, son vaisseau fend la mer jusqu'au coucher du soleil ; & lorsque la nuit répand ses ténebres sur la terre, il arrive à l'extrémité de l'Océan. C'est là qu'habitent les Cimmériens, toujours couverts de nuages & enveloppés d'une profonde obscurité. Le soleil ne les éclaire jamais de ses raïons, ni lorsque s'élevant sur la voûte céleste, il fait pâlir les astres, ni lorsque descendant du ciel dans l'onde, il laisse à ces astres la liberté de verser leur lumière. Une nuit éternelle étend ses voiles sur ces infortunés (b). C'est dans le païs des Cimmériens & des ténebres, c'est donc au nord de la Grece & non en Egypte, qu'Homère place les Enfers. Mais à quelle distance au-dessus de la Grece, à quelle hauteur sur le globe devons-nous les chercher ? Rudbeck a voulu les retrouver dans son

---

(a) Homère, Odyssée, liv. X.
(b) *Ibid.* liv. XI.

Y iv

païs. Cette idée des Enfers dans la Suede me choque, j'y vois un Roi juste & éclairé; il a le desir de rendre les hommes heureux, je n'y chercherais que les Champs Elisées.

Homère bien entendu décide cette question; les Enfers sont chez les Cimmériens. Mais pour y arriver Ulysse traverse l'Océan; ce ne sont pas les Cimmériens, voisins de la Grece, dont il s'agit: ces peuples sont au-dessus du Pont-Euxin, ils ne tiennent point à la grande mer. Le retour d'Ulysse va nous éclairer encore: le héros revient chez Circé; puis s'embarquant après un dernier adieu, il s'en va faire nauffrage sur les côtes de l'île Ogygie. Cette nouvelle île, infiniment éloignée de la Grece, est au milieu de l'Océan (*a*). Vous savez, Monsieur, que, suivant tous les anciens, cette île est la même que l'Atlantide: aussi est-elle habitée par Calypso, fille

---

(*a*) Odyssée, liv. I.

du sage Atlas (a). Chaque pas que nous faisons nous ramene, comme vous le voïez, vers notre objet; dans les solitudes de l'Océan & sur la route des Enfers, nous retrouvons la fille d'Atlas. Tous ces voïages d'Ulysse sont des fables; mais le poëte les a nécessairement assujettis à une géographie, à des traditions qui lui étaient connues. Homère ne quitte point ces parages. Il mene Ulysse chez Eole; ce dieu enferme les vents dans un sac, pour que la navigation du héros soit heureuse (b). Cet usage de vendre le vent, de l'enfermer, & de ne le laisser sortir qu'en défaisant des nœuds, ne subsiste-t-il pas encore dans la Laponie (c)? Homère connais-

---

(a) Odyssée, liv. XII.
(b) Ibid. liv. X.
(c) Renard dit que les Lapons font trois nœuds à un mouchoir. Le premier dénoué donne un vent doux, le second un vent très-fort, le troisième un ouragan & une tempête. Voïage en Laponie, œuvres de Renard, tom. I, p. 189.

fait bien ces païs du Nord. Ulysse passe ensuite chez les Lestrigons (a), & sa description semble annoncer un païs où l'été a des jours de 24 heures; mais Homère, en indiquant les régions où sont les Enfers, n'en détermine pas précisément le lieu; il laisse une incertitude, & une ombre autour du séjour de la mort. Nous n'avons pas besoin d'en dire plus qu'Homère, c'est à vous de l'imiter, c'est à moi de l'écouter & de le suivre. Il ne faut pas entreprendre de lever entierement le voile de l'antiquité; ce voile est chargé du poids de tant de siecles, il faut tant d'efforts pour en soulever une partie, c'est bien assez d'appercevoir quelque chose! Ne fixons point la position des Enfers sur la terre, le lieu de la naissance de ces fables, il nous suffit qu'Homère nous la montre dans le Nord. Remarquez qu'il y place les bois de Proserpine, parce que la fable

___

(a) Odyssée, liv. X.

de cette Déesse est relative aux climats où la nuit est de six mois. Ce fut un Hyperboréen, Abaris porté sur sa fleche d'or qui apporta à Lacédémone le culte de Proserpine, & qui y bâtit son temple (a). Pourquoi Cérès va-t-elle chercher sa fille vers le Nord, si ce n'est parce que les Enfers y étaient jadis placés? Proserpine a été enlevée dans les campagnes d'Enna, au lieu où gissent les Géans vomissant leur colère par la bouche de l'Etna. Ces Géans de l'Italie ne sont que les copies des vieux Géans du Caucase, de ces Dives puissans, qui ont fait jadis l'effroi du monde. Le Tartare où Jupiter précipita les Titans doit être une fable de ces contrées; elle appartient, elle est liée à celle des Géans. Mais si l'on a imaginé un lieu de tourmens pour punir les déprédateurs des peuples, on n'a pas oublié d'assurer

---

(a) Pausanias, liv. III.
Bayle. art. *Abaris*, remarq. D.

à la vertu une retraite tranquille, habitée par la paix qu'on cherche en vain sur la terre. L'imagination l'embellit de tout ce qui fait le charme de la vie ; là sont des prés verts & fleuris, des fruits délicieux mûris par un ciel toujours pur, des concerts à l'ombre des bois, & mêlés à l'entretien des sages ; & point de passions pour en altérer la jouissance ! On n'y sent pas cette inquiétude dévorante, qui trouble la paix intérieure, & repousse les sensations agréables. Le sensuel Mahomet avait saisi toutes ces idées de l'Asie ; son paradis n'est que les Champs Elisées ; il y vit des Houris toujours belles & toujours vierges, parce qu'il était jeune. J'en conclus que les instituteurs des Champs Elisées étaient des vieillards ; ils n'y placèrent point l'amour, qui n'était plus pour eux ni un bien, ni un besoin.

Les anciens ont souvent confondu les jardins des Hespérides & les Champs Elisées. Or, puisque nous avons trouvé les Hespérides au Nord, il faut bien que les Champs Elisées y soient aussi. *Les Dieux vous enverront*, dit Protée à Ménélas, *dans les Champs Elisiens, à l'extrémité de la terre, où le sage Radamanthe donne des loix, où les hommes passent une vie douce & tranquille, où l'on n'éprouve point la rigueur des hivers, mais où l'air est toujours rafraîchi par les douces haleines des zéphirs venus de l'Océan* (a). Je sens, Monsieur, que vous ne reconnaîtrez pas les climats du Nord dans cette description; mais si ces climats sont changés, vous ne pouvez pas les reconnaître. D'ailleurs vous savez quels sont vos privileges : les poëtes, quand ils le veulent, écartent les vents & les tempêtes ; ils tempérent à leur gré le froid ou la chaleur, & les zéphirs sont à leurs ordres pour rafraîchir la terre qu'ils veulent rendre heureuse. Les traditions suivies par Homère, le

---

(a) Homère, Odyssée, liv. IV.

premier des Ecrivains Grecs, m'apprennent un fait qui me paraît hors de doute, c'est que les anciens plaçaient la demeure des Mânes dans le nord de la terre. Les Champs Elisées démontrent qu'on y fut heureux; le Tartare me prouve qu'on y fut juste. Voïez, Monsieur, les fleuves qui coulent dans les Enfers : c'est d'abord l'Achéron, dont les ondes sont amères comme la douleur, dont le nom annonce l'angoisse & les lamentations. Il était fils de la terre, Jupiter le précipita dans les Enfers, parce qu'il avait servi à étancher la soif des Titans (*a*) ; les Titans, sont les Géans habitans du Nord. C'est ensuite le Cocyte, qui n'est qu'un marais formé par les larmes; le Phlégéton qui roule des ondes de feu; le Styx où coule l'eau du silence & de la mort; & le Lethé plus propice aux hommes, où l'on puise l'eau de l'oubli : tels sont

---

(*a*) L'Abbé Bannier, Mythol. t. II, p. 440.

les fleuves du Tartare. Mais, Monsieur, les noms de ces fleuves sont étrangers à la Grece, à l'Egypte & à l'Italie; ils ont leurs racines dans les langues du Nord. *Lata* ou *leta*, signifient oublier, abandonner (*a*); d'où est venu le fleuve de l'oubli. De *Grondt*, qui signifie fond avec l'*a* privatif, on a fait *agrondt*, fleuve sans fond, d'où est venu l'Achéron (*b*). Le Cocyte peut venir de la racine *kota*, elle désigne une source qui bouillonne en sortant de la terre (*c*). Le Styx vient de *stegg* ou *stigg*, qui signifie une chose déplaisante, désagréable (*d*). Le Phlé-

___

(*a*) Rudbeck, *de Atlanticâ*, t. II, p. 356.
(*b*) *Ibid.* t. I, p. 310.
Le G ou le K sont deux articulations gutturales. Les Grecs pour adoucir le mot *Agrondt*, n'ont fait que substituer une articulation à l'autre, & ils ont fait *akront*: puis en donnant plus de valeur au *scheva* ou à l'*e* muet, qui dans la prononciation suit la consonne *k*, ils ont fait *akeron*; & nous, qui représentons leur X par *ch*, nous écrivons Achéron.
(*c*) Rudbeck, *ibid.*
(*d*) *Ibid.* t. II, p. 356 & 414.

géton vient de *floga* ou *flogeld*, qui est le nom des météores ignés, & de *thon*, qui signifie fleuve. Ainsi *flogeldthon* signifie un fleuve de feu (*a*). Ce fameux lac Averne, dont Virgile paraît avoir fait une antre, dont l'entrée est si facile, & la sortie si rare, parce qu'il représente la mort, a pris son nom de *aa*, qui signifie eau, & de *werna*, qui signifie renfermé. On doit entendre par *awern*, une eau stagnante & renfermée dans des bords comme celle d'un lac. Rudbeck nous apprend que l'on trouve sur des montagnes, vers la latitude de 63 ou 64 degrés, un lac qui porte encore le nom d'Awern (*b*). Le Dieu Pluton a la même origine ; il vient de la racine *blota*, qui signifie *égorger des victimes*. En Anglais, *bloud* signifie sang, meurtre. Dans les langues du Nord, on appelle encore *blottrie* les statues de Pluton ou d'Odin,

---

(*a*) Rudbeck, t. II, p. 603.
(*b*) Ibid. t. II, p. 463.

teintes

teintes de sang humain (*a*). Les Grecs avaient donné à ce Dieu le surnom d'Adès; mais ils ne connaissaient pas la source des mots dont ils se servaient. Plutarque donne à ce surnom une singulière origine; il dit qu'Adès signifie *ce qui plaît*, parce que Pluton humain, sage & riche, retient les ames par de belles paroles & par de douces remontrances (*b*). Les Grecs avaient tout dénaturé. Est-ce donc par la douceur qu'on nous retient dans la mort ? Dès l'instant où les yeux se ferment au jour, ne s'élève-t-il pas derrière nous une barrière insurmontable ? Nul ne peut revenir sur ses pas; c'est donc la nécessité, la force, & non la prière qui nous retient. Ne trouvez-vous pas plaisant qu'on ait fait de Pluton un Dieu *humain* ? Un Souverain, dont les états ne se peuplent que par la perte des

---

(*a*) Rudbeck, t. I. p. 728.
(*b*) De la superstition, §. 14.

hommes, ne doit pas être ami de l'humanité. Souvenons-nous que les noms appartiennent aux païs où ils ont un sens, où leur valeur exprime la valeur de la chose nommée; Adès était le surnom du Dieu de la mort, *ed, aiid* en Phénicien signifiait perte, mort : voilà donc la source où les Grecs l'avaient pris. Mais voulez-vous remonter plus haut & à la vraie source ? Vous trouverez dans les langues du Nord *auda* ou *oda*, détruire, perdre, *ode*, la mort, d'où *adin* le Dieu de la mort (*a*). Adonis, c'est le Soleil mort, descendu sous la terre, & devenu le Roi des Enfers & des ombres (*b*).

La barque de Caron est assez célebre, nous craignons tous ce nautonnier chagrin comme ceux qu'il doit passer, inflexible comme la destinée. On lui païait jadis une obole pour le passage, & pour le fret de la

___

(*a*) Rudbeck, t. I, p. 727.
(*b*) *Ibid.* t. II, p. 585, 593

barque nommée *barin* (a). Tout service vaut récompense, tout se païe dans la vie & même après elle. C'était une coutume commune aux Grecs, aux Romains, aux Egyptiens, de mettre dans la bouche de leurs morts une piece de monnoie destinée à païer Caron. N'oublions pas qu'on y ajoutait un certificat de vertu, signé du Pontife. *Je soussigné attefte qu'un tel a mené une vie juste, a eu de bonnes mœurs; je demande que ses mânes reposent en paix.* L'Abbé Bannier m'apprend que l'usage de ces certificats s'est conservé en Moscovie (b). Les Russes ne l'ont pas pris des Egyptiens; les coutumes du Midi ont donc leurs semblables dans le Nord: mais ce n'est pas tout. Le mot *barin* est précieux pour en indiquer la source. *Baar, baren* signifient dans le Nord, la biere, le cercueil (c). C'est en effet la voiture

_____

(a) Diod. de Sic. liv. I, sec. 11, §. 34.
(b) Mythol. t. II, p. 436.
(c) Rudbeck, t. I, p. 560.

qui nous mene à notre dernière demeure, c'est la barque fatale qui nous passe à l'autre vie. Monsieur, le mensonge est toujours mal couvert ; ce mot que les Grecs & les Egyptiens ont laissé là par mégarde, rend l'allégorie de Caron à ses véritables auteurs.

Pourquoi n'en serait-il pas de même des jugemens si exemplaires & si utiles des Egyptiens ? Les hommes, les Rois mêmes étaient accusés & jugés devant la nation au terme de leurs jours. Tout homme vivait, en disant, je serai jugé par mes pairs, ma vie sera déploiée devant eux ; cette attente est formidable pour ceux qui ont le sentiment de l'honneur. L'usage de plaider pour & contre les morts, ne s'est conservé que dans les canonisations ; il faut être pur & sans reproche pour habiter le ciel. Mais le sort éternel du vulgaire des humains, n'étant point révélé, ne peut faire leçon. S'il est utile à l'individu éteint d'avoir bien vécu, il est utile à la nation entière qu'un jugement rigoureux & fenfible engage les vivans à bien vivre. Cette coutume des Egyptiens était donc très-fage.

Les gens du Nord, Monfieur, avaient auffi des jugemens célebres: On a vanté fouvent leurs mœurs & leur juftice ; mais avant d'en faire ici l'application, il faut que je remette fous vos yeux une tradition feptentrionale. Vous favez que Borée fut un Roi du Nord qui enleva Orythie (*a*); vous verrez dans l'Edda, qui eft le recueil des traditions du Nord, que Borée eut trois fils, *Aun*, *Vili* & *Wei*. Un jour qu'ils s'approchèrent des bords de la mer, ils trouvèrent deux morceaux de bois ; ils en prirent un pour former un être vivant, qu'ils appellèrent *Mann*. Le premier des fils de Borée lui donna la vie, le fecond l'efprit, le troifième l'ouïe & la vue, & cet être fut l'homme. Le fecond

---

(*a*) Strabon, géog. liv. VII.

morceau de bois produisit la femme ; que les fils de Borée n'ont pas oubliée dans leurs dons. L'homme fut nommé *Afch*, la femme *Emla* (a). Tacite parle de ce *Mann* comme de l'auteur de la race des Germains (b). Il était bien naturel que ce mot désignât l'homme en général, puisqu'il fut le nom de celui qui a fait souche (c). Hésiode a dit quelque chose de semblable ; il compte que, dans le siecle d'airain qui succéda au siecle d'argent, Jupiter fit des hommes de bois (d), dont le cœur était plus dur que le diamant. Ils n'usaient d'aucune nourriture ; armés d'airain, ils étaient entierement livrés à la guerre. Monstrueux par la grandeur, revêtus d'une force extrême, des mains invincibles, dit le poëte, descendaient

---

(a) Rudbeck, t. I, p. 540.
(b) Mœurs des Germains, c. 2.
(c) Rudbeck, t. I, p. 458.
(d) De bois de frêne.

de leurs épaules sur leurs membres robustes (a). Il est inutile de vous faire remarquer que cette peinture est celle des Géans, que la matière dont ils ont été faits les assimile à l'homme créé par les fils de Borée ; ces Géans de bois sont nés dans les Etats du Roi du Nord.

Ce mot *Mann*, soit parce que l'homme est un être puissant, soit par ces idées de grandeur & de force, devint la désignation de la puissance ; on en fit le titre des Rois (b) ; on les a nommés *Minnur*, *Minner* (c). On peut croire, Monsieur, que les Grecs ont pris là leur Minos, Législateur célebre & Roi de Crete, en plaçant dans ce mot septententrional une voïelle plus sonore & plus harmonieuse. Il fallait des sons doux à ces oreilles délicates & sensibles

---

(a) Hésiode, *in oper. & dieb.* v. 143. Rudbeck, t. I, p. 544.
(b) Rudbeck, *ibid.* p. 277, 423, 470.
(c) Ces changemens de voïelles sont familiers à la langue Suédoise. *Ibid.* p. 539.

à la musique. En voulez-vous encore une preuve ? C'est que jadis on célébrait dans la Suede tous les neuf ans une grande solemnité, on faisait des sacrifices en présence du peuple accouru de toutes parts (*a*). Homère vous dira que Minos jouissait tous les neuf ans de l'entretien de Jupiter, & entendait les oracles de sa bouche (*b*). Lorsque les Dieux se parjuraient, après avoir fait serment sur le Styx, Jupiter les privait de la divinité pendant neuf ans (*c*). Pourquoi ce compte de neuf années ? Ce tems de dégradation ne rappelle-t-il pas l'intervalle des jugemens du Nord, qui n'avaient lieu que tous les neuf ans ? Jupiter dégradait les Dieux dans une de ces assemblées, il les rétablissait dans une autre. Ces ressemblances d'usages, quoiqu'éloignées, prouvent quelque

---

(*a*) Rudbeck, t. I. p. 262 & 263.
(*b*) Odyssée, liv. XIX.
(*c*) L'Abbé Bannier, Mythol. t. II, p. 442.

chose, quand elles se joignent à l'autorité des étymologies. Le Nord nous fournit donc un des Juges, & le plus célebre des Juges des Enfers. Mais ces extrémités de la terre doivent nous en fournir encore un autre. *Rad* signifie un Sénateur, un Juge intégre; *radamen*, un Juge roïal (*a*) : voilà donc le Rhadamante qui aidait Minos à juger les ombres ; on ne peut assurément le méconnaître. On a dit avec raison que ces noms de la fable étaient étrangers à la langue Greque, ils sont citoïens du Nord. Le troisième Juge Eaque manque à nos recherches : mais ces histoires, ces faits ne peuvent pas être entiers ; ce qu'ils ont perdu est la preuve de leur antiquité : ils ne seraient pas vieux, si le tems ne leur avait pas dérobé quelque chose.

Nous pouvons dire, Monsieur, comment Minos, Eaque, Rhadamante ont

_____

(*a*) Rudbeck, t. I, p. 546.

été établis pour juger les morts, Plutarque nous l'a raconté. C'était une loi, dès le tems de Saturne, que ceux d'entre les hommes, qui avaient passé leur vie dans la justice & selon les loix, allaient après leur mort habiter les îles fortunées, loin de tous maux & dans une félicité éternelle. Les méchans, les impies destinés aux cachots de la justice suprême, étaient envoïés au Tartare. Sous le regne de Saturne & au commencement du regne de Jupiter, c'étaient des hommes vivans qui jugeaient leurs semblables, parvenus à la dernière vieillesse, ou menacés par la maladie. Mais les témoins favorables ne manquent pas aux vivans; on paraissait au tribunal accompagné de ses amis & de ses parens; on y déploïait l'orgueil de sa race & le faste de ses richesses; les Rois étaient encore entourés de leur pompe, & défendus par leur puissance. Il est de l'homme de craindre l'homme vivant; les jugemens n'étaient pas toujours équitables. Pluton, Souverain des îles fortunées, se plaignit qu'on lui envoïait des sujets, qui n'étaient pas dignes du séjour de la paix. Jupiter sentit que la source de la séduction est dans les passions humaines ; les passions plaident, & les passions prononcent. *Ce sont ces vêtemens*, dit Plutarque, *qui corrompent les Juges*. Jupiter ordonna donc que désormais les Juges seraient *nus*, c'est-à-dire, morts & dépouillés de l'humanité fragile ; leur tribunal fut placé dans l'autre vie, afin que les ames seules jugeant les ames, les arrêts fussent justes. Jupiter donna cet emploi à ses enfans : Minos & Rhadamante furent pour l'Asie, Eaque pour l'Europe (*a*) ; l'Asie, comme l'aînée, comme la plus peuplée alors, a été traitée plus favorablement. Mais qui est-ce qui jugeait l'Egypte & l'Afrique ? Ne serait-il pas singulier, si

---

(*a*) Consolation envoïée à Apollonius sur la mort de son fils, §. 30.

ces fables étaient nées des mœurs du Nil & des loix Egyptiennes, que l'Afrique seule eût été oubliée? Les petites circonstances sont utiles pour découvrir la vérité. Vous pouvez penser combien ces idées sont antiques, vous pouvez exclure une infinité de païs qui n'ont pu les produire. L'Egypte était totalement inconnue aux Auteurs de ces institutions. Quels sont les peuples, qui dans l'antiquité, n'ont pas connu l'Egypte? Ce ne sont ni les Romains, ni les Grecs, ni les Phéniciens mêmes. Les auteurs de ces institutions, qui ont pu oublier l'Egypte, qui n'en avaient pas même entendu parler, étaient des gens du bout du monde ; des hommes qui existaient avant elle, & qui sont sortis de leurs retraites éloignées, pour venir fonder son empire & ses loix.

Vous voïez, Monsieur, que les tribunaux humains ont été les modeles des tribunaux des Enfers ; vous voïez qu'ils ont été institués dans le tems de

Saturne, où les loix ont été promulguées, dans un tems célebre pour la justice & pour le bonheur (*a*). N'avez-vous pas vû que Saturne était le frere d'Atlas ; & puisque Plutarque rapporte ces institutions à son regne & au commencement du regne de Jupiter, il est clair que la justice de ce regne a depuis réglé celle de la vie future ; il est clair que ces hommes vivans jugés par leurs semblables étaient de la race d'Atlas : ils habitaient l'Atlantide, ou les païs voisins & occidentaux, qui furent les roïaumes de Saturne. Ce Saturne bâtissait des forteresses sur des montagnes; les lieux élevés étaient nommés Saturniens (*b*). On nous ramene toujours aux montagnes, qui ont été le théâtre de tant de guerres, & que les hommes ont fortifiées par les ouvrages de l'art (*c*).

(*a*) *Suprà*, p. 59.
(*b*) *Suprà*, p. 58.
(*c*) *Suprà*, p. 196 & 216.

Il faut entendre Platon, récitant les instructions qu'il avait reçues d'un philosophe; dans l'antiquité, la science, se transmettait de vieillard en vieillard. Ce philosophe avait été instruit lui-même par son aïeul, qui lors de l'expédition mémorable de Xerxès dans la Grece, fut envoïé à Delos, pour défendre cette île, célebre & respectable par la naissance des Dieux. Nous ne croirons pas cette circonstance ; nous savons que les Dieux sont plus anciens que les Grecs : leurs îles n'étaient pas habitées, lorsque tous ces Dieux faux & mortels sont nés. Mais enfin cet aïeul trouva dans l'île de Délos des tables d'airain, apportées des montagnes Hyperborées; & il y lut toute la description de l'enfer, la doctrine de l'ame immortelle, dégagée des liens du corps, & descendue sous la terre dans l'empire de Pluton : empire fermé par des portes de fer, où se présentent d'abord l'Achéron & le Cocyte, au-delà Minos

& Rhadamante (*a*), qui jugent dans le champ de la vérité (*b*). Je n'ai pas besoin de vous faire observer, Monsieur, toutes les conséquences qu'on peut tirer de ce singulier passage. Vous voïez que les connaissances des Grecs étaient étrangères ; le dogme de l'immortalité de l'ame & de la vie future était emprunté : mais, quant au lieu d'où ces connaissances sont venues, je vous le demande, peut-on donner une preuve plus complette que celle de ce philosophe cité par Platon ? Il lit sur ces tables, qui furent l'ouvrage des peuples septentrionaux, toute l'histoire des institutions que nous retrouvons dans le nord de la terre ; il y voit les noms de fleuves & de personnages, dont la langue conserve encore les significations & les ra-

---

(*a*) Eaque ne paraît point dans ce passage de Platon. Ce troisième Juge des Enfers pourrait bien avoir été ajouté depuis.

(*b*) *Plato in axiocho.*

Rudbeck, t. I, p. 536.

cines. Ajoutez, Monsieur, que cette île de Délos, qui a vu naître les Dieux dans la Grece, a été évidemment qualifiée par la vanité nationale; elle représente une île plus ancienne & plus grande, que Diodore de Sicile & Pline placent tous deux dans les mers septentrionales. L'un la nomme île Basilée ou roïale (*a*), l'autre lui donne le nom d'Oserista (*b*); & ce mot comme pour appuïer leur témoignage, signifie dans les langues du Nord, *île des Dieux Rois, île roïale des Dieux* (*c*). Ainsi tout ce que les Grecs débitaient de cette île de Délos, honorée de la naissance des Dieux, appartient à l'île Basilée qui était dans les mers du Nord.

Plutarque pensait jadis, comme je le pense aujourd'hui, Monsieur, qu'Homère a voulu placer les Enfers vers le

---

(*a*) Diod. t. II, p. 225.
(*b*) Plin. liv. XXXVII, c. 2.
(*c*) Rudbeck, t. I, p. 462, 464.

pôle boréal; il croit que ce sont les ténebres de ces contrées qui l'ont déterminé (*a*). Mais Homère était plus près des sources de l'antiquité, Homère était plus instruit que Plutarque ; ce ne sont point des convenances, ce sont les traditions qui l'ont conduit. Ce choix n'est pas de son génie, il a suivi l'opinion reçue & universelle. Tous les poëtes, tous les auteurs anciens ont placé le Tartare, les Champs Elisées, les jardins des Hespérides, la naissance des Dieux & des Héros, la demeure des mânes aux extrémités du monde & dans le païs des ténebres. D'ailleurs est-ce Homère ; sont-ce les poëtes Grecs qui ont introduit dans les langues du Nord, les noms mêmes des fleuves, des Juges & des Dieux des Enfers ? Tous ces noms étaient étrangers à la Grece (*b*) ; les Grecs n'ont fait que les adoucir en les

─────────────

(*a*) Plutarque, *in Mario.* §. 2.
(*b*) Herod. liv. II.

adoptant. Ils les tenaient des pélages, & le nom de ce Peuple annonce qu'il fut errant, c'est-à-dire, voïageur; c'est par les courses & la descente des hommes vers l'équateur, que la terre s'est peuplée & instruite. Platon autorise à cette conclusion, puisqu'en conséquence d'une tradition certaine, il nous apprend qu'on avoit vu à Délos des tables d'airain apportées des païs du Nord, où on lisait la description des Enfers. N'est-ce pas nous dire que ces tables étaient la source de ces idées? Quelle raison l'eût engagé à contredire si formellement les prétentions de la vanité Greque, s'il n'y avait pas été forcé par la vérité? Je m'en rapporte à Platon, disciple des Egyptiens, je cede à un Grec, qui dépose contre les Grecs & les Egyptiens.

Je prévois une objection que vous m'allez faire. *Jadis*, me direz-vous, *les nations de la zône tempérée n'imaginaient pas que la terre fût habitée au-delà du 50ᵉ degré de latitude boréale*. Je pardonne aux Grecs d'avoir placé les ténebres Cimmériennes précisément vers le 50ᵉ degré (a). Mais, Monsieur, les Grecs, tout ignorans qu'ils étaient, distinguaient les Cimmériens des Hyperboréens. Les Cimmériens habitaient en effet vers les Palus Méotides, entre 45 & 50° de latitude. Ces peuples, suivant mon principe (b), doivent avoir descendu le Volga, puis le Tanaïs, aujourd'hui le Don, qui se jette dans la mer d'Azof. En remontant ces fleuves, en arrivant à leurs sources, vous vous trouverez au point de départ de ce peuple. *Les Cimmériens,* dit Plutarque, *n'étaient qu'une petite partie d'une grande nation, chassée par les Scythes, & qui s'arrêta près du Tanaïs, après avoir traversé l'Asie. Cette multitude guerrière habitait auparavant les bords de l'Océan, dans des forêts épaisses & sous un ciel*

(a) Lettres sur l'origine des Sciences, p. 12.
(b) *Suprà*, p. 256.

ténébreux ; là le pôle est presque à plomb sur la tête, de longues nuits & de longs jours se partagent l'année (a). Il y avait donc des Cimmériens en Asie ; lorsqu'ils en sortirent, il y en eut près du Bosphore ; & lorsque ces barbares se furent portés en Italie, il y en eut aussi près de Baïes & de Pouzolles (b). On peut donc concevoir comment des peuples du même nom se retrouvent en tant d'endroits divers sur la terre, & comment les historiens ont pu faire tant de fausses applications & de méprises.

Mais ce n'est pas chez ce peuple que les Grecs puisèrent les idées qu'ils avaient des Hyperboréens. Hérodote raconte qu'il y a des peuples qui dorment pendant six mois, parce qu'il suppose apparemment que dans la nuit, quelque longue qu'elle soit, on n'a rien de mieux à faire que de dormir. Les Grecs n'i-

---

(a) Plutarque, *in Mario.*
(b) L'Abbé Bannier, Mythol. t. II, p. 418.

gnoraient point que dans le Nord, il y avait un climat, où l'année n'était composée que d'un jour & d'une nuit de six mois (a). *Les peuples de ce climat, les Hyperboréens sément le matin, moissonnent à midi, cueillent les fruits le soir, & les renferment la nuit dans leurs cavernes* (b). Peut-on mieux peindre la vie de ces peuples, pour qui le tems n'a que de grands intervalles, pour qui la nature n'a point fait la vicissitude sans cesse renaissante des jours & des nuits ? Elle leur donne tout à la fois la lumière, tout à la fois les ténèbres de l'année ; une moitié de la révolution solaire est occupée par le travail, l'autre est pour le repos & pour l'ennui : & s'ils se retiraient l'hiver dans des cavernes, c'était pour s'appercevoir moins de l'ab-

---

(a) Pline, liv. IV, c. 12.
Solin Polyhistor, c. 16.
Pomp. Mela, liv. III, c. 5.
(b) Pline, liv. IV, c. 28.

sence du soleil. Le ciel est vide & triste sans lui, le ciel sans soleil n'était pas digne de leurs regards. D'ailleurs la description du païs des Hyperboréens ne ressemble point aux bords des Palus Méotides. Au-delà des Gaules, dans l'Océan, du côté du septentrion, il est, suivant Hecatée (a), une île plus grande que la Sicile ; c'est là qu'habitent les Hyperboréens, qui, suivant leur nom, sont au-delà du climat où est l'empire de Borée, & d'où le vent du nord souffle la glace sur la terre. C'est le lieu de la naissance de Latone & de son fils Apollon. Ces peuples ont aimé de tout tems les Grecs, & sur-tout ceux d'Athènes & de Délos. Nous dirons peut-être quelque chose de ce commerce entre les Grecs & les Hyperboréens; mais dans ce moment, Monsieur, vous ne serez pas étonné de trouver chez les Insulaires de Délos des tables d'airain, écrites en langue Hy-

---

(a) Diod. a I, p. 307.

perboréenne; & lorfque Platon vous affurera qu'elles contenaient la defcripcription des Enfers, vous ne douterez point qu'ils ne fuffent placés dans le païs des Hyperboréens, dans le Nord de la terre. Il me paraît clair que la patrie de ces idées eft dans cette région du monde. Il eft poffible fans doute que dans des tems d'ignorance, les Grecs aient confondu les lieux, aient placé les longues ténebres chez les Cimmériens, au 50ᵉ degré de latitude. Je leur pardonne comme vous cette erreur, mais elle ne change point l'état des chofes : elle n'empêche point qu'ils ne fuffent inftruits d'une manière vague & obfcure des phénomènes propres aux climats les plus près du pôle; elle n'empêche point que ce ne foit précifément dans ces climats que les plus inftruits des Grecs ont cherché le Tartare & les Champs Elifées.

Les Mânes, les Ombres des morts font les reftes de l'homme. On n'a pu leur donner ce nom que dans le païs où l'homme lui-même portait le nom de *Mann*. Ces rapports sont trop frappans pour n'être pas sentis, la conséquence m'en paraît évidente. Ce mot de *mann* appartient exclusivement aux langues du Nord (*a*) : j'en conclus que l'idée des mânes, celle du Tartare & des Champs Elisées sont descendues du Nord ; & que tous les peuples qui, sans révélation, se sont élevés à la croïance de la vie future, ont leurs ancêtres dans cette partie du monde. Mais, vous me demanderez comment les hommes ont pu se tromper ainsi, mêler une erreur grossière à une pensée profonde, & donner une position matérielle & terrestre à des lieux que nous ne verrons jamais qu'en esprit, & après avoir quitté la terre. Il semble que ce soit une dé-

_____

(*a*) Les Lapons appellent encore *manes*, ce qui reste de l'homme après la mort. Voiages de Renard en Laponie, tom. I, p. 184.

mence de les placer dans des régions qu'on a connues, fréquentées, & où on n'a jamais rien vu de tout cela. La raison en est simple; tout cela s'est opéré par une marche naturelle. Ces institutions n'ont point été faites sur les lieux : cette géographie s'est établie dans le souvenir, ces changemens ont été produits sous le voile de la tradition ; le regret change, embellit tout, c'est lui qui fait les métamorphoses. Les Champs Elisées ont la même origine que l'âge d'or. Quand on a eu quitté la patrie où un peuple s'était formé, accrû, on a regretté cette patrie. Tantôt on a dit aux jeunes gens ; nous avons habité jadis, nous ou nos ancêtres, un païs délicieux, sur un sol fertile, sous un ciel pur, qui ne voïait que des hommes vertueux, parce que des loix justes & sévères punissaient les méchans. Tantôt comme la mort réunit tout, sans distinction, ni de tems, ni de lieu, comme la même ombre enveloppe tout ce qui sort du tems & de l'espace, en montrant un vieillard qui venait de finir ses jours, on a dit : il est allé rejoindre ses ancêtres, il va jouir avec eux de la paix, recevoir la félicité qu'il a méritée : les méchans n'y retournent que pour y subir la sévérité des jugemens. Ces idées se sont répétées, gravées par les générations ; & l'on a fini par confondre l'autre vie, le lieu où Dieu punit & récompense, avec l'ancien séjour, avec la patrie première & regrettée, où les mœurs étaient innocentes & les loix sévères.

Cette origine de la fable de l'Enfer me paraît admissible, parce qu'elle est vraisemblable & philosophique ; mais elle porte encore sur trois faits qui semblent devoir exclure le doute. Les poëtes & les historiens, qui sont à notre égard les dépositaires des anciennes traditions, ont écrit que le siege des Enfers était au Nord de la terre ; on en pourrait douter, on pourrait croire que c'est un choix de convenance ; mais les langues septentrionales & vivantes, vous font entendre encore les noms, ou les racines des noms inconnus, étrangers à la Grèce. La Grèce n'a point été chercher des mots, ou des sons barbares pour les idées qu'elle a créées ; elle a même été obligée d'adoucir ces mots, quand elle les a reçus. Nous jugeons que la Chimie vient des Arabes, parce que les mots téchniques sont Arabes. L'Astronomie nous a été enseignée par les Grecs & par les mêmes Arabes ; on le voit par l'ancien Dictionnaire de cette science. La science des Enfers appartient au peuple, dont la langue a produit les noms des Dieux, des Juges & des fleuves des Enfers. Les mots n'ont pu être adoptés, que parce qu'ils sont inséparables des idées. Ces deux faits, ces deux preuves suffiraient sans doute, mais l'histoire nous montre évidemment que dans tous les tems, le Midi a été envahi par les hommes du Nord ; de tout tems les richesses ont tenté la pauvreté : vous voïez que l'Europe a été peuplée par ces invasions, vous voïez que toutes les nations de l'Asie avaient franchi le Caucase, qu'elles se sont fortifiées contre les nations qui ont voulu les suivre. Il semble qu'il y ait une pente qui entraîne les hommes vers l'équateur ; c'est l'effet nécessaire de l'attrait de la chaleur & des richesses, c'est la pente du besoin & de l'intérêt. Ce fait de l'histoire se joint aux deux premiers ; il explique pourquoi les fables du Nord, & les mots des langues septentrionales, se trouvent dans le Midi : les hommes, les mots, & les idées ont suivi le même cours.

La chûte de Phaëton ne l'a point fait tomber en Italie, elle l'a noïé dans les eaux de l'Eridan, qui va grossir les mers du Nord. Vous avez vu Prométhée enseignant à Hercule le chemin du jardin des Hespérides par le Caucase ; le nom d'Hercule, son histoire le naturalise dans le Nord ; les Hespérides, filles d'Atlas, font du même païs. Cette Calipſo ſi ſéduiſante, qui pendant ſept années retint Ulyſſe dans ſes fers (a), qui lui fit oublier la foi conjugale, qui enfin eſſaïa les mêmes charmes, & manqua la victoire ſur Télémaque ; cette Calipſo était la fille du grand Atlas : les bois de Proſerpine, les Champs Eliſées, le tribunal de Rhadamante ſont dans le Nord, & dans l'empire de Saturne, frere d'Atlas. Voilà la mémoire des Atlantes qui ſe renouvelle, voilà des fables qui ſont leurs inſtitutions. Non-ſeulement nous avons vu qu'ils avaient franchi le Caucaſe, nous les avons retrouvés dans la Scythie, mais les fables préſentes nous les montrent plus dans le lointain & vers les ténebres du pôle. Je n'oſe encore en tirer cette concluſion, que les Atlantes ſont les habitans du Nord de la terre ; elle eſt extraordinaire & hardie. Vous

---

(a) Odyſſée, liv. VII.

m'avez demandé des nouvelles de mon peuple perdu, il vous faut des preuves hiftoriques. Je ne fai fi vous prendrez ces fables pour des hiftoires. Eh quoi! ne voudriez vous pas que les filles fuffent de la famille de leur mere ? L'homme ne ment pas feulement pour mentir; quelquefois il corrige un peu la vérité, quand elle n'eft pas affez intéreffante, ou affez agréable : elle refte moins pure, mais elle eft toujours la vérité ; elle a acquis des charmes, mais elle n'a pas perdu tous fes titres. Il me paraît évident que ces fables tiennent au Nord par les racines des langues feptentrionales. Quand elles ne feraient que des jeux de l'imagination, elles nous montrent le berceau autour duquel ces jeux fe font paffés. Mes foupçons fe fortifient ; je fens que je marche vers la conviction. Quoique je fois timide, quand vous me faites l'honneur de m'écouter; quoique je ne me pardonnaffe pas de vous avoir égaré, je dois profiter des avantages du lieu où je vous ai conduit. Arrivés dans les contrées entre le pôle & le Caucase, nous en avons vu descendre toutes les nations de l'Asie, nous sommes près des sources du genre humain ; cette grande vérité ne doit pas rester stérile. Je vous supplie de ne pas m'abandonner ; & si le peuple Atlantique n'est pas une chimère, nous allons retrouver sa demeure.

Je suis avec respect, &c.

VINGT-TROISIEME LETTRE

A M. DE VOLTAIRE.

Découverte de la patrie des Atlantes.

A Paris, ce 5 Mai 1778.

PLATON parlait aux Athéniens, Monsieur, de la plus belle & de la meilleure génération d'hommes qui eût jamais existé. Il n'en était échappé qu'une faible semence, dont les Athéniens étaient les descendans. Il ajoute qu'Athènes seule résista aux efforts d'une grande puissance sortie de la mer Atlantique (a). Je crois bien qu'il y avait autant de politesse que de vérité dans ces complimens ; mais enfin la flatterie, & sur-tout la flatterie d'un philosophe, doit conserver un peu de vérité. J'en conclus qu'il existait dans la Grèce une

---

(a) Suprà, p. 21.

tradition

tradition vague & confuse de quelque descendance. On rapportait l'origine de la nation à un peuple ancien, placé dans une partie du monde alors inconnue. Pour m'éclaircir, pour en savoir plus que les Grecs eux-mêmes, il faut que je rapproche des traditions ; j'ai toujours vu la lumière & la vérité sortir de ces rapprochemens & de ces alliances. Les Grecs se vantaient d'avoir eu un commerce suivi avec les Hyperboréens ; on dit qu'ils les visitaient, qu'ils leur avaient laissé des offrandes chargées d'inscriptions Greques. Les Hyperboréens eurent de leur côté le Scythe Abaris pour Ambassadeur ; ils portaient chaque année les prémices de leurs grains. Trois ou quatre filles jeunes & vierges en étaient chargées, sous la conduite de cent jeunes gens ; ces Vierges essuïèrent en route quelque accident, on n'en envoïa plus : on fit passer les offrandes de peuple en peuple, & de main en main jusqu'à

Délos (*a*). Les tables Hyperboréennes qu'on voit dans cette île, suivant le témoignage de Platon (*b*), me donnent de la confiance à ces faits. Mais la route que suivaient ces offrandes confiées à la probité antique est remarquable; Pausanias nous apprend que les Hyperboréens les remettaient aux Arimaspes, ceux-ci aux Issédons, les Issédons aux Scythes, qui les faisaient passer en Europe (*c*): ces trois peuples sont évidemment des peuples qui habitaient la Tartarie (*d*), entre le Caucase & la mer glaciale. C'est donc avec raison que Diodore de Sicile a placé les Hyperboréens vers le Nord & dans une île de cette mer (*e*). Avez-vous beaucoup de

___

(*a*) Bannier, Mythol. t. I, p. 665.
(*b*) *Suprà*, p. 366.
(*c*) Bannier, t. I, p. 666.
(*d*) Voiez la position de ces peuples de la Tartarie dans la Géographie ancienne de M. Danville, t. II, p. 321, 323, 324.
(*e*) *Suprà*, p. 374.

foi, Monsieur, à ces vierges & à ces offrandes, qui font un si long voïage, qui le répetent tous les ans ? Dans un tems où la communication était difficile, ce trajet de sept à huit cens lieues demandait au moins un an ; les messagers devaient être toujours en chemin, les prémices étaient un peu vieilles quand elles arrivaient. J'explique tout cela d'une manière assez simple, en supprimant les longs voïages, qui méritent peu de croïance. Ces visites réciproques me semblent naître du voisinage ; ce sont des peuples amis, parens, qui cultivent leur amitié, & cimentent chaque année leur alliance. Les Grecs doivent avoir changé de place sur la terre comme toutes les nations du monde ; pourquoi n'auraient-ils pas été voisins des Hyperboréens ? Ils portaient d'abord le nom de Pélages ; ces Pélages pourraient bien avoir pris leur nom d'une mer nommée particulierement *pelagus*, ou la grande mer, dont Platon parle à l'occasion de l'île Atlantide (a). Les Pélages s'éloignèrent, le commerce continua quelque tems. Lorsque la distance l'eût rompu, le souvenir s'en conserva ; & l'on se vanta des faits passés comme d'une chose présente. Les tables en langue Hyperboréenne, qui contenaient les histoires & les fables communes, furent transportées & déposées à Délos, où l'on résolut de représenter l'île des Dieux qu'on avait laissée en Asie. Je n'ai d'autre preuve à vous donner de cette opinion, Monsieur, que sa vraisemblance, que sa conformité avec les faits que je vous ai rapportés, & avec ceux que j'y pourrai joindre encore. Et sans cet ancien voisinage des Grecs & des Hyperboréens, où les Grecs auraient-ils pris dès leurs commencemens, dans un tems où les individus ne voïageaient gueres, tant de connaissances sur les phénomènes

―――――――――――――

(a) *In Critia.*

des longs jours & des longues nuits des climats septentrionaux, sur les ténèbres qui affligent une partie de l'année ? Ce sont les instructions reçues dans son enfance & près de son berceau, que ce peuple a conservées dans la vigueur de l'âge. Orphée, Homère ont chanté ces traditions, que les beaux vers ont fait vivre.

Cette île des Hyperboréens me rappelle l'île Panchaïe, dont Euhemère comptait tant de merveilles, où l'on trouve écrites en caractères d'or sur une colonne les actions d'Uranus, de Saturne & de Jupiter, c'est-à-dire, des Chefs des Atlantes (a). Elle me rappelle ces îles sacrées, situées au-dessus de l'Angleterre, où Plutarque place le séjour des démons & des demi-Dieux (b); l'île Basilée, où l'on recueille l'ambre, où Phaëton fut précipité (c); l'île *Ose-*

(a) Diod. de Sic. t. II, p. 263, & 339.
(b) Des oracles qui ont cessé, §. 13.
(c) Diod. t. II, p. 225.

ricta, ou l'île des Dieux (*a*); l'île du bonheur, appelée auſſi *Elixoia*; l'île Atlantide de Platon; enfin l'île Ogygie où régnait Calypſo, & qui, ſuivant l'opinion d'Homère & de tous les anciens, était la même que l'Atlantide.

Ne trouvez-vous pas, Monſieur, quelque choſe de ſingulier dans cet amour des anciens pour les îles ? Tout ce qu'il y a de ſacré, de grand & d'antique s'y eſt paſſé : pourquoi les habitans du continent ont-ils donné cet avantage aux îles ſur le continent même ? Quand on veut décorer ſon antiquité par des fables, c'eſt ſa patrie qu'on illuſtre, & non des contrées étrangères. On ne ſacrifie point à de petits appendices, à des terres iſolées & détachées comme ces îles, les grandes maſſes de terre qui ſemblent les maîtreſſes du globe. Je penche à croire que cet amour était un peu forcé. Ces traditions n'ont point

___

(*a*) Pline, liv. XXXVII, c. 2.

été imaginées, elles ont un fond de vérité, l'amour propre les eût tournées autrement, mais la vérité lui résiste. Quand vous voïez un homme enrichi & parvenu envoïer chercher les actes & les titres de sa famille dans un village, n'y placez-vous pas son origine ? Eh bien ! ce village si humble devant les Capitales, c'est ici cette île qui a peuplé en partie les grandes terres ; les titres de famille du genre humain, ce sont les traditions qui ont leur source dans ces îles sacrées. Les Insulaires ont eu besoin de vaisseaux pour aborder notre vieux continent ; de là l'origine de la navigation. Les Grecs disaient que Minos le premier avoit formé des flottes, & s'était emparé de la mer (*a*). Vous avez vu quel fut ce Minos Juge des Enfers, dont les Grecs ont fait le Législateur de la Crete. Minos était un homme du Nord ; l'inventeur de la na-

---

(*a*) Thucyd. bell. Pelop. liv. I.

vigation s'y rencontre également : vous en allez convenir. Mes premières raisons sont celles que je vous ai déjà exposées, pour placer l'idée des grandes navigations dans une île solitaire & bornée (*a*). J'y ajoute la nécessité de ce secours pour se porter dans le continent de l'Asie, où vous verrez que les hommes ont passé. Une fable déjà consignée dans ces lettres (*b*), citée également par l'Edda & par Hésiode, confirme cette origine. Dans le Nord le frêne se nomme *astar*. Jadis les traits, les épées, toutes les armes offensives & les navires du Nord furent de ce bois. Les navigateurs étaient appelées *astemann*, hommes de bois (*c*) ; ils descendaient de leurs maisons flottantes & bâties de frêne, leurs armes étaient les dépouilles de cet arbre : la fable dit qu'ils étaient nés

---

(*a*) Suprà, p. 92.
(*b*) Suprà, p. 357.
(*c*) Rudbeck, t. I, p. 543.

dans les forêts; que les Dieux les avaient formés de ce bois C'est donc parce qu'ils arrivaient sur des navires qu'on a imaginé l'histoire des fils de Borée, qui fabriquent l'homme avec un morceau de bois; c'est pour cette raison qu'Hésiode, donnant à ses Géans un cœur de diamant, a dit qu'ils avaient été faits de bois, & même de bois de frêne: il n'y a que la vérité cachée sous ces allégories, qui puisse ramener ainsi à la même source des fables si différentes. Vous savez, Monsieur, que les traces des origines se conservent dans les langues. Une science est issue du païs où les mots techniques dont elle se sert ont pris naissance; c'est un principe incontestable. Vous avez vu que le mot, qui en Grece & en Italie signifiait un vaisseau, a la même signification dans les langues du Nord. Dans ces mêmes langues *Ship* est encore un navire. Ce mot se conserve dans la langue Anglaise, & il se retrouve au bout du monde chez les Kourilles pour nommer un petit canot (*a*). Les uns & les autres peuples n'ont pu avoir de source commune que dans le Nord ; & d'après notre principe, puisqu'ils y prirent le nom des vaisseaux & des canots, qui sont le premier état des navires, ils ont dû y prendre également l'idée de la navigation. Et ne voïez-vous pas, Monsieur, que ceux qui nous l'ont enseignée, les Phéniciens, ces hardis navigateurs, étonnant le monde par leurs courses, conservant le culte du Soleil & le souvenir de tous les Chefs des Atlantes (*b*), étaient sans doute descendus avec eux du Caucase, n'étaient peut-être que les Atlantes mêmes sous un nom changé, & avaient comme eux leur patrie dans le Nord, où les langues nous montrent l'origine de la navigation. Nous ne serons point étonnés que dans leur temple d'Hercule, il y eût

---

(*a*) Suprà, p. 304.
(*b*) Suprà, 15ᵉ Lettre, p. 107.

toujours deux colonnes, l'une dédiée au feu, au Soleil qui manquait à des contrées froides, & l'autre au vent qui les conduisit dans le continent, & dans une nouvelle patrie plus habitable (*a*). Mais ce point commun de descendance des Anglais, des Phéniciens & des Kourilles, doit être placé aussi haut dans le tems que sur le globe. L'invention de la science navale ne peut être que très-antique. Cependant les Orientaux semblent en avoir conservé quelques traditions : les Chinois ont leur *Peirun*, aimé des Dieux, qui se sauva d'une inondation dans une barque (*b*); les anciens peuples de la Suede ont leur *Belgemer*, également sauvé dans une barque avec sa femme. Le lieu d'où ils s'échappaient, semble donc placé entre les parties septentrionales de la Suede, & les parties septentrionales de la Chine

---

(*a*) *Suprà*, p. 110.
(*b*) Kempfer, hist. du Japon, liv. III, c. 5.

& de la Corée ; il doit répondre au milieu de l'Asie. Nous ne sommes pas obligés de faire remonter ces traditions au déluge universel, elles peuvent appartenir à des déluges particuliers. Les Tartares disent qu'autrefois leurs peres navigeant dans le lac Kytaï, où le fleuve Oby prend sa source, avaient vu de loin dans ce lac de grands édifices, en partie submergés (*a*). C'est un indice que cette partie du monde peut en effet avoir subi quelque inondation particulière. Les Grecs, les plus grands voleurs de l'antiquité, qui s'appropriaient tout, les fables, les histoires des nations, les héros, les inventeurs des sciences, ont bien pu s'approprier aussi les grandes catastrophes de la nature, gravées dans le souvenir des hommes. *Il n'y a rien de si obscur*, dit l'Abbé Bannier, *que l'histoire d'Ogygès & du déluge, qui*

(*a*) Pierre Bergeron, traité des Tartares, 1634, p. 217.

arriva sous son regne. Ce Prince était-il originaire de la Grèce, ou était-il étranger ? En quel tems vivait-il ? Qu'est-ce que le déluge d'Ogygès ? Voilà trois questions qu'il n'est pas possible d'éclaircir (a). Puisque M. l'Abbé Bannier abandonne la partie, je prendrai la liberté de vous proposer mes conjectures.

Diodore de Sicile, Monsieur, nous a appris que les Titans, ou les Géans, étaient nés d'Uranus & de la terre dans le païs des Atlantes (b). Phérécide, historien Grec, dit que les Hyperboréens étaient de la race des Titans (c); l'Hyperborée était donc le païs des Géans. Qu'étaient ces Géans ou Titans? Trois d'entr'eux se nommaient Cottus, Briarée, Gygès, ils avaient cent mains & cinquante têtes ; ils habitaient une

---

(a) Mythol. t. III, p. 32.
(b) Suprà, p. 53.
(c) Olaüs Rudbeck, tom. II, p. 19.

terre ténebreuse, & le Tartare où Jupiter les précipita (*a*); ils aidèrent Saturne, qui voulait faire descendre son fils du trône pour y remonter. Or Saturne ne peut avoir régné que dans les climats où nous sommes maintenant arrêtés ; c'est le lieu des Champs Elisées, qui étaient dans son empire (*b*). Denis le Géographe dit que la grande mer au nord de l'Asie, était appelée glaciale ou Saturnienne (*c*). Orphée, Pline disent que les habitans lui donnaient ce nom (*d*); c'est donc là que nous devons placer les Géans, les compagnons & les aides de Saturne, qui depuis ont partagé sa prison. Ces cent mains & ces cinquante têtes, qui ne

---

(*a*) Hésiode, Théog. v. 734.
Rudbeck, t. I, p. 357.
(*b*) *Suprà*, p. 362.
(*c*) Denis, v. 35.
Rudbeck, t. I, p. 404.
(*d*) Orphée, v. 1077
Pline, liv. IV, c. 16.
Rudbeck, t. I, p. 461, 513.

désignent que la force & la prudence, ont fait imaginer la forme du Dieu *Fo* & des divinités Indiennes, dont les idoles remplissent la Tartarie, l'Inde, la Chine & le Japon. Je vois clairement, Monsieur, que ce Géant formidable Gygès habita l'île Atlantide, qui est la même que l'île Ogygie. *Oia* dans les langues du Nord signifie île (*a*). J'en conclus qu'Ogygie est l'île de Gigès, & la submersion de cette île en tout ou en partie, est le déluge d'Ogygès.

Mais le plus grand des déluges de l'Atlantide est le déluge d'hommes, sortis peut-être à plusieurs reprises de cette île. Je ne vous parle ni de Tamerlan, ni de Gingiskan, ni de ces essaims de barbares qui ont inondé l'Empire Romain ; je remonte à des irruptions plus antiques, aux grandes expéditions de Bacchus & d'Osiris, ou

---

(*a*) Rudbeck, t. I, p. 468.

plutôt à celles d'un personnage célebre & unique, qui a porté ces deux noms. Osiris, c'est le Soleil; Bacchus, quoique le Dieu du vin, est aussi l'emblême de l'astre qui fait mûrir les raisins. Je le crois volontiers; mais le voïage de Bacchus, ses courses dans l'Inde, celles d'Osiris dans l'Egypte, les peuples qu'ils ont instruits, les villes qu'ils ont fondées, ne peuvent être une pure allégorie. Toute cette histoire contient des choses évidemment physiques; mais ces villes fondées & beaucoup d'autres faits sont historiques. On peut en faire la séparation par des conjectures vraisemblables. Je conçois que les hommes cherchant le soleil, s'avançant du Nord vers l'équateur, avaient un chef pour les conduire; ce chef est appelé Bacchus par les Indiens & par les Grecs, Osiris par les Egyptiens. Lorsque l'imagination a voulu joindre ses peintures au récit de la tradition, on a vu que le soleil abandonnait un pôle pour s'approcher s'approcher de l'autre, qu'il femblait defcendre du Nord en s'avançant vers l'équateur ; on a dit qu'il marchait dans le ciel comme les hommes avaient marché fur la terre : & le chef d'une expédition mémorable eft devenu l'emblême de la courfe folaire. Des peuples fédentaires n'auraient point eu cette idée : leurs traditions n'auraient point fourni d'allégories pour les voïages du Soleil ; c'eft parce qu'ils ont voïagé, & dans la direction des pôles, qu'ils ont lié le mouvement de cet aftre à leur hiftoire. Nous ne pouvons douter que Bacchus ne foit parti du Nord, lorfque nous voïons fon culte célébré par des femmes couronnées de lierre, dans des îles au-delà de la grande Bretagne (*a*). Les Grecs n'ont point porté dans ces îles, où il ne croît plus de vignes, le culte du fils de Sémele ; Bacchus eft là dans

---

(*a*) Denys, *in perieg.* v. 522.
Rudbeck, t. II, p. 367.

son païs natal. Ausonne le dit expressément (*a*), en parlant du Soleil: *les Egyptiens*, dit-il, *l'appellent Osiris; dans l'île Ogygie, on lui donne le nom de Bacchus.* Voilà donc la véritable patrie de Bacchus, c'est l'île Ogygie; c'est de là qu'est partie la multitude d'hommes qui descendit dans l'Inde sous la conduite de Bacchus, & qui envahit l'Egypte sous les ordres d'Osiris. Ne croïez pas, Monsieur, que je regarde cette expédition comme faite en une fois, je n'aime pas les longs voïages. Une si grande partie du globe ne se parcourt pas tout d'une haleine. Je conçois qu'il y a eu des repos & des intervalles : enfin quand on a choisi une demeure fixe & permanente, la mémoire a perdu la notion des tems, des postes & des établissemens consécutifs ; on n'a plus consideré que le point de départ & celui de l'arrivée, & la marche de plusieurs

---

(*a*) Ausone, épig. 30.

siecles, commencée sous un chef & finié sous un autre, est devenue un voïage unique, dont on a déféré l'honneur au premier. Les Atlantes sont un autre débordement sorti de l'île Ogygie, & qui s'est répandu dans l'Egypte, dans la Phénicie, dans l'Asie Mineure, dans la Grèce & dans l'Italie. Vous me direz, Monsieur, que l'île Ogygie, ou, selon Platon, l'île Atlantide étant au-delà des colonnes d'Hercule, il faut que les Atlantes aient passé devant ces colonnes pour arriver dans les païs que je viens de nommer; c'est pourquoi l'on avoit placé l'Atlantide dans les Canaries & dans le voisinage de Cadiz, où furent le temple & les colonnes consacrés à Hercule. Mais ce temple n'était pas unique, ces colonnes sacrées ne se trouvent pas seulement en ce lieu. Rappelons-nous le nom qu'elles portaient; ce nom signifiait bornes, limites (*a*).

(*b*) *Suprà*, p. 108.

Elles marquent les repos, les limites de la courſe d'Hercule ; on érigeait des colonnes, & on diſait Hercule a été juſques-là. De proche en proche on en érigeait de nouvelles, dans chaque établiſſement du même peuple, dans chaque ſtation du voïage de pluſieurs ſiecles dont nous venons de parler. Quand le peuple marchait de nouveau, Hercule recommençait ſa courſe, & parvenait à de nouvelles bornes. Tyr, comme nous l'avons dit (*a*), avait un temple, qui renfermait deux colonnes ſemblables à celles de Cadiz ; voilà donc un des intervalles du voïage d'Hercule. Ce voïage peut en avoir eu bien d'autres, qui ne ſont pas marqués dans l'hiſtoire; peut-être que pluſieurs de ces colonnes ont été renverſées par le tems, qui a détruit auſſi leur mémoire. On retrouve les traces d'Hercule dans la Scythie, il a dû y placer des colonnes ; & ſi ce

―――――――――――――――――

(*a*) *Suprà*, p. 108.

païs n'avait pas été tant dévafté, s'il avait eu des hiftoriens, nous en faurions quelque chofe. Tacite a parlé pour les habitans du Nord ; il dit que Drufus tenta de pénétrer dans l'Océan par les bouches du Rhin, la renommée lui apprit qu'on y voïait des colonnes d'Hercule. Soit en effet, dit Tacite, qu'Hercule ait été jufques-là ; foit que nous foïons portés à lui attribuer tout ce qui eft grand & extraordinaire (a). Nous pouvons foupçonner des colonnes au nord de l'Afie, comme Drufus en a trouvé au nord de l'Europe ; ou plutôt ces colonnes placées dans quelque île de l'Océan, étaient également au nord de ces deux parties du monde.

Les Géans que les Grecs nous repréfentent écrafés par des montagnes, vomiffant des flammes par les bouches du Véfuve & de l'Etna, les Titans précipités dans les enfers par Jupiter,

---

(a) Mœurs des Germains, c. 34, §. 2.

enfermés dans la même prison avec Saturne, dans le païs des ténebres & au Nord de la terre, ne sont-ils pas les mêmes Géans contre lesquels les ancêtres des Perses ont tant combattu dans les défilés du Caucase, & dont la mémoire s'est conservée jusques dans les Indes (*a*) ? Ne sont-ils pas ces Dives malfaisans, que Huschenck & Féridoun ont liés dans les cavernes de ces montagnes ? Voilà donc encore une irruption ; ces Géans ne sont qu'une même race d'hommes nés dans le Nord, transportés dans le Midi, & combattant pour la permission de passer les montagnes. Ces traditions, qui semblent ramener toutes les origines à des îles du Nord (*b*), en s'unissant à celles qui constatent la vénération des peuples pour les montagnes, semblent tracer la marche d'une partie du genre humain,

_____

(*a*) Lettres sur l'origine des Sciences, p. 110.
(*b*) *Suprà*, p. 189.

forti d'une île du Nord, long-tems retenu dans les montagnes, avant de descendre dans les belles contrées qu'il habite maintenant.

Je vais vous rapporter, Monsieur, un fait qui me semble marquer évidemment cette marche & cette origine. Dans la langue Indienne & Malabare, le mot *Div* signifie île. Les Portugais possedent aux Indes, dans le Roïaume de Guzarate, une ville nommée *Diu*, parce qu'elle est bâtie dans une île. Cette signification est évidente dans les noms des îles *Maldives & Laquedives*. L'île de Ceylan porte chez les Arabes le nom de *Serandib*, mot à mot, île de Seran, parce que les Arabes n'aïant point de V dans leur langue, y ont substitué un B (*a*). Quand je vois la mémoire des Géans conservée aux Indes comme dans

---

(*a*) Voïages des anciens Arabes publiés par l'Abbé Renaudot, p. 126 & 133.
Horbelot, Biblioth. Orient. p. 806.

Cc iv

la Perse, ne puis-je pas dire, Monsieur, que le mot *Dive*, employé par l'une & l'autre nation, a la même source; que les Géans de l'Inde ne sont que les Dives de la Perse, & que ceux-ci portaient un nom qui décèle leur origine: ces Géans redoutables sortis primitivement d'une île, en avaient pris le nom, on les appelait *Dives*, comme nous dirions les *Insulaires*. Il est assez naturel que le peuple du continent, qui connaissait mieux leur force & leur méchanceté que leur nom véritable, les ait désignés sous le nom d'hommes des îles, comme nous avons appelé *Normans, hommes du Nord*, les barbares inconnus, qui ont jadis infesté les côtes de la France.

La population excessive du Nord a continuellement fourni à ces émigrations. Un état de guerre subsiste presque depuis le commencement du monde entre le nord & le midi de l'Asie. La nature a placé dans cette partie du globe une grande barrière, qui la traverse dans sa largeur ; encore fortifiée par l'art, elle a été de tems immémorial le but des efforts & le lieu de la défense. A l'abri des montagnes, les peuples riches & amollis respiraient pendant quelque tems, tandis que les peuples féroces & avides se multipliaient & s'aguerrissaient, pour franchir les digues qui leur étaient opposées. Je vous ai fait observer que tout porte l'empreinte de cette division. Les peuples de Gog & de Magog, de Tchin & de Matchin, les Scythes d'au-delà & d'en deçà des monts, les Dives & les Péris, sont toujours deux peuples qui bordent une barrière, & qui séparés & distingués par elle, habitent le long de ses faces opposées. Quand tous les faits s'appellent & s'unissent par une éspece d'attraction, il me semble, Monsieur, que leur accord est une démonstration, & que leur résultat est une vérité. On croirait que Platon a tracé le tableau que je viens de vous faire ; la division dont je vous parle est consignée dans ses écrits. *Avant tout*, dit Critias, *il faut se rappeler qu'il s'est écoulé 9000 ans depuis la guerre élevée entre les nations, qui habitaient au-dessus & hors des colonnes d'Hercule, & celles qui peuplaient les païs en-deçà* (a). Quand on se rappelle que Tacite nous indique des colonnes d'Hercule dans le Nord, que tous les témoignages des anciens semblent y placer l'île Atlantide, lorsqu'on voit dans l'Asie une division marquée & toujours subsistante, entre les peuples du Nord & les peuples du Midi ; on ne peut méconnaître cette même division dans les expressions de Platon, qui dit des colonnes d'Hercule tout ce que nous avons dit du Caucase. Mais, Monsieur, ces traditions de l'Europe & de l'Asie ont encore un point commun de tendance & de réunion. Je ne re-

---

(a) Platon, Dialogue intitulé *Critias*.

garde pas les 9000 années dont parle Platon comme des années solaires; quelle que soit leur durée, je les adopte comme un calcul chronologique donné par la tradition. Platon en racontant ces guerres, dit qu'il va rapporter les événemens de 9000 ans (*a*). Il est bien surprenant que le regne des Dives en comprenne 7000, celui des Péris 2000 (*b*); de sorte que le tems de la durée & des guerres de ces deux peuples est précisément de 9000 ans. Tous ces petits faits tendent vers un but unique, & viennent se placer d'eux-mêmes, comme les pierres pour les murs de Thebes, au son de la lyre d'Amphion: c'est la vôtre qui les appelle; vous pouvez bien opérer ces miracles, comme Amphion & comme Orphée.

Je dois prévenir une objection, Monsieur. Quand vous m'avez proposé de

___

(*a*) Platon, dans le Timée.
(*b*) Suprà, p. 30.

chercher les Atlantes, direz-vous, vous m'avez promis des preuves historiques. En effet, vous avez assez bien combattu les opinions qui placent l'Atlantide dans l'Amérique & dans les Canaries ; vous m'avez montré que le peuple sorti de cette île n'a point traversé l'Afrique, il ne peut être arrivé en Egypte que par l'Asie, qui est pleine de son souvenir ; vous avez suivi ce peuple jusqu'au pied du Caucase, vous en avez vu descendre également les principales nations de l'Asie ; vous m'avez dit que les Dives & les Péris ne sont que les ancêtres des Perses, & une première race d'hommes. Je vous accorde la vraisemblance de ces origines ; je consens que nos Atlantes aient quelque rapport avec vos Dives. Je vois bien que vous tendez vers le Nord, que vous voulez m'y conduire sans que je m'en apperçoive ; mais prenez garde, vous avez commencé par des faits, vous finissez par ne plus m'entretenir que de fables.

C'est Hercule allant au jardin des Hespérides par le Caucase ; Phaëton précipité dans l'Eridan ; l'Enfer, ses Dieux & ses Juges placés dans l'empire de Saturne & au nord de la terre ; Calypso que le poëte Homère fait descendre d'Atlas, & régner dans l'île Ogygie : mais d'après vos propres principes, ces fables ne sont que des demi-vérités historiques : elles sont enveloppées, & peuvent être équivoques ; elles ont droit de s'unir aux faits de l'histoire, mais elles ne peuvent s'en passer. Je ne croirai à vos origines, que lorsqu'elles seront autorisées par le témoignage clair & net d'un historien.

Eh bien, Monsieur, l'historien que vous demandez, le voici ! *L'île Ogygie,* dit Plutarque, *est éloignée de l'Angleterre vers le couchant d'été, à la distance de cinq journées de navigation.* Vous savez, Monsieur, que dans tous les païs de notre hémisphère, le couchant d'été est vers le nord ; voilà donc la position de l'île Ogygie, ou Atlantide, bien déterminée au nord de l'Europe. *Près de cette île on en trouve trois autres, dans l'une desquelles les habitans du païs disent que Saturne est tenu prisonnier par Jupiter. Le Maître des Dieux a placé là, pour garder son pere, pour veiller sur ces îles & sur la mer adjacente que l'on nomme Saturnienne, le Géant Ogygès ou Briarée. La grande terre ferme, par laquelle la grande mer semble de toutes parts renfermée, est distante de ces îles & de celle d'Ogygie environ de cinq mille stades. Une multitude de rivières descendent de la terre ferme, & y versent leurs eaux. Les bords du continent au long de la mer sont habités près d'une grande baie, qui n'est pas moindre que les Palus Méotides, & dont l'embouchure est précisément vis-à-vis la mer Caspienne.* Tout cela, Monsieur, est parfaitement décrit. Les Grecs n'ont pu deviner cette géographie ; ils l'ont apprise par la tradition des peuples descendus du Nord : cette tradition renfermait peut-être bien des connaissances qui nous manquent aujourd'hui. La mer Glaciale qui avoisine le pôle peut en effet être enfermée presque circulairement par les continens de l'Asie, de l'Europe & de l'Amérique.

Ces quatre îles peuvent être l'Islande, le Groenland, le Spitzberg & la nouvelle Zemble (*a*), ou quelques îles inconnues, plus avancées, & aujourd'hui inaccessibles par les glaces. Les dix derniers degrés vers le pôle n'ont jamais été reconnus. Je me garderai bien de faire un choix dans les îles qui subsistent encore, & qui sont accessibles. On peut avoir cru que l'île Atlantide était abîmée, ou perdue dans la mer, seulement parce qu'on a cessé d'y aller,

---

(*a*) Le Groenland, le Spitzberg tiennent peut-être au continent; mais Plutarque, instruit vaguement par une tradition tronquée, a pu croire que ces païs étaient des îles.

parce que les glaces accumulées ont effraïé les navigateurs, peu hardis dans les commencemens. L'Atlantide n'est peut-être que fermée par les glaces, & défendue par elles ; mais je me borne à suivre Plutarque, je montre comme lui les îles de la mer du Nord. Les îles dont il parle sont éloignées de cinq mille stades, qui valent 10 degrés ; on peut dire que c'est à-peu-près la distance du Spitzberg au continent de l'Asie. Mais il est impossible de ne pas reconnaître ce continent, quand on annonce une multitude de rivières, qui ont leur embouchure dans cette mer. Les Laponies Danoise & Moscovite n'ont que peu de rivières qui coulent vers le Nord ; le continent de l'Asie en offre plus de vingt-trois, tant grandes que petites (*a*).

(*a*) La Dwina, le Peczora, l'Oby, le Pur, le Nadym, le Taz, le Gydy, le Czerna, le Jénisca, le Piasiga, le Taimura, le Chatanga, l'Anabara, l'Ola, le Pirka, l'Olenck, la Lena, l'Amalaewa, l'Iana, l'Indigirka, l'Alazeia, le Kowirnia & l'Anadir, &c.

Cette baie, qui n'est pas moindre que les Palus Méotides, & dont l'embouchure est vis-à-vis la mer Caspienne, est évidemment le golfe où l'Oby vient se précipiter, & qui entre dans le continent, précisément au-dessus de l'extrémité supérieure de la mer Caspienne. Je ne crois pas qu'on puisse demander aux tems anciens une description plus exacte, une position mieux fixée, & un témoignage plus clair & plus authentique.

Les peuples de ces îles, continue Plutarque, *se regardent comme habitans de la terre ferme,* (ce qui suppose que leur île était grande) *& nous autres comme Insulaires, parce que notre terre est de toutes parts baignée par la mer.* Plutarque semble insinuer que les Grecs ont été leurs voisins, comme nous avons soupçonné qu'ils ont pu l'être dans leur premier séjour. Il dit *que ceux qui jadis y furent & y demeurèrent avec Hercule, se mêlant avec les peuples de Saturne,* renouvelèrent la nation Greque, qui commençait à s'abâtardir & à perdre sa langue & ses loix par le commerce des Barbares. Ce renouvelement n'est point l'ouvrage de la vanité Greque, c'est un aveu de la vérité. Dans ce païs tous les honneurs sont déférés d'abord à Hercule, & ensuite à Saturne. Lorsque la planete de Saturne se montre au signe du taureau, ce qui arrive tous les trente ans, on prépare un sacrifice solemnel & un voïage d'une longue navigation. Ceux qui doivent partir sont marqués par le sort; ils abordent premierement dans des îles opposées, habitées de peuples Grecs, & où le soleil pendant un mois de l'été est à peine une heure sous l'horison, & cette courte nuit est encore éclairée par le crépuscule. On ne peut mieux désigner les climats du Nord, que par cette circonstance astronomique. Ce phénomène n'appartient qu'à la Laponie Suédoise, où à l'Islande, qui sont sous le cercle polaire arctique. De là ils passent dans l'île de Saturne ; il faut qu'ils y demeurent pour le servir pendant treize ans. Alors ils sont libres de s'en retourner ; mais la plupart aiment mieux y vivre doucement, sans travail & sans affaires dans l'abondance de toutes choses, tant pour les sacrifices divins, que pour l'étude des lettres & de la philosophie. Ils y restent, captivés par la bonté du terroir de l'île & par la douceur de l'air. Saturne est enfermé dans une caverne, il y est endormi, & retenu seulement par les liens d'un sommeil éternel. Une infinité de démons le servent, qui ont été ses courtisans & ses amis, dans le tems qu'il avait l'empire sur les hommes (a). Voilà, suivant le témoignage de Plutarque, cette région de l'Enfer, où Saturne regne, & où les hommes vont le retrouver, lorsqu'ils ont quitté la vie (b).

(a) Plutarque, *de facie in orbe lunæ*, §. 30.
(b) Rudbeck, savant Suédois, avança, il y a près d'un siecle, que la Suede était l'Atlantide de Pla-

C'est un historien & un philosophe qui vous parle, Monsieur ; lisez attentivement ce récit, pesez bien tous les faits qu'il renferme : il y a matière à

---

ton. Il a même cru retrouver, dans les environs de l'ancienne Upsal, la situation & les dimensions que Platon donne à la capitale de l'île Atlantide. Je ne puis juger ce rapport local qu'il s'efforce d'établir. Mais son ouvrage est orné & de l'esprit du tems, & de la plus profonde érudition ; on voit qu'il m'a beaucoup servi. Je lui rends le tribut de reconnaissance que je lui dois. Si cet ouvrage n'a pas mieux réussi, c'est qu'il manquait de lecteurs, dont les esprits fussent préparés. Cette idée des origines dans le Nord n'était pas mûre, à peine l'est-elle aujourd'hui. Rudbeck a pu lui nuire, en particularisant trop cette origine, en l'attribuant à la Suede. Les choses antiques ne permettent point ces détails, ni des ressemblances si caractérisées. D'ailleurs il s'est écarté de Platon : la Suede n'est point une île, l'Atlantide en était une ; c'est l'Ogygie, c'est l'île des Hyperboréens. Les suffrages de tous les anciens se concilient, s'unissent ici ; & Plutarque place évidemment ce païs des Atlantes dans la mer Glaciale & dans une île. Les monumens de l'Astronomie m'ont conduit ; je suis défendu par leur vieillesse & par leur authenticité : c'est le premier de mes avantages. J'ai encore le progrès des connaissances depuis Rudbeck, & sur-tout l'avantage de parler à des lecteurs plus éclairés & plus philosophes.

réflexion. Je dirai d'abord que Plutarque semble se contredire sur un point. Il commence par donner la position de l'île Ogygie relativement à l'Angleterre, en la plaçant au couchant d'été, c'est-à-dire, vers le Nord. Ensuite quand il veut comparer ces îles au continent, il ne les rapporte point à l'Europe, ce qui eût été fort naturel, pour une île voisine de la Grande Bretagne, il donne la distance de ces îles à un continent, à une terre ferme, qui par tous les caractères du récit, ne peut être que le continent de l'Asie. Ces caractères sont la multitude des rivières & la baie, qui est évidemment la vaste embouchure de l'Oby. Cette contradiction ne m'étonne pas. Plutarque, très-éloigné des tems dont il parle, n'a connu que des traditions qui avaient passé par beaucoup de générations, par beaucoup de peuples, & où l'or de la vérité était altéré par beaucoup d'alliage. Plutarque n'avait pas sous les yeux la carte de ces païs septentrionaux ; mais on voit par son récit, que les îles dont il rapporte la distance au continent de l'Asie, étaient placées vers le nord de cette partie du monde ; que c'est par les côtes d'Asie qu'elles ont eu commerce avec les habitans du continent, soit parce que la nouvelle Zemble servait de repos & de poste intermédiaire, soit par d'autres raisons que nous ne pouvons deviner. Ces prétendues îles opposées, habitées de peuples Grecs, où le soleil pendant un mois reste à peine une heure sous l'horison, ne sont peut-être que la Laponie Moscovite, le nord de la Finlande, où l'on doit avoir des jours à-peu-près semblables, & où M. Idman a retrouvé des restes de la langue Greque (a). L'île de Saturne serait le Spitzberg ou le Groenland. Je sens bien que vous serez embarrassé de la fantaisie de ces voïageurs, qui ne voulaient plus quitter l'île après y avoir abordé. Vous vous souvenez des Hol-

_____

(a) *Suprà*, p. 283 & suiv.

landais, qui ont paſſé bien malgré eux un hiver dans la nouvelle Zemble; vous êtes étonné de ces ſacrifices divins dans un climat, où les Dieux ne donnent rien ; de cette étude des Lettres & de la philoſophie, au milieu d'un froid qui glace les idées comme les eaux ; vous ſouriez ſur-tout à la circonſtance de la bonté du terroir & de la douceur de l'air. Mais, Monſieur, c'eſt Plutarque qui parle ; je ne fais que vous rapporter les faits. Il ne fut pas diſciple de M. de Buffon ; il n'eſt point d'intelligence avec lui. Tous ces faits ſans explication vraiſemblable, demandent le réfroidiſſement de la terre ; elle ſuffit à tous. Il ne tient qu'à vous de l'admettre.

Je vous ai rapporté les fables de Phaëton, des Heſpérides, des Enfers, d'Hercule, parce que les poëtes & les hiſtoriens Grecs en placent la ſcène dans le nord de la terre, parce que leur témoignage eſt confirmé par les langues du Nord, qui conſervent les racines d'où sont sortis la plupart des noms emploïés dans les fables ; elles sont presque toutes liées à Saturne, ou à Atlas son frere. Plutarque paraît ici pour affirmer que Saturne était tenu prisonnier par son fils Jupiter, dans une île du Nord, & au milieu de la mer Glaciale, nommée alors Saturnienne. Cependant les Grecs s'appropriaient toutes ces fables. Saturne avait régné en Italie ; sa femme Rhéa vint accoucher de son fils Jupiter dans l'île de Crete, où, suivant la fable, ce Prince a régné depuis. Que signifie donc la tradition rapportée par Plutarque ? Elle contredit formellement toutes les prétentions nationales de la Grèce & de l'Italie. Cette tradition, qui subsiste au sein de tant de prétentions contraires, cette tradition qu'on n'a point eu d'intérêt à imaginer, ni à soutenir, est la vérité qu'on appelle souvent sans la trouver, & qui souvent vit au milieu de nous, malgré nos efforts pour la détruire.

Comment, me direz-vous, vous

voulez que je croie qu'une partie du genre humain eft fortie de ces îles, que les Atlantes ont fait une grande irruption, & que par fucceffion de tems & de marche, on les a vus envahir une partie de l'Afie, de l'Europe & de l'Afrique, tout marquer du fceau de leurs inftitutions, & laiffer partout des fables qui font les témoins de leur origine ? C'eft donc pour nous les amener, que vous leur avez fait inventer la navigation ? Sans doute, Monfieur ; mais je n'ai rien imaginé fans y être autorifé. Quand je vous ai propofé une idée philofophique, je l'ai étaïée d'une tradition ; car l'hiftoire eft l'appui de la philofophie, & la philofophie eft le flambeau de l'hiftoire. Je crois vous avoir fuffifamment prouvé, que les Atlantes ne font venus en Egypte que par l'Afie, qu'ils étaient defcendus du Caucafe. Plutarque fe joint à moi pour vous montrer l'Atlantide, le berceau de ces peuples conquérans dans une des îles de la mer Glaciale. Il faut bien qu'ils aient eu des vaisseaux, qu'ils aient passé la mer pour arriver en Asie ; les liaisons nécessaires peuvent être suppléées par l'historien. Mais cette présomption, si naturelle que vous pourriez me la passer sans preuves, je l'appuie encore sur une tradition. Les Orientaux vous parlent d'une mer obscure, d'une région ténébreuse où sont les îles fortunées, où se trouve *la fontaine de vie* (*a*). Tout cela ressemble beaucoup aux Champs Elisées dans le païs des ténebres, à l'âge d'or, au païs des Fées, où on était heureux, parce qu'on était jeune. Mais ce qui est vraiment remarquable, c'est ce qu'ils disent sur l'île seche, ou le grand continent, *qui est au-delà des montagnes de Caf* (*b*), c'est-à-dire du Caucase, & par conséquent vers le Nord. *La terre où nous sommes est environnée de l'Océan, mais au-delà de cet Océan est une autre terre qui touche*

(*a*) Herbelot, p. 593.
(*b*) Ibid. p. 385, 230.

aux murs du ciel ; c'est dans cette terre où l'homme a été créé, où fut le paradis terrestre. Au tems du déluge, Noé fut porté par l'arche dans la terre que sa postérité habite maintenant (a). Le cheval à douze pieds dont Huschenk se servit pour ses conquêtes, fut trouvé dans ce continent, nommé *l'île seche* (b). Cette monture & ses douze pieds sont peut-être allégoriques ; on a pu désigner ainsi un bateau à douze rames, & comparer sa vîtesse inconnue & nouvelle à la vîtesse d'un cheval ; l'étonnement des peuples barbares a fait beaucoup de ces métamorphoses. L'histoire de Perse est donc liée à la tradition de cet ancien continent, ou de l'île placée au-delà de l'Océan. Les Orientaux, qui ne renoncent pas volontiers

―――――――――

(a) *Cosmas Indico pleustes in Collect. nova Patrium*, t. II, p. 188. Dans le sixième siecle, le moine Cosme soutenoit cette opinion, que l'homme avait habité primitivement une terre au-delà de l'Océan ; il avait voïagé en Asie, & il disait le tenir d'un savant Chaldéen. *Ibid.* & Journ. des Sav. Suppl. 1707. p. 20.

(b) *Suprà*, p. 154.

à leurs anciennes traditions, ont adapté au récit du déluge, la circonstance du passage des hommes d'une terre dans une autre. Ces hommes sont venus par mer, & d'un païs où les Orientaux ont placé le paradis terrestre, parce que c'était leur premier séjour & leur âge d'or. Souvenez-vous, Monsieur, que le païs de Schadukian, ce charmant païs des Fées est au-delà des montagnes, qu'il faut passer des contrées ténébreuses, où le soleil ne porte point sa lumière, pour y arriver ; ces contrées sont celles du Nord, affligées des longues nuits : l'île Atlantide de Platon, l'île Ogygie de Plutarque, ne sont que l'*île seche* des Orientaux ; nul homme ne peut y aborder, s'il n'est conduit par une intelligence supérieure (*a*). Je ne m'étonne point d'avoir eu le bonheur d'y parvenir ; j'ai été conduit par la vôtre. Les fables Grecques & Orientales réunies, l'esprit de l'Europe & de l'Asie, l'histoire de ces deux parties du monde, nous ont

_____

(*a*) *Suprà*, p. 180.

indiqué la vérité ; cette vérité eſt l'origine des Atlantes, l'ancien ſéjour d'un peuple perdu. Si les Atlantes corrompus, & devenus deſtructeurs, ſont les Dives, dont l'effroi a fait des démons occupés du malheur des hommes ; ſi les Dives ſont ſortis de ces îles jadis fécondes, ces îles furent auſſi le premier ſéjour des Péris, des Fées qui nous ont protégés, défendus ; c'eſt là que fut le païs des richeſſes & la ville de diamans. La magnificence du temple de Neptune (a) nous retrace les beautés de la demeure des Fées. Les Atlantes juſtes & vertueux, avant d'être forts, avant qu'une population exceſſive leur eût rendu la vie difficile & la ſortie néceſſaire, ont auſſi dans ce lointain le regne de leur Saturne, celui de la juſtice née aux beaux jours de Rhée.

Vous m'accorderez ſans doute, Monſieur, que ces régions où ſont nées les inſtitutions primitives & les fables, ont été habitées avant les autres. Alors, ſi

---

(a) Suprà, p. 37.

vous me permettez quelques conjectures, je vous dirai que la vie peut y avoir été plus douce & plus heureuse, que dans les beaux climats. Lorsque la chaleur intérieure de la terre était plus grande, lorsqu'elle avait plus d'avantage sur la chaleur du soleil, la température était moins variable; & l'on peut se faire une idée de ce printems perpétuel, que les poëtes regrettent encore dans leurs vers. Plus on s'approche des pôles, plus le mouvement diurne de la terre diminue, sa rotation dans le même tems nous fait parcourir moins d'espace ; au pôle on est tout-à-fait immobile, il semble que l'atmosphère y doive être moins agitée (*a*). La succession des jours & des

───────────────

(*a*) L'atmosphère a le même mouvement que la masse solide du globe ; la rotation de la terre ne serait point une cause de vent, si l'atmosphère restait constamment dans le même état : tout serait en équilibre, tout tournerait ensemble, & il en serait des parties de l'atmosphère, comme il en est des parties du globe qui sont immobiles, malgré ce mouvement. Mais lorsque les vapeurs s'élèvent de la terre, ces émanations forment des colonnes plus ou moins pesantes, l'équilibre est rompu, & la rotation de la terre ne peut

nuits dans nos zônes tempérées, est encore une source de variations continuelles dans l'air ; quand l'année a seulement un jour & une nuit, elle ne doit avoir que deux saisons, & deux changemens de température. En supposant une chaleur à-peu-près égale & constante sur la surface entière du globe, l'atmosphère n'était remuée que par les vents qui naissent du mouvement des astres, & qui regnent principalement entre les tropiques. Mais lorsque le froid a commencé aux deux pôles, lorsque des glaces s'y sont formées, accumulées par les hivers, l'atmosphère a eu deux maîtres, son sein a renfermé deux ennemis ; il y a eu combat entre la chaleur & le froid, une zone dilatée a réagi contre une zone condensée : l'aquilon qui dévaste les campagnes, le midi qui amene les orages, ont soufflé sur la terre, & des vents nouveaux sont

---

remettre le tout en équilibre que par un mouvement, qui est une cause de vent. *Encyclop.* art. Vent.

partis des pôles. Ces caufes du mouvement de l'atmofphère, ces viciffitudes fans ceffe répétées, plus ou moins fenfibles, à la longue peuvent confumer la vie : là où elles n'exiftaient pas, on conçoit que la vie a pu être plus durable. Une chaleur toujours la même, une conftance de faifon qui fait peut-être l'égalité des humeurs, ont entretenu la paix dans les cœurs comme dans l'atmofphère, ont rendu la vie auffi douce & auffi heureufe qu'elle était durable.

C'eft donc là que quelques-uns de nos ancêtres, une partie du genre humain, ont trouvé le bonheur dont les hommes peuvent jouir fur la terre. Enfermés dans ces îles, ils ont paffé le premier âge de l'efpece dans l'innocence, & aujourd'hui qu'ils l'ont perdue, ils s'en fouviennent encore; mais ils fe fouviennent d'un tems qui ne reviendra plus. Le retour à ces lieux abandonnés eft devenu impoffible, comme celui du tems préfent au tems paffé. Ces lieux
ne

ne sont plus accessibles, la nature les a fermés. La mer est solide comme nos rivières dans un hiver rigoureux, une ceinture de glaces enveloppe le pôle, & cet ancien monde est déjà mort par le froid. Deux navigateurs ont fait le tour des deux zones glaciales (*a*), ils ont indiqué les glaces qui les ont repoussés, & M. de Buffon vous a dessiné ces ceintures, ces murs de glace qui défendent aujourd'hui l'accès des pôles (*b*), & qui s'avancent lentement vers nous pour couvrir un jour le globe entier, & se rejoindre à l'équateur. Je regrette moins les peuples du pôle austral que je ne connais pas. Mais je m'afflige que le Nord, le théâtre de tant d'institutions antiques, le païs de l'âge d'or soit aujourd'hui le siege d'un hiver éternel. J'ai eu mon âge d'or que

---

(*a*) Le Capitaine Phips & le Capitaine Cook en 1773, 1774 & 1775.

(*b*) M. de Buffon, volume des Epoques de la nature.

je regrette, il est passé; & mes plus doux momens sont ceux où je parle de philosophie & de vérités, avec un grand homme qui daigne m'entendre.

Je suis avec respect, &c.

VINGT-QUATRIEME LETTRE
A M. DE VOLTAIRE.

Du Peuple antérieur, & récapitulation de ces Lettres.

A Paris, ce 12 Mai 1778.

C'EST une belle chose que les voïages, Monsieur ! En parcourant des païs intéressans, on acquiert des idées nouvelles, des idées même inattendues. Tout est paradoxe ou roman pour un homme sédentaire, la vérité n'est que pour ceux qui la cherchent ; il faut voir la nature qu'on ne peut deviner, & qu'on a peine encore à comprendre, quand elle se manifeste. Ce n'est pas en vain que nous nous sommes avancés vers le Nord ; avec tous nos préjugés contre ces régions glacées, nous n'aurions pas imaginé d'y placer l'habitation d'une grande partie du genre humain, de cette partie guerrière & conquérante, qui répandue comme un torrent, a tout ravagé dans sa descente rapide, & n'a commencé à fertiliser, que lorsqu'elle est arrivée à des plaines unies où sa marche a été plus lente.

C'est sans doute une étrange conclusion, que cette ancienne habitation des hommes dans le Spitzberg, dans le Groenland, & dans la nouvelle Zemble. J'ai été frappé, comme vous pouvez l'être, de cette singularité ; j'ai eu peine à la concevoir. Je ne vous ai proposé cette origine dans mes premières Lettres que comme une conjecture ; alors je ne remontais pas plus haut que le 49e degré de latitude. Si je vais plus loin, ce sont les faits qui me conduisent : si je suis moins timide, c'est la vérité apperçue qui m'enhardit. Vous direz peut-être que je fais un système, & votre indulgence ajoutera qu'il est ingénieux ; mais ce jeu d'esprit n'est pas dans mon caractère. La vérité sentie a trop d'empire sur moi ; je ne me sens pas le courage de la combattre en face: ma plume ne trouverait point d'expressions pour des pensées que je ne croirais pas vraies. Permettez, Monsieur, que nous nous expliquions sur les systêmes. Il semble que pour bien des gens un systême ne soit qu'un jeu d'esprit, un pur roman. Ce mot est devenu le signe de l'improbation ; & pour reléguer une idée dans le païs des chimères, l'arrêt se prononce, en disant, c'est un systême. On a donc bien dénaturé ce mot, il est donc bien loin de son origine Greque. *Systême* signifie *assemblage*. Vous retrouvez cette signification dans un mot de la physique céleste. On dit le systême du monde pour embrasser par une désignation générale, tous les corps, qui, aïant le soleil pour centre de leurs mouvemens, & pour Roi de leur famille, s'accompagnent, tournent autour de lui, autour les uns des autres, & sont tous liés, *assemblés* par une cause commune. Un systême n'est donc que la liaison des faits; quand il n'est que cela, quand il ne les altere pas, il n'est point condamnable. La signification réelle du mot fait la distinction entre les romans & les systêmes. Une explication, quelque ingénieuse qu'elle soit, quand elle n'a qu'un fait pour objet, est un roman; elle ne devient un systême, que lorsqu'elle embrasse deux faits : alors elle unit, elle *assemble*, elle a un degré de probabilité. Cette probabilité augmente en raison des faits unis ; & elle peut devenir infinie comme le nombre des faits : c'est ainsi que mon opinion est un systême. Malgré sa singularité, elle n'a rien de forcé, ce sont les faits qui l'ont fait naître ; tous ceux qui se sont successivement présentés, m'ont paru s'y ranger. Chaque fait est un nouvel appui, ce sont autant de racines profondes & multipliées, qui attachent au sol l'arbre que les vents ne peuvent abattre ; le nombre de ces racines fait ma confiance. Il ne suffit pas d'en couper une pour renverser l'arbre, il faut les cerner dans la terre, ou les couper toutes. Jufques-là mon opinion confervera fa vraifemblance, ou mon fyftême, fi vous voulez le nommer ainfi, gardera fa probabilité.

Cette opinion n'a contre elle que le froid des climats du Nord ; on demandera comment l'homme a pu y vivre. Je pourrais dire que l'homme eft patient & flexible ; fi le Roi de la nature eft partout modifié par elle, il ne fe modifie que parce qu'il lui réfifte. Il fupporte également les extrêmes, il vit où les autres êtres périffent ; l'homme eût donc pu vivre durement dans le froid. Mais je répugne comme vous à prendre dans des climats rigoureux la race nombreufe, qui a peuplé & maîtrifé une partie du globe. Je confidere aujourd'hui ces climats, où fut jadis une fource abondante : je vois que la nature y languit ; elle s'en retire tous les jours, ce n'eft plus ce lieu qu'elle choifit pour produire. Je fuis forcé de vous dire que ces climats font changés. J'ose vous presser, Monsieur, de croire au refroidissement de la terre, comme vous avez cru à l'attraction de Newton. Vous êtes en France un apôtre de cette grande vérité, je vous en offre une autre qui mérite le même hommage. En défendant la seconde comme la première, vous acquerrez la même gloire. Je vous ai développé dans ma dixième Lettre toutes les raisons physiques, qui appuient l'hypothèse ingénieuse de M. de Buffon. La terre a une chaleur intérieure qui s'évapore, qui se dissipe ; la terre âgée la perd avec le tems, comme en vieillissant, nous perdons celle qui nous anime. Les glaces d'une portion du globe ne sont que les glaces de la vieillesse. Mais, je le demande, le sang de ce vieillard qui circule avec lenteur, n'a-t-il pas jadis bouillonné dans ses veines ? Vous me dites que le Spitzberg, le Groenland sont le séjour des glaces ; mais la nature a-t-elle créé des glaces ?

Ce ne font que des eaux confolidées ; ce font des portions de matière abandonnées par le feu. Le métal fondu, jeté en moule, fe durcit & fe forme en rameaux, quand le feu ceffe, quand la chaleur lui manque. Son état naturel eft la folidité, la température même des étés ne fuffit pas pour le tenir en liqueur. Mais en parcourant la terre, voïez-vous ici des maffes de métal folide, là des ruiffeaux de métal coulant ? Pourquoi donc trouvez-vous des eaux qui coulent & qui arrofent, en même tems que des blocs ftériles formés d'une eau arrêtée & durcie ? Quel eft l'état primitif ? Qui des deux a précédé, de l'eau ou de la glace ? Si la terre eft née avec ces différences dans des êtres femblables, que devient l'unité des opérations de la nature ? Je la retrouve, je la conçois, lorfque l'eau & la glace font des états fucceffifs. Les mers prifes & folides comme la terre, les ceintures glacées du pôle ont été jadis comme le métal coulant de nos fournaises ; l'eau qui compose ces ceintures & ces barrières a coulé jadis, elle s'est congelée comme ce métal, lorsque la grande fournaise du sein de la terre a perdu son activité : la chaleur du globe ne suffit plus, il faut qu'elle soit aidée des raïons du soleil au solstice d'été, pour rendre à l'eau sa liquidité primitive. Frédéric Martens, descendu au Spitzberg, vit sur le sol au pied des montagnes de la terre sept montagnes de glace : elles sont d'une hauteur prodigieuse & les plus élevées du païs. *On s'apperçoit*, dit-il, *qu'elles s'aggrandissent tous les jours* (a). On voit de même augmenter les *glaciers* de la Suisse ; des villages y paraissent ensevelis, quelques clochers qui seront bientôt couverts dominent encore. Puisque les glaces croissent dans ces différentes contrées, elles ont donc commencé. Quand même la glace serait

---

(a) Hist. gén. des voïag. t. LVIII, p. 232.

enfantée de la glace, il faut une glace première qui soit l'auteur de cette lignée, une glace assez forte, assez épaisse pour que la chaleur de l'été ne suffise pas à sa destruction. Eh! qui l'a portée là, cette glace primitive & permanente, si ce n'est le changement de la température, le réfroidissement de la terre ? Lorsque l'équilibre des saisons s'est trouvé rompu, lorsque l'hiver a pris plus d'empire, chaque été a eu du désavantage, il n'a pu rendre toutes les eaux liquides ; un reste de la glace précédente fut augmentée par la glace nouvelle ; les hivers ont mis couche sur couche, & il ne faut plus que des siecles pour former des montagnes.

Vous jugerez, Monsieur, si ce n'est pas ainsi qu'on doit expliquer leur génération. Je n'aime pas plus que vous les idées purement hypothétiques. Celle du réfroidissement de la terre est si naturelle, elle s'applique à un si grand nombre de faits qu'elle a tout l'air d'une vérité.

Mais cette vérité n'est pas sensible, dans la vie d'un ou de plusieurs hommes consécutifs; il n'est pas extraordinaire que les hommes s'y refusent encore. Tant d'hommes ne croient qu'en voiant de leurs yeux, en touchant de leurs mains! Le tems vient pour les mettre à portée, il faut l'attendre. Si je suis entré dans ces considérations philosophiques, ce n'est que par surabondance de preuves, & sur-tout parce que la philosophie éclaire les faits, & sert toujours la vérité. Vous ne pouvez pas me demander des raisons, lorsque je vous apporte des faits. Les raisons peuvent être cachées dans le sein de la nature, les faits sont manifestes. Je vois les actions des Rois, je ne suis point dans leur conseil pour pénétrer les motifs & les causes. Quelles que soient les raisons de l'habitation primitive d'une partie du genre humain dans le Nord de la terre, je crois l'avoir rendue évidente, ainsi que sa marche vers l'équateur.

Les Atlantes ont paru en Egypte, ils n'ont pu y venir que par l'Asie ; c'est dans la Syrie, dans la Phrygie comme dans l'Egypte qu'ils ont fondé le culte du *Soleil* : ce culte est un culte du Nord ; nous les avons vus passer le Caucase avec les Scythes, ou sous le nom de Scythes. Les Persans sont sortis de ces montagnes, ils combattent les Dives qui veulent les passer après eux ; ils continuent l'adoration du feu, qui n'a pu commencer dans un païs chaud. Les Chinois disent qu'ils sont arrivés à la Chine par le Nord ; les Indiens se souviennent des montagnes où ils ont jadis habité, ils y retournent par des pélerinages, comme l'eau s'efforce de remonter à la hauteur d'où elle est descendue. Nous avons vu de l'est à l'ouest une ligne de remparts qui partage l'Asie, un état de guerre qui existe depuis un tems immémorial ; & l'effort des peuples du Nord contre ceux du Midi prolongé jusqu'à nos jours, est une preuve démonstrative de la marche que j'ai indiquée. Ils tentent de descendre, parce que leurs peres, leurs aïeux & leurs premiers ancêtres sont descendus. Les fables anciennes doivent avoir été apportées dans ces émigrations prouvées par l'histoire. Les fables appartiennent aux tems obscurs, au commencement des choses; elles doivent être nées au païs des origines. D'ailleurs ces fables racontées aux Grecs par les Phéniciens & par les Egyptiens, tiennent à la source commune des deux peuples, qui est chez le peuple Atlante. En ramenant ces fables à leur berceau, il faut donc repasser le Caucase que les Atlantes ont traversé; il faut entrer dans la Scythie, où Hercule a été connu. Hercule, vous en êtes convenu, est un homme du Nord; Hercule a été au jardin des Hespérides, & les Grecs placent eux-mêmes ce jardin, dans le Nord de la terre, au païs des longues nuits, comme ils y placent le Tartare & les Champs Elisées. Ils vous parlent de ces îles fortunées, de ces îles des Hyperboréens, où naquit le culte du Soleil, apporté par eux dans la Syrie. Ces îles sont au nord de l'Asie : c'est là le lieu d'où les hommes ont été transportés dans le continent. La navigation porte l'empreinte d'une origine septentrionale. Les Dives qui ont tant tourmenté les Persans, ne sont sans doute que des Insulaires, ne sont encore que les Atlantes qui, sortis à plusieurs fois, ont inondé l'Asie sous la conduite de Bacchus, d'Osiris, d'Hercule, d'Acmon, &c. A tous ces faits, à toutes les probabilités accumulées, Plutarque joint un témoignage positif, en vous montrant l'île Ogygie, la même que l'île Atlantide, au-dessus de l'Europe & de l'Asie. J'ignore, Monsieur, ce que vous lui répondrez ; quant à moi je lui cede. Je ne m'attendais pas à trouver tant d'évidence dans des choses si antiques. Croïez-vous qu'un système, qui a tant de points d'appui, puisse être ébranlé facilement ? Je vous ai déjà montré par des usages, des mœurs, des institutions & des préjugés semblables, que les peuples anciens, Chinois, Indiens, Chaldéens & Persans étaient freres ; on voit clairement qu'ils ont une origine commune. En entrant chez eux on marche sur les débris de l'antiquité : ce sont des systêmes de Musique, qui ne sont que les parties d'un tout (*a*); une grande suite de mesures itinéraires, qui dispersées chez ces peuples, ont appartenu jadis à un systême général, dont un seul peuple a pu être l'auteur.(*b*); des vérités astronomiques isolées, qui sont les restes d'une science détruite ; un même Législateur pour les arts, les sciences, la religion. Les idées religieuses ne sont là que des idées physiques travesties. Partout on voit des ins-

___

(*a*) Hist. de l'Astronomie ancienne, p. 85.
(*b*) Histoire de l'Astronomie moderne, tom. I, liv. IV. Eclaircis. liv. III.

titutions

titutions antiques, mais dénaturées par la barbarie, & couvertes de la rouille des siecles. Partout on a le tableau de l'ignorance qui succede à la lumière, & d'un état moderne fondé sur un ancien état des choses. Les fables du Phénix & de Janus portent, comme le culte du Soleil & celui du Feu, l'empreinte des climats du Nord ; le bled que les hommes ont apporté dans leurs migrations, le bled dont ils vivent est né de lui-même dans ces climats ; quelques vérités astronomiques semblent appartenir à une latitude plus boréale que celle de la Chine, de l'Inde, de la Chaldée & à des païs plus septentrionaux que le Caucase. Les sciences, les fables, les hommes sont donc descendus de ces montagnes ; voilà les idées dont je vous propose aujourd'hui le complément & de nouvelles preuves. Croïez-vous qu'un systême, qui renferme une explication naturelle de tant de fables, un systême qui s'adapte par tant de points à des points de l'histoire, de l'astronomie & de la physique, ne soit pas l'histoire des hommes & le tableau de la nature ?

Ces belles institutions sont l'ouvrage d'un peuple, qui a disparu de la face de la terre, d'un peuple dont le nom est perdu , & dont les histoires ne font aucune mention : mais les sciences le vengent de cet oubli ; elles ont des débris qui sont marqués de son génie, & qui attestent son existence. Je prévois, Monsieur, que vous allez me demander si les Atlantes sont le peuple antérieur dont j'ai voulu renouveler la mémoire ; cette question est embarrassante. Nos voïages nous ont fait retrouver jusqu'ici cinq peuples perdus : les deux peuples annoncés par Platon, & qui ont combattu près des colonnes d'Hercule ; les Dives & les Péris qui ont fait la guerre autour du Caucase ; enfin le peuple découvert par M. Pallas près du Jénisea, & qui ouvrit des mines dans le sein de la terre avec des instrumens de cuivre, avant l'invention du fer. A la distance où nous sommes de l'antiquité, je ne saisis que les grands caractères, je perds les petits qui m'échappent, & je fais encore beaucoup pour un homme qui a la vue courte. Le livre de l'ancienne histoire est déchiré, le tems en a dispersé & perdu les lambeaux. J'en réunis quelques-uns, & lorsque j'ai réussi à trouver un sens suivi, je vous propose d'y lire une partie de cette histoire; mais si voulez le tout, demandez-le au tems qui nous l'a pris. Si je vous faisais un roman, je ne serais point embarrassé de vous indiquer le peuple que vous demandez, je choisirais dans les cinq peuples que j'ai nommés, celui que j'affectionnerais le plus, celui qui serait le plus brillant pour le couvrir de la gloire de ces institutions. Mais quand j'ai l'honneur de vous guider, je ne dois marcher qu'à la lumière des faits & de la vérité, je ne dois vous offrir que des résultats évidens.

F f ij

Le premier de ces résultats est qu'il y a un ancien état des choses, qui a précédé les peuples connus de la Chine, de l'Inde & de la Perse, que ces peuples sont descendus du Caucase, & que cet ancien état des choses a existé au-delà des montagnes. Les origines, les institutions du Nord que je vous ai proposées, sont donc vraies. Les Perses placent eux-mêmes les Dives & les Péris au-delà du Caucase ; l'histoire fait venir les Atlantes & leurs ennemis des îles & des bords de la mer Glaciale. M. Pallas a trouvé les vestiges du peuple des Tschoudès dans les champs de la Tartarie ; les cinq plus anciens peuples appartiennent donc au Nord de la terre. Quand nous sommes partis pour nos voïages, Monsieur, nous avons craint de ne pas trouver le peuple que nous cherchions ; au lieu d'un, nous en avons rencontré cinq, & nous sommes embarrassés de leur nombre. Il faut essaïer de le réduire pour pouvoir faire un choix. Je vois d'abord que les Géans, les Dives qui ont été l'effroi de l'Afie, n'ont infpiré cette terreur que par leurs efforts pour franchir les montagnes. Je vois que les Atlantes les ont traverfées, & je conclus que les peuples tourmentés dans leurs poffeffions, ou chaffés par des ufurpateurs, ont toujours appelé Géans, Dives, tous les peuples féroces, qui amenés par la foif des richeffes & des conquêtes, ont apporté la guerre avec eux, & tout dévafté fur leur paffage. Ceci, Monfieur, eft un grand caractère, qui a toute l'évidence néceffaire. C'eft ainfi qu'on peut faifir la vérité dans les débris de l'hiftoire ; & s'y refufer, ce ferait dire qu'on ne veut rien connaître de l'antiquité. Je conclus de ce caractère que les Géans, les Dives, les Atlantes pourraient bien n'être que le même peuple connu par une feule, ou par plufieurs émigrations. Le peuple qui combattit les Atlantes près des colonnes d'Hercule, pourrait bien n'être également que les Péris qui ont été si long-tems tourmentés par les Dives. Les cinq peuples peuvent donc être réduits à trois, les Atlantes ou les Dives, les Péris & le peuple des Tschoudès. Je vois que les Atlantes ont apporté avec eux dans la Syrie & dans l'Egypte toutes les histoires ou les fables de Saturne, de Jupiter, d'Hercule, le souvenir du tems de Rhée & de l'âge d'or, les jugemens prolongés après la vie, l'idée du Tartare & des Champs Elisées, les allégories de Proserpine & d'Adonis relatives aux absences du Soleil, l'adoration de cet astre née dans les climats, où ces absences se font plus particulierement desirer, le culte du feu devenu nécessaire par le froid, qui chassait les hommes du septentrion. Voilà les institutions des Atlantes, voilà les œuvres des hommes avant qu'ils se fussent perfectionnés; mais à l'égard des progrès des arts & des sciences, je vois ces progrès, je vois les inventions qui nous sont restées, mais je n'en vois pas si clairement les auteurs. Ces auteurs, Monsieur, seront celui des trois peuples que vous voudrez. Vous avez plus de lumières que moi, vous pouvez vous décider mieux. Les Atlantes, sortis d'une île de la mer Glaciale, sont sans doute ces Hyperboréens, habitans d'une île, & dont les Grecs nous ont tant parlé ; ces Hyperboréens possédaient le cycle lunisolaire de 19 ans, que Méton porta dans la Grèce, & dont il a été regardé comme l'inventeur : c'est un fruit d'une astronomie avancée. D'un autre côté, lorsque Zoroastre vint éclairer la Perse, les circonstances de ses récits nous apprennent qu'il sortoit du climat de 49 degrés. Il est donc difficile de fixer la vraie patrie des sciences. Mais, Monsieur, jugeons le passé sur le présent. Si l'Europe était anéantie, la postérité pourrait la considérer comme composée de peuples différens par les mœurs, par les usages, par la langue & par le degré de lumières, ou prendre tous ces peuples en masse, & regarder les Européens comme un seul peuple, auteur des plus belles institutions & des plus grands progrès des sciences. Les objets s'unissent & se confondent dans l'éloignement ; c'est ce qui nous arrive aujourd'hui, lorsque nous portons notre vue dans les régions lointaines de l'antiquité. Plutarque nous montre dans la mer Glaciale quatre îles habitées ; ces îles avaient différens peuples : elles ont pu produire différentes émigrations. Dans le continent de l'Asie, cette vaste Tartarie, qui est entre la mer Glaciale & le Caucase, entre le Chamchatka & la Russie, est presque aussi grande que l'Europe entière. Quoique dans ces anciens tems tout n'ait pas été habité, elle a dû renfermer plusieurs peuples différens ; nous en trouvons la preuve dans les langues qu'on nous donne comme anciennes. Vous avez le Zend & le Pelhvi conservés par les Persans, le Hanscrit qui subsiste encore chez les Indiens, & la langue de Tangut qui a passé au Thibet. Ces langues doivent avoir appartenu à des peuples différens. M. de Gébelin fournit un fait que je dois vous rapporter. Les caractères trouvés à Persépolis ne vont pas au-delà de cinq, & l'on voit qu'ils different également, par la manière dont ils sont combinés, & par celle dont ils sont placés. De même les caractères Irlandais, appelés *Ogham,* ne consistent que dans l'unité répétée cinq fois, & dont la valeur change, suivant la manière dont elle est posée, relativement à une ligne fictive. Ils ont beaucoup de rapport avec ceux de Persépolis (*a*); ces traits qui représentent l'unité sont perpendiculaires: les Koua de Fohi sont des lignes horizontales; Leibnitz a cru y retrouver son arithmétique binaire (*b*). Les uns & les autres semblent appartenir à une langue numérique, fondée

---

(*a*) Origine du Langage, p. 506.
(*b*) Lettres sur l'origine des Sciences, p. 146.

sur cinq ou sur deux nombres : l'une est dérivée du nombre des doigts de la main ; l'autre qui n'emploie que deux nombres, est une réduction & une perfection de la première. Plutarque nous fait observer que *pentè* en Grec signifiait cinq, & que *pembasastai* signifiait anciennement *nombrer* (*a*). Or, cette racine *pentè* semble appartenir à l'Asie. Dans l'Indostan est une province appelée Pengab, qui tire son nom des cinq rivières entre lesquelles elle est située (*b*). Sans doute que le mot *gab*, ou *ab* signifie rivières (*c*). Il est assez singulier que dans cette langue, le monosyllabe *pen* ait la même signification que dans la langue

_____

(*a*) D'Isis & d'Osiris. §. 29.
(*b*) Hist. gén. des Voïag. t. XXXVIII, p. 8.
(*c*) Ce qui contribue à me le persuader, c'est qu'une autre province porte le nom de *Doab* ; ce qui signifie entre deux eaux, entre deux rivières. Hist. des Voïag. t. XXXVIII, p. 24. *Ab* signifie donc eau ou rivière. Il semble qu'on y retrouve encore la source du mot *duo*.

Greque. Ces analogies, Monsieur, ne peuvent-elles pas faire croire que la racine *penté* & le verbe *pembasastai* sont issus des langues orientales, & particulierement de la langue numérique formée de l'unité répétée cinq fois. Ces caractères conservés sur les ruines de Persépolis me rappellent que, suivant la tradition Persane, *Estekar*, ou Persépolis, a été bâtie par les Péris du tems de leur Monarque Gian-ben-Gian (*a*). Cette langue numérique peut donc avoir été l'ouvrage des Péris ou des Fées. Ces Péris, nous l'avons dit, sont les ancêtres des Persans. La Perse que les Orientaux nomment *Fars*, est nommée dans l'Ecriture *Paras* (*b*); ce qui peut signifier le païs des Fées, ou de leurs descendans. Si après avoir rapporté des faits & des vérités, vous me permettez quelque conjecture, je vous dirai que Zo-

---

(*a*) Bibliot. Orient, p. 327.
(*b*) M. Danville, géog. anc. t. II, p. 267.

roaftre forti du climat de 49 degrés a enfeigné la fageffe, a écrit fes livres en langue Zend & Pelhvi; j'ai conclu que venu pour éclairer les peuples, il était forti du païs des lumières. Cette latitude, ce païs eft en même tems le lieu, où les Péris fe font défendus contre les Dives près du Caucafe. Je foupçonne que le Zend & le Pelhvi étaient la langue vulgaire de ces peuples : la langue des cinq unités était leur langue favante ; car fi le petit nombre des fons indique la pauvreté du langage, un petit nombre de caractères fuffifans pour repréfenter tous les fons indique des combinaifons & des recherches profondes. Le Hanfcrit, la langue de Tangut, ou du Thibet, doivent appartenir à d'autres nations. De même en examinant les fciences, on trouve que les Perfes, les Indiens, les Siamois, ou même les Chinois, ont eu des tables aftronomiques affez perfectionnées pour une certaine précifion ; fondées fur des élémens différens, elles indiquent des recherches séparées. Les auteurs de ces langues & de ces tables me paraissent le véritable peuple antérieur que je vous ai indiqué. J'incline à penser que ce peuple est celui dont le nom *Magog* a fourni à nos langues modernes les mots *mage, magie, magister, magistrat, magnificence, magnanimité*. J'ai beaucoup de confiance à cette mémoire des choses qui se conserve dans les mots. La science, la sagesse, la puissance, la grandeur de l'ame, sont sorties de cette racine *Mag*, ou du peuple dont le nom a rappelé ces idées ; tout ce qui est grand fut nommé de son nom : ce nom est resté dans des dénominations, qui tiennent à l'agriculture, la plus antique de toutes les institutions (a). Ce nom nous

---

(a) En latin *Magalia*, huttes, cabanes. *Magigossorus*, batteur en grange, *Maginium*, maladie des bœufs, *Magnalia*, hauts faits, *Magnates*, les Grands. *Magnitudo*, grandeur, étendue.

conduit donc à toutes les origines, au pied du rempart de *Magog*, à la latitude de 49 degrés, au lieu où combattirent les Péris, où habitèrent les Tschoudès; ces trois peuples ont beaucoup d'analogie. Mais ont-ils formé un système de nations comme le peuple Européen ? Doit-on compter plusieurs peuples, n'en doit-on considérer qu'un dont la langue, dont les connaissances auraient changé par les progrès de la civilisation, & qui aurait pris différens noms suivant les tems & les lieux ? Doit-on croire que les différens degrés de connaissances dont on trouve des vestiges, appartiennent aux différentes époques du départ des colonies ; que ces colonies, parties avec l'instruction acquise dans la Métropole, ont dans leurs stations conservé ces lumières sans les augmenter, & qu'elles ne se ressemblent que comme pourraient se ressembler des Français du siecle présent & des deux derniers siecles ? Voilà, Monsieur, ce que je ne peux pas vous dire. Ces deux systêmes sont possibles, ils sont tous deux vraisemblables. Comme le passé ne m'est point révélé, je ne puis vous offrir plus de lumière. Je sens que la curiosité est pressante, j'éprouve l'avidité de connaître les tems antiques ; les commencemens de la race humaine sont si intéressans ! Tout le mal qui s'est fait est couvert des ombres du tems ; le souvenir des hommes n'a conservé que les germes de la morale & des sciences. On les a vus se développer & croître avec les générations, pour produire les fruits que nous recueillons. On voudrait remonter contre ces générations, considérer ces développemens dans leur cours, voir le bien & l'homme dans son origine, comme on se plaît à remonter un fleuve qui produit nos richesses, & dont les bords sont variés & fertiles. Quand on a trouvé la source d'où ces trésors sont sortis, on dit : l'esprit humain est comme ces eaux, il s'accroît

& se fortifie en marchant ; humble & pauvre dans ses commencemens, il s'enrichit de tout ce qu'il rencontre, il fertilise tout ce qu'il touche, & il étonne par la grandeur & par la majesté. Je sais encore, Monsieur, que notre imagination se fatigue en errant dans ces lointains ; elle voudrait avoir des points connus où elle pût se reposer,& des routes tracées pour se conduire. Si vous m'ordonnez de combiner les faits que je vous ai rapportés, de concilier Platon avec Plutarque, & de vous faire un Roman : quelque danger qu'il y ait de se livrer à l'imagination devant un grand poëte, dont le génie enfanta des romans touchans, ou des fables embellies par les graces, je me souviens toujours de votre indulgence : je puis vous obéir, car en vous écrivant, je n'écris qu'au philosophe ; je vous parle, non pour vous amuser, mais pour m'instruire.

On peut croire que les Atlantes, habitans d'une des îles de la mer Glaciale,

peut-

peut-être du Spitzberg (*a*), ont vu dans cette île le regne d'Uranus, d'Hesper & d'Atlas ; le roïaume de Saturne situé à l'Occident sera, si vous le voulez, le Groenland que l'on croit joint au Spitzberg. Ces peuples surchargés de leur population, manquant de subsistance, auront senti la nécessité d'étendre leurs domaines ; ils auront construit des vaisseaux, hasardé des navigations, d'abord vers les petites îles voisines, ensuite vers le continent de l'Asie. Le golfe de l'Oby, qui leur offrait une retraite, un asyle contre les tempêtes, aura été le terme de la plus longue de ces navigations. La distance traversée était de 5000 stades (*b*), ou d'environ 250 lieues ; le

――――――――――――――――――

(*a*) Dans le Spitzberg, qui est vers le 79 degré de latitude, le soleil est absent pendant quatre mois de l'année ; c'est là qu'on a pu imaginer les années de quatre mois, dont nous avons parlé dans l'histoire de l'Astronomie ancienne, p. 104.

(*b*) Du Spitzberg à l'embouchure de l'Oby, il y a 10 degrés de latitude, qui, à raison de 500 stades par degré, font 5000 stades.

succès de cette course en a rendu le terme intéressant. Hercule en débarquant a dû y poser des colonnes, c'est-à-dire, les limites les plus reculées de ces contrées, où jamais mortel eût pénétré (a). Cette colonie, libre de s'étendre, a peuplé de ses enfans l'espace compris entre l'Oby & le Jénisea : ceux-ci se sont avancés successivement vers la source de ces fleuves, en suivant la fertilité de leurs bords. Cependant, Monsieur, la route qui les avait conduits n'était ni perdue, ni fermée ; l'excès de la population des îles a continué de se porter dans le continent ; les races, quoique parentes, après des siecles de séparation, ne se sont plus reconnues, les nouveaux venus n'étaient que des étrangers, des ennemis : la terre a été disputée.

―――――――――――――――

(a) C'est dans cet établissement, vers le 68 ou 70° de latitude, & autour du golfe de l'Oby, que sont nées les fables du Phénix, de Janus & de Freja, qui supposent une absence du soleil de 65 jours. Hist. de l'Astr. anc. p. 104 & 326.

Voilà la guerre, dont Platon parle, entre les peuples séparés par les colonnes d'Hercule.

Les habitans de l'Oby & du Jénisea, amollis par un climat plus chaud, & sur-tout par l'abondance, ont reculé devant les peuples amenés & enhardis par le besoin ; ils se sont retirés aux environs de Krasnojart : c'est là qu'ils ont creusé des mines, & laissé les vestiges découverts par M. Pallas. Toujours tourmentés par des voisins, qui voulaient s'avancer comme eux, ils ont tourné vers la mer Caspienne, ils ont trouvé un asyle dans les montagnes du Caucase, & dans les vastes enceintes de ses différentes branches ; ils ont habité le second des plateaux dont nous avons parlé (a). Une partie a été peupler les montagnes d'Astracan, un autre le païs de Tangut. Tous ces peuples étaient

___

(a) Suprà, p. 239.
Et sur la carte le plateau N°. 2.

défendus contre le Nord par les montagnes ; ils ont fortifié, fermé les passages par des portes, & ont vécu tranquilles. C'est alors que la latitude de 49 degrés s'est peuplée : voilà le regne des Péris qui succede à celui des Dives ; voilà les tems de Gian-ben-Gian, monarque des Fées ; les tems de prospérité & de lumières, qui depuis ont été embellis par des fables, parce qu'ils étaient lointains & regrettés. C'est alors que différentes langues ont pu naître de la langue maternelle & primitive ; c'est alors que l'Astronomie a été cultivée, que les travaux ont été entrepris pour mesurer la terre, & que les tables astronomiques respectées par le tems, conservées par les peuples modernes de l'Asie, ont été fondées pour parvenir jusqu'à nous. Cependant les peuples du Nord, contenus par les barrières du Caucase, ont augmenté avec le tems leur nombre & leurs forces ; ils ont assiégé les montagnes, ils ont livré des assauts ;

voilà la guerre des Dives & des Péris.

Je me vois, Monsieur, réduit à l'embarras des auteurs de Romans, qui après avoir conduit leur Prince ou leur Héros jusqu'au dernier volume, ne savent plus comment s'en défaire, & finissent par le faire assassiner. Vous voïez qu'après avoir placé mon peuple antérieur sur le second plateau, & sous les remparts de Gog & de Magog, il faut bien que je m'en défasse, puisqu'il a cessé d'exister. C'est pour cela que j'amene les Atlantes, qui, sous la conduite de Bacchus ou d'Osiris, forcent le passage par leur multitude, détruisent en un moment un grand empire & l'ouvrage des sciences (a). Voilà pourquoi Platon, qui

---

(a) Le Prêtre d'Egypte, instruit que les Grecs & les Egyptiens avaient leur origine dans ces contrées, disait à Solon, en lui racontant cette entreprise des peuples du Nord : *L'orgueil de leurs forces réunies a tenté de soumettre votre païs, le nôtre & toutes les provinces, situées en deçà des colonnes d'Hercule, où a commencé leur irruption. Ces barbares sont arrivés en*

voulait flatter les Athéniens, en les faisant descendre de ce peuple, dit que leurs ancêtres résistèrent long-tems à une grande puissance sortie de la mer Atlantique; mais qu'ensuite tous leurs guerriers périrent dans l'espace d'un jour & d'une nuit. La conquête d'un empire dans un jour de 24 heures est un peu prompte; mais Platon était poëte, il a voulu aggrandir encore l'événement par la célérité. Les Orientaux ont la mémoire de cette révolution : Eblis fut envoïé de Dieu pour détruire & disperser les Dives & les Péris : Eblis défit leur monarque *Gian-ben-Gian* dans un combat général. Chez les peuples d'Asie, qui reconnaissaient deux causes dans la nature, Eblis était le diable, le principe du mal; mais un conquérant qui trouble le repos des peuples, qui dé-

---

effet par une embouchure semblable à celle dont parle Platon, & située vis-à-vis d'une île, qui doit être la nouvelle Zemble.

truit une grande nation, n'est-il pas le principe du mal ? Cette allégorie n'est-elle pas naturelle ? Les Orientaux disent, qu'est devenu le peuple de *Gian-ben-Gian* ? Regarde ce que le tems en a fait (*a*).

Quelques individus échappèrent à la destruction, ce sont les Brames réfugiés & cachés dans les montagnes du Thibet, c'est Fohi qui porta les premières lumières à la Chine. Mais les Atlantes, aïant rompu la ligne de séparation & forcé le passage, se répandirent successivement de proche en proche & de siecle & siecle, dans les Indes, dans la Phénicie & dans l'Egypte. Cependant les climats du Nord fournissaient toujours de nouveaux déprédateurs, les races de Tatar & de Mongol s'élevaient pour de nouvelles conquêtes. Ils eurent des guerres avec les Rois de Perse; & comme ils occupaient la place & le païs

_____

(*a*) Herbelot, p. 298 & 396.

des Dives, on les confondit avec eux. L'ancienne histoire des Perses ne connaît les Tartares que sous ce nom. Giamschid & son peuple, défendus par les portes de Derbend, s'étendirent vers le Midi, fondèrent l'empire de Perse, tandis que Fohi & ses successeurs éclairaient la Chine, préparaient une monarchie sage & durable, & que les Brames descendus du Thibet venaient instruire les Indiens, & leur communiquer le Hanscrit avec les tables astronomiques que M. le Gentil nous a rapportées. Voilà l'époque où commence l'état moderne & connu de l'Asie.

Je respire, Monsieur, en voïant la fin de ce pénible ouvrage. Ce n'est pas une chose aisée que d'accorder les historiens, de concilier leur récit avec les fables, de parcourir tant de païs, & d'y faire marcher tant de peuples, en marquant leur généalogie. Vous penserez de ce roman tout ce que vous voudrez ; je n'y tiens pas plus que vous, & les choses que j'ai voulu vous prouver n'en dépendent point. Vous m'avez paru étonné qu'il n'existât aucune nouvelle de mon peuple perdu, de mon peuple auteur de tant d'institutions, & placé au nord de l'Inde & de la Perse. Vous n'avez point exigé sans doute que je vous rapportasse les annales de ce peuple. Je ne puis vous citer d'auteurs contemporains, puisque le tems les a tous dévorés. Il est difficile cependant qu'un peuple qui a tout institué, soit entierement oublié ; aussi vous ai-je fait voir dans le souvenir des hommes quatre peuples, ou au moins deux, qui ont vécu malgré les outrages du tems, & qui se conservent encore dans la tradition. Lorsqu'on réunit ces traditions souvent vagues & confuses, on voit avec étonnement qu'elles tendent toutes vers un même but, qui est de placer les origines dans le Nord. En comparant les Phéniciens, les Egyptiens &

les Grecs aux autres peuples de l'Asie, nous avons remarqué que ces différens peuples doivent être issus de deux races distinctes : l'une est celle des Atlantes, dont le nom s'est conservé, le nom de l'autre est ignoré ; mais les descendans de cette race avancés vers le Midi, y ont porté quelques-unes de leurs institutions & les restes de leur savoir. Vous voïez que M. Pallas a découvert au 55ᵉ degré, assez près de la latitude que j'avais assignée, les restes d'un peuple détruit nommé Tschoudès, dont la souche a poussé des rameaux jusques dans la Finlande & dans la Hongrie. Pourquoi ce peuple ne serait-il pas celui qui a fondé les sciences ? Il serait, je crois difficile de prouver le contraire ; mais je ne dois avancer devant vous que ce que je puis démontrer par des preuves évidentes, ou au moins par de fortes probabilités. J'ai découvert par les monumens des sciences une ancienne constitution, que la barbarie a détruite & renversée; les mêmes monumens m'ont appelé vers le Nord pour y chercher le lieu de cette constitution détruite; je vous montre ici que l'histoire, la tradition & les fables se réunissent pour y placer toutes les origines des peuples & des choses, & nommément l'Atlantide si long-tems perdue; elles indiquent également une constitution célebre & chère dans le souvenir, un tems de puissance où l'on a vu naître toutes les institutions. Ce souvenir, Monsieur, est un sentiment; c'est par là qu'il s'est conservé, sentiment d'orgueil pour une gloire & des succès passés, sentiment de vénération & d'amour pour une origine antique. Ce sentiment est ce qui nous trompe le moins; il se transmet dans les cœurs, il y trouve tout ce qu'il faut pour se nourrir : après cinquante générations, il est encore tel qu'il a été produit. Mais la même tradition, qui conserva précieusement ce souvenir de gloire, conserve aussi le souvenir des pertes ; elle en montre les causes dans les émigrations puissantes, dans les flots de conquérans que le Nord a vomis, & qui ont dû tout changer & tout détruire ; voilà, Monsieur, les vérités que j'ai cru appercevoir dans l'ancienne histoire, & que je vous propose de bonne foi. Si vous croïez encore que je me trompe, que je suis aveuglé par un préjugé qui est mon ouvrage, je vous prierai de compter les monumens astronomiques qui m'ont conduit à cette erreur, les fables nombreuses & obscures qui en reçoivent leur explication, le concours des traditions & des faits d'histoire, qui tendent au même résultat. Je vous montrerai les plantes des Indes dans le climat de la France, les éléphans qui ont laissé leurs cadavres dans la Sibérie, & qui ont leurs enfans dans le Midi ; ils vous disent que l'homme a pu suivre la même route : le bled qui nous nourrit, né dans ces climats, a dû être apporté par lui. C'est donc l'Univers passé & présent qui m'aurait trompé ; & je finirai par vous dire, comme Léonce :

La voix de l'Univers est-elle un préjugé (a) !

Je suis avec respect, &c.

_____

(a) Vers de la Tragédie d'Irene.

TABLE

Des Lettres sur l'Atlantide & sur l'ancienne Histoire de l'Asie.

AVERTISSEMENT.

Quatrieme Lettre *de M. de Voltaire à M. Bailly,* page 1

XI Lettre *de M. Bailly à M. de Voltaire,* 10

Exposition du sujet de ces nouvelles Lettres, & premier exemple d'un peuple perdu, ibid.

XII Lettre. *Récit de l'Atlantide ; ce n'est pas une fiction,* 27

XIII Lettre. *Confirmation de l'existence du peuple Atlantique ; antiquité & puissance de ce peuple,* 50

XIV Lettre. *Première recherche d'un peuple perdu,* 83

XV Lettre. *Suite de la recherche des Atlantes,* 107

TABLE.

XVI LETTRE *Des anciens Perses & de leur plus ancienne histoire*, 140

XVII LETTRE. *Des Fées & des Péris*, 167

XVIII LETTRE. *Origine des Persans au-delà des remparts de l'Asie*, 194

XIX LETTRE. *Considérations sur le local de la Tartarie & sur sa population*, 236

XX LETTRE. *Découverte d'un peuple perdu*, 260

XXI LETTRE. *Des Langues du Nord & du jardin des Hespérides*, 293

XXII LETTRE. *Voïage aux Enfers*, 335

XXIII LETTRE. *Découverte de la patrie des Atlantes*, 384

XXIV LETTRE. *Du peuple antérieur, & récapitulation de ces Letres*, 435

Fin de la Table.

Avis pour la Carte.

Cette carte, quant aux contours des côtes, aux rivières, aux montagnes, a été copiée sur la carte d'Asie de M. Danville. On a pris la position de quelques peuples anciens comme les Issedones, les Arimaspes, les Hyperboréens, les Massagetes, les Amazones, sur une carte dressée d'après les descriptions d'Hérodote, & insérée dans le premier volume des anciens Mémoires de l'Académie de Pétersbourg. Le païs des Tschoudès a été indiqué par le voïage de M. Pallas. Au reste, on n'a voulu que donner un tableau des lieux, relatifs aux points historiques traités dans cet ouvrage; on n'a point eu l'intention de dresser une carte, où les positions & les limites des peuples fussent marquées avec une grande exactitude. Cette exactitude, inutile pour l'objet dont il est question, aurait demandé beaucoup de tems & des mains plus habiles.

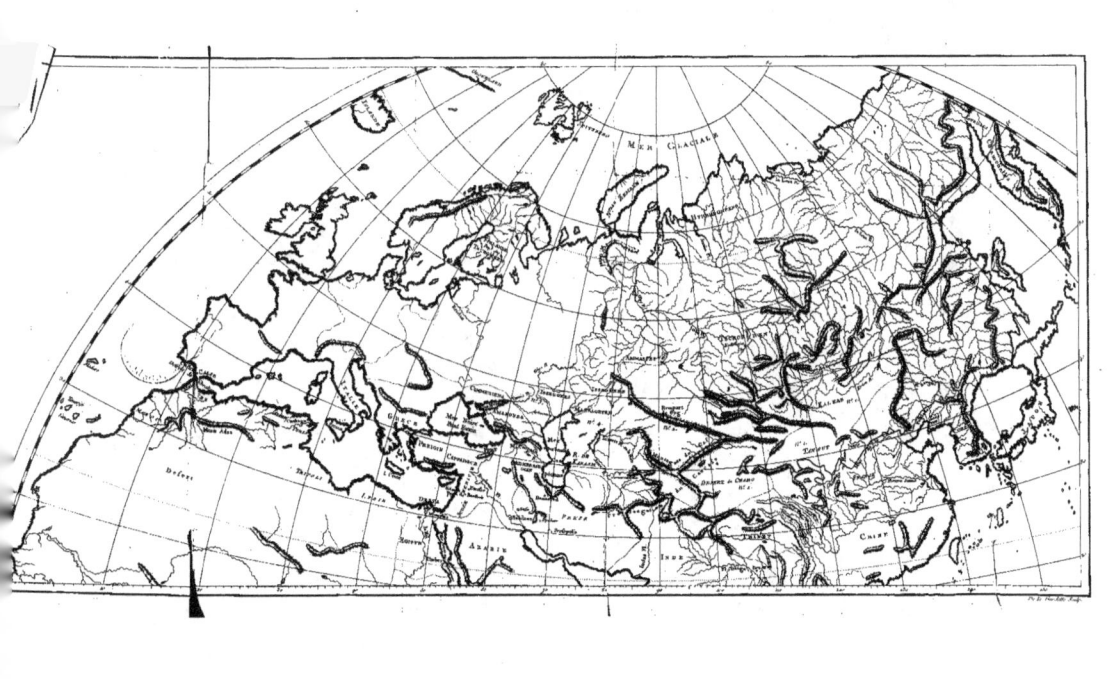